古为今用论三国

喻镇荣 ◎ 著

中国财富出版社

图书在版编目（CIP）数据

古为今用论三国／喻镇荣著.—北京：中国财富出版社，2018.3（2019.8 重印）

ISBN 978－7－5047－6632－8

Ⅰ.①古…　Ⅱ.①喻…　Ⅲ.①《三国演义》—应用—经济学—通俗读物
Ⅳ.①F0－49

中国版本图书馆 CIP 数据核字（2018）第 084421 号

策划编辑	刘　晗	**责任编辑**	张冬梅　郑晓雯			
责任印制	尚立业	**责任校对**	孙会香　张营营		**责任发行**	董　倩

出版发行	中国财富出版社		
社　　址	北京市丰台区南四环西路 188 号 5 区 20 楼	**邮政编码**	100070
电　　话	010－52227588 转 2098（发行部）	010－52227588 转 321（总编室）	
	010－52227588 转 100（读者服务部）	010－52227588 转 305（质检部）	
网　　址	http://www.cfpress.com.cn		
经　　销	新华书店		
印　　刷	北京京都六环印刷厂		
书　　号	ISBN 978－7－5047－6632－8/F·2875		
开　　本	710mm×1000mm　1/16	**版　　次**	2018 年 8 月第 1 版
印　　张	16.25	**印　　次**	2019 年 8 月第 2 次印刷
字　　数	230 千字	**定　　价**	49.00 元

序一

读书人的心得，实干者的探索

《古为今用论三国》是作者用了 30 年持续努力写出的一本国学应用文集。

作者喻镇荣先生自从 1987 年年末开始研究《三国演义》，1988 年 10 月底开始发表《三国演义》应用性文章。此后不断努力，持续发表，终成此书。作者还有关于《三国演义》与逻辑、对联、文艺等方面的学术论文，但总体上每年产量都有限，因此 30 年累积的作品文字或许还不如有些人一年的多，换个角度来看，这种持之以恒、踏实认真的精神更是难得。法国作家福楼拜是"短篇小说之王"莫泊桑的导师，他一生写作速度都很慢，一个通宵如能写出 200个字，他就非常满意了。

要读懂这本痴心不悔、矢志不渝的国学应用著作，我觉得可以从两方面去把握：一是读书人的心得；二是实干者的探索。

作者年轻的时候就给自己立下的人生定位是实干者、思想者。作者又一直在企业从事管理，实干自然是立足企业的实干。这种精神在本书中也一再体现出来了，甚至可以说是贯穿始终。我们可以把本书的文章分为两类：一类是想实干的文章，另一类是如何实干的文章。想实干的文章不多，如《"失街亭"与招标失误》《关羽斩华雄与小人物投标》《要让想干的人来干》，等等。这些

文章折射出了作者当年期望伯乐再现、机会公平、脱颖而出的心情。而"如何实干"的文章是本书精华，颇能引起读者的共鸣。如《从重要的事情说三遍看鲁肃的过人之处》《外事不决问周瑜，内事不决问张昭》，等等。

从另外一个角度来看，本书的文章又可以分为两类：一类是从下往上看的，一类是从上往下看的。从下往上看是指站在被管理者角度看待高层管理者，因而发出规劝、建议等，如《用好自己不喜欢的人才》《勿以小利失大义》《至诚待人莫强留》，等等。从上往下看是指站在决策高层角度看待被管理人员。此类文章意蕴深厚，内容跌宕起伏，让人感慨不已。如《从关羽的"择业"和"辞职"看关帝之可敬》《惜乎因人废计——诸葛亮为什么不用魏延奇计出祁山》等。作者的视角之所以会出现这种巨大变化，是因为作者身份地位已从一个大企业普通管理者转变成小企业决策者。

说到这里就不难明白，本书是作者把《三国演义》与自身经历和经验结合而写的，折射了作者一生中大好年华时期的轨迹和思想火花。因而本书的文章往往有感而发、自出机杼、个性鲜明，与常见的国学应用著作迥然不同。虽然本书文章基本上是立足于陶瓷卫浴行业，但作者深刻的见解和广博丰富的知识，对广大读者来说都有借鉴意义。

这本书也是读书人的心得。

作者或读书时想到工作，或工作时想到读书，将读书心得与工作经验结合在一起加以研究，使本书成了一本独具特色的读书心得。本书用典贴切、古例今理融为一体，读之有趣有益，是一本不可多得的人生智慧书。

即使从传统的学术眼光来探讨，本书的学术价值亦不可小觑，"《三国演义》的赏罚思想"一文，讨论的赏罚案例有二十多个，多处引用《三国演义》以外的典籍、诗词、对联。作者除了探讨为什么会赏罚不明，如何奖赏、如何处罚的原则性问题外，还讨论了赏罚的九个具体问题。作者对《三国演义》中

如此丰富完备的案例与赏罚思想进行了精心的分析和完整的归纳，对国学界、企业界做了一件有意义的事情，也体现了读书人的本色以及读书与实干结合的好处。

作者善于联想，长于综合。全书都是由此及彼，由表及里，自然贴切的联想分析，观点出人意料，思想令人叹服，引人深思，实在不可多得。

相信读者在阅读本书时会大有收获。

雷祯孝

2017 年 3 月 5 日

序二

老火煲靓汤式的论著

随着我国经济建设的深入、国际交流的频繁，国学应用也引起了企业界、学术界人士的热心关注。在这种背景下，作为国学经典的《三国演义》自然受到众多精英人士的关注和讨论，成果丰硕，人才辈出。

喻镇荣先生就是《三国演义》研讨队伍中一位独具个性的人才。他自1987年以来坚持多角度研究《三国演义》，又由于一直在企业搞管理工作，因而别出心裁地将企业经营、管理、人才、决策、公关等具体问题和《三国演义》结合在一起来探讨，形成了自己独特的优势，在应用研究中更接地气。

这本《古为今用论三国》就是喻镇荣先生近30年来研究《三国演义》的心血结晶，内容大致可分为思想理论和实际应用两方面。从创作时间上看，理论方面的文章基本上产于前半期，内容包括管理、决策、人才、合作、企业文化等。应用方面的文章一事一议、短小精悍、别开生面，更接地气，也是本书受到企业界人士由衷喜爱的原因所在。

这本《古为今用论三国》是在作者的《"三国"百科谈》一书的基础上形成的，增加了30%以上的内容，这些增加的文章主要集中在应用方面，体现了作者社

会角度转换后的一些思想。作者前期先在国有企业，后在民营企业担任管理人员角色，有时间和精力去做学术研讨，后来十年是中小型企业主，在研究国学应用上有更独特的视角优势，更契合实际应用。

作者以一种发散性思维，集中于《三国演义》这个原点，既进行学术研究又探讨形形色色的企业问题。在发散性思维中又由于善于侧向思维和逆向思维，往往能提出一些有价值的命题和观点。例如，现今对于三国君主如何招揽人才论述颇多，作者却独辟蹊径总结各个政治集团失去人才的教训，角度可谓新颖独特。

本书中关于实际应用的文章留下了作者的成长足迹，其中有两篇写人才招标的，应该是作者结合了当年招标的经历。《用好自己不喜欢的人才》《要让想干的人来干》《至诚待人莫强留》都折射了作者当时的角色和对决策者的期盼。而《〈三国演义〉的谋略与〈陶瓷资讯〉的战略定位》则明显体现了作者角色的转变，因而视角也发生了改变，以至于从企业家的角度对"隆中对"提出质疑，写出了《隆中对的战略失误与恒洁卫浴的英明决策》这种从应用角度颠覆学术定论的奇文，给人耳目一新的感觉。而《从关羽的"择业"和"辞职"看关帝之可敬》《达成共识何其难》这类文章，没有特殊的视角和经历也是写不出来的。

有些文章还比较时尚，比如《负资产也是资产》《从重要的事情说三遍看鲁肃的过人之处》等文章，不但可以看出作者的成长印迹和转变，又有一种与时俱进之感。仔细体会，颇有趣味。

《古为今用论三国》一书共收录 74 篇文章，是作者用了 30 年时间"熬"出来的，正是广东人爱说的"老火靓汤"型。这种成书过程之久也是罕见的，足见作者有的放矢、有感而发的态度和矢志不渝、坚忍执着精神。这与一些人急着做国学大师、咨询大师而刻意包装打扮自己的做法大相径庭，因而内容也

无负于读者，并在《三国演义》研究著作中能够占有一席之地。

国学研究 30 多年来越来越热闹，这本身不是坏事，但需要有严肃的态度、严谨的作风，需要有执着和敬畏精神。我希望喻镇荣先生能把《三国演义》的研究坚持下去，不一定要高产，不一定要走红，但一定要坚持。要保持实际、实用、实在的风格，能继续守住寂寞和孤独。

郑晓利

2016 年 12 月 14 日

目录

实践类

人才类

经营类

管 理 类

实践类

1. 博大精深、启迪人心

《三国演义》既引人入胜，又充满着理性的思辨。人们称之为百科全书，这是当之无愧的。它的思想内容，可以用"博大精深"四个字来概括。

所谓博大，是指它的内容范围异常广泛，值得各行各业都引以为鉴。《三国演义》并不是军事理论专著，可是明末著名流寇张献忠把它作为指导战争的教科书来拜读，"凡埋伏攻袭皆效之"。罗贯中既不是经营者，也不是企业家，然而，许多中外企业家都视《三国演义》为管理者必读之书，从中汲取经营管理的智慧。《三国演义》看似与体育活动毫不相关，可是袁伟民却捧着它，一而再、再而三地带领我国女排在世界体坛夺魁，扬眉吐气。

《三国演义》的博大，是有机整体的博大，是包含着精深文化的博大。博大使它能赢得广大读者，而有机整体的精深则使它有着强大的生命力，成了一朵长开不败的鲜花。随着时代的发展，人们不断赋予《三国演义》新的含义、新的理解。正是精深，使她持久地吸引了许多专家学者。

我们读了《三国演义》也就知道：得人者昌，失人者亡。只有能够吸引、凝聚人才的企业家，才能赢得事业的成功。同时也明白：客观事物自身的规律是不可逆转的。不认识事物的规律性，不按照客观规律办事就必败无疑。它还谆谆告诫我们：大意失荆州，生搬硬套失街亭；温酒斩华雄的故事向我们昭示：小人物中有大英雄；安居平五路的佳话则使人可以悟出：具体问题要具体分析；赤壁大战使人懂得统一战线的重要；火烧连营则使人深知忍让绝非怯懦；煮酒论英雄是透过现象看本质；走麦城是刚愎自用究可哀；日擒孟达强调兵贵神速；木牛流马显示科学的威力；因势利导水淹七军，出奇制胜偷渡阴平；除董卓是

失道寡助的注脚，丧本初乃多谋少决的警钟……

在《三国演义》同一个故事中，从不同的角度可以使人悟出不同的道理，有移步换景之妙。如袁曹两军在官渡相持时，曹军粮草枯竭，去许昌催促粮草的使者又被袁绍的谋士许攸活捉。许攸拿着曹操的催粮书信向袁绍献计说：现在许昌空虚，而官渡的曹军粮草已尽，我们现在乘此机会两路进击，一定可以活捉曹操，大获全胜。许攸的建议本来是切实可行的，可是袁绍却优柔寡断，不知何从。袁绍的另一谋士审配恰在此时来信说许攸的坏话，袁绍在来信的挑唆下，竟然向许攸发怒说：你是曹操的老朋友，想必一定是受了他的财贿，为他做奸细来欺骗我。我今天暂不杀你，今后你再也不许见我了。许攸差点被逼得自杀，在下属的劝阻下投奔了曹操。曹操一见大喜过望，"跣足出迎""先拜于地"，但在和许攸交谈时却一而再、再而三地谎报粮草库存数字，被许攸揭穿老底后，当即求教于许攸，并立即采用许攸的计谋迅速打败了袁绍，奠定了统一北方的基础。

从这个故事中我们既可以看到：决策者一定要当机立断，减少内耗的危害。从袁绍怒斥许攸的恶果可见领导方法的重要。曹操对许攸的态度则揭示了决策者必须求贤若渴，兵不厌诈，保密工作的重要性；还反映了决策者应该不耻下问，拜能者为师，等等。

总而言之，凝聚着我国古代人民心血和智慧的《三国演义》是一本读之有趣、有益的好书，它对我们现在依然有着巨大的借鉴启迪的作用。当然，正如诸葛亮也会失算一样，《三国演义》也有一定的封建性糟粕。我们决不能用读《三国演义》来代替其他学科知识的学习。"半部《论语》治天下"是很不现实的。对于这些问题，我们应该有客观清醒的认识，切莫走火入魔。

2. 敬关公该敬什么

我国甚至海外许多人都普遍敬仰关公。而最突出的地方有两个；一个是珠江三角洲地区，另一个是关羽的老家山西。

珠江三角洲的许多商铺甚至工厂，都设有供奉关公的灵位。我有一个佛山朋友，在公司开业之际，请来一帮人，吹吹打打，热热闹闹，请来"关公大驾"，天天敬香，虔诚得很。偏偏我有一个不懂事的江西老乡问他：你们这样敬关公是敬他什么？佛山朋友说："关公杀气重，护财、辟邪，他过五关，斩六将，所向无敌。"我那老乡说："关羽最终还不是败走麦城，身首两处。"说得我那朋友满脸的不高兴。

我那老乡的话未免生硬而有欠缺，但敬关公应该敬什么却值得认真考虑。说他护财，他毕竟守不住荆州，误了刘备的大事，请他来护财恐怕也难以放心；说他所向无敌，他也压不倒黄忠，斗不下庞德，还差点儿死在他们手上。关帝庙有副对联说："拜斯人，便思学斯人，莫混账磕了头去；入此山，须得出此山，当仔细扪着心来。"也是叫敬仰关公的人不要糊里糊涂地敬仰关公，而要能入能出，学好关公的本质精神。

明清两朝，晋商称富于天下。山西商人也有供奉关公的传统，但他们最敬重的是关公所具有的重义守信的品格，我以为还是晋商吃准了敬关公该敬什么。对于商人来说：关公最重要的特性是重承诺、守信誉，来去明白、义气深重。他向曹操承诺不立功不离去，就一定要等斩颜良、诛文丑后才去找刘备。辞行时除了那拜了又拜接受下来的赤兔马，其他东西一概不要；在华容道上，明知放了曹操一马，就要纳上自己的首级，还是拼死放了曹操一马。而称富于天下的晋商确实注意学习关羽的品德，重义守信是晋商长期兴盛的重要原因。

当然，珠江三角洲商人也是很讲信誉的，在当今中国的商界堪称出色。我只不过想提醒一下人们，关公最可贵之处在于深明春秋大义，"对国以忠、对人以义、处世以仁、作战以勇"。仅论武艺，吕布不是更厉害吗？于右任先生题关帝庙对联点题点得最妙："忠义二字，团结了中华儿女；《春秋》一书，代表着民族精神。"懂得了这一点，我们的商业风气可能会更好些。

3. 从关羽的"择业"和"辞职"看关帝之可敬

过去我读《三国演义》时，老是对关羽颇有成见：刚愎自用、争强好胜；虽然颇有本事，但武功也不见得比黄忠、庞德强，却又一点儿也看不起黄忠、庞德。为此，我常为黄忠、庞德打抱不平，也看不惯关羽要与马超比试武功。如果拿关羽和赵云做选择，我肯定更加喜欢赵云。但我的意见不起作用，一千多年来关羽的"身价"越来越高。有副关帝庙对联："儒称圣，释称佛，道称天尊，三教尽皈依，式詹庙貌长新，无人不肃然起敬。汉封侯，宋封王，明封大帝，历朝加尊号，矧是神功卓著，真可谓荡乎难名"。

你看看，"三教尽皈依""历朝加尊号"，以至于登峰造极，只有关老爷才有这些资格，而又与孔子并列，一个为文圣人，一个为武圣人，关羽的荣誉，多得几乎数不清。

然而人的一些根深蒂固的成见，居然也会发生根本性的变化。

我之所以这样说，是因为在市场经济的大潮下，一些人的择业观念，特别是辞职跳槽的价值取向触动了我，引发了我的思索。一些人的辞职跳槽的价值取向和不顾公司恩怨死活的过程让我感叹，虽然我觉得自己还是无权评说，但却很自然地想起了关羽的"跳槽"和"择业"，想来想去，居然逐渐对关羽的

评价和感情发生了根本性的变化。关羽确实值得大家尊敬推崇，被称做圣人也确实有他的道理。

当年曹操看中了关羽的本事和为人，就想把这个人才挖到自己的"公司"来效力，于是设计攻下了关羽守卫的下坯城，将关羽及其部队团团包围在屯土山，使他们冲不出重围。当关羽及其部下人困马乏之时，又派出"人力资源部经理"——关羽的老朋友张辽来劝说关羽"跳槽"。而张辽手中又有一张王牌——关羽要保护两位嫂嫂的安全。如果关羽战死了的话，这个任务就自然无法完成。张辽口才又好，与关羽一向感情融洽，所以高傲刚强、视死如归的关羽在信息不通的情况下为了保护嫂嫂安全，进而寻找投奔刘大哥，也就答应了可以暂时跳槽。但是经过和张辽的交流，关羽发现曹操曹老板是想挖他去做固定工，是要长期使用，而自己只不过是想打短工而已。他为了今后不受到用工单位和社会的非议，搞了个权宜之计，提出来要签个"用工协议"约法三章。其中主要一条就是一旦发现了刘备刘大哥的下落就马上走人，他还得跟刘老板干活。曹操曹老板觉得这"用工协议"太无理了，是霸王协议，无法接受。但是，"人力资源部经理"张辽劝他说："关羽对刘老板这么忠心，无非是刘老板对他有恩罢了，你曹老板对他更好一些，他自然就不会走了。"曹老板一想有道理，于是就聘用了关羽。

关羽到达许昌后，曹老板为了拉拢这位人才，用尽了各种恩宠手段：赐豪宅、送美女、三日一小宴、五日一大宴、上马一提金、下马一提银，官封汉寿亭侯，但这些恩宠手段丝毫不能动摇关羽的意志。有两件事情很能说明这个问题：第一件事是曹操看到关羽穿的战袍陈旧了，叫人为关羽用好布料做了一件新的战袍送给他。谁知关羽竟然把新衣穿在里面，那件旧的仍旧穿在外面，弄得曹操很不高兴，说关将军你怎么这么小气？穿件新衣服都那么爱惜，舍不得？而关羽却出乎意料地告诉他，这件旧战袍是刘大哥送给他的，他看到这件

旧战袍就像看到了刘大哥一样亲切，弄得曹老板又敬重又妒忌。

另一件事是曹操看到关羽的战马很瘦，就把当年吕布骑的赤兔马送给他。谁知关羽大喜过望，对曹操拜了又拜，谢了又谢，弄得曹操又满脸不高兴地说：我送了那么多好东西你都不感谢我，而送了一匹马给你何必这么感谢我？关羽回答他说："我听说这匹马日行千里，夜行八百，如果我打听到刘大哥的下落，一天就可以找到他了"，弄得曹操懊悔不已。

曹老板为了离间关羽和刘备的关系，就使了一个坏主意，在关羽保护两位嫂嫂回许都的路上，制造出旅馆紧张的假象。晚上休息时，只给这位大男人和两位美女开一间房。这北方的寒夜谁不想在温暖的房间里睡个好觉？但关羽进去了就说不清楚呀！以后他再要去刘老板那里打工麻烦就大了。但这关羽根本就不进曹老板的圈套，他让两位嫂嫂住进了客房，自己独自一个人持刀在外，站岗放哨，坚持到天亮。想那时关羽吹了一夜的寒风，大概也免不了流鼻涕，但这次的试探让曹老板佩服得五体投地，也为关羽换来了尊严和美名。曹老板从此再也不敢打关羽的歪主意了，改为以诚相待。

曹操对关羽的恩宠和用心也不是白费的，关羽发现曹操对自己恩情太重，于是在三条"用工协议"之外主动加上了一条，即不立功不离去。也就是说你曹老板对我太好了，我一定要干出点成绩才能离开你，要对得起你，不欠你的人情债。这有点像优秀商人"账要算明白，要双赢"的做法。就算他不主动加上这一条，谁也不能对他说三道四，当初的用工协议是清清楚楚有言在先的。但是关羽将心比心，说话算话，后来曹操先后遇到了两位劲敌，袁绍的大将颜良、文丑，曹操的部将敌不过他俩，还被颜良斩了两员大将，只好请关羽来解围。关羽很快分别干掉了颜良、文丑，立下了大功，这样他才算完成了用工协议。

关羽好不容易终于找到了刘备的下落，当即决定拍屁股走人。因为关羽跳槽之初第一次见到曹老板时就说得很清楚："关某若知皇叔所在，虽蹈水火必

往从之——此时恐不及拜辞，伏乞见谅。"也就是说，今后我恐怕来不及打招呼，就可能直接去找刘老板了。关羽把丑话都说到了前面，把自己该做的事情也全都做好了。此时的关羽，可以说是归心似箭，恨不得立马就回到刘备身边，但仍然亲自到曹操府上辞职，而曹操为了留住关羽，将回避牌悬挂于门外，使得关羽见不着面，辞职报告送不上去。此时的关羽已是度日如年，但关羽仍然等了一天一夜，第二天又"一连去了数次，皆不得见"。关羽只好去找"人力资源部经理"张辽辞职，但张辽也有意回避而不见他，关羽心知肚明也问心无愧，仍然亲自写好"辞工报告"，将来龙去脉，所见所想，付诸笔墨，差人去曹府投递，一面将屡次所受的金银，一一封置府中，悬汉寿亭侯印挂于堂上，方才正式离职。在这里关羽挂印姑且不论，而将曹操屡次赠送的金银带走也未尝不可，因为这些金银是他的工资奖金、劳动所得，而千里走单骑一路上也需要盘缠。关羽之所以这样做，显然是极为珍惜自己的名声，而今天的跳槽者恐怕却是要尽量多捞一把才肯走的。

关羽从曹老板这里辞了工作后可以说是谁也不欠谁的了，最后走的时候劳资双方也是见了面的，曹老板找到关羽这样的"临时工"也是十分划算的，因为至少两次帮他解决了大问题，打了大胜仗。正因为无愧于曹老板，赤壁大战前夕关羽才主动请缨，立下军令状，要在华容道上擒拿曹操。当看到失魂落魄的曹操率领残兵败将走进了他的埋伏圈以后，关羽虽然也欲图按计划擒拿曹操，但看到老东家穷途末路，亲自相求时却心中不忍，终于违了军令，拼死放了曹操一马。作为帮刘备打工的关云长，如果捉到曹操或拿下他的人头是立了大功，要大涨身价的。现在有些人在所谓的成就感面前不顾信义，以为只有这样才能找到存在的感觉，而置根本道义于不顾，这在关羽面前显得多么浅薄、可怜！而关羽放了曹操，可能会使得关羽丢失一切，但关羽仍选择了后者。清人毛宗岗赞曰："拼将一死酬知己，致令千秋仰义名。"做圣人是要有付出的，

甚至是要付出一切的。我在一辆公交车后面就看到过这样的广告：佛山每天都有员工携带公司资料跳槽，我们可以帮助你（保护机密资料）。这也无异于说：损害老东家以便在新公司里抬高身价这种近乎于卖主求荣的，并不是个别的现象。而看到这些现象，我们更加能感受到关羽的伟大，体会到春秋大义的宝贵。

这里还有个细节要追叙一下，关羽在跳槽以前，还是专门征求了两位嫂嫂意见的，得到两位老板娘的同意才跳槽的。总而言之，这样的跳槽经历也是罕见的，是发人深省的。

关羽的跳槽经历如此磊落、坦荡，和他的择业观念是分不开的。当年天下大乱，英雄并起，机会极多，关羽完全可以凭借他一身过人的本事找个好单位工作，无论是国有大企业还是"上市公司"，哪里都会欢迎关羽这样的大人才。但关羽哪里都不去，偏偏找个穷得叮当响的个体户刘备来当老板。这是因为刘、关、张三人的"企业理念"相同：匡扶汉室、除暴安民。有了这个共同的坚定的理念，才有了关羽的择业方向；有了关羽回到刘备身边的"二进宫"经历，我们可以看到他的跳槽只是一种过渡，关羽的立场一直没有变！

关羽投奔曹操不是为了功名利禄，这是毫无疑问的，显然也不是贪生怕死。这一点在麦城之败，孙权孙老板想挖他但他宁死不屈就可以看得很清楚。孟子说："贫贱不能移，富贵不能淫，威武不能屈，此谓之大丈夫。"而关羽在刘备刘老板那里正是贫贱不能移，在曹操曹老板那里正是富贵不能淫，在孙权孙老板那里正是威武不能屈。儒家将关羽称为圣人，并不为过；道家将其称为天尊，不无道理。古往今来有几个人能达到如此境界？关羽离开许昌时，曹操对张辽说："云长封金挂印，财贿不能动其心，爵禄不能移其志，此等人吾深敬之。"还对众将领说："不忘故主，来去明白，真丈夫也，汝等皆当效之。"可见当老板的人都很敬重关羽这种打工仔。

儒家将"仁、义、礼、智、信"作为核心价值观，关羽身上就集中地体现

了儒家的这种核心价值观。他华容道上义释曹操是其仁也，也是其义也；千里走单骑既是义，也是信也；跳槽去曹老板那里之前经过嫂嫂同意，连续两天数次去曹操那里辞工，最后去张辽家辞工，送辞工报告给相府更是其礼；水淹七军是其智；斩颜良、诛文丑才辞工是其信。

时至今日，忠义二字是否还可以团结中华儿女，还可以多少影响一下今人的择业与跳槽？而春秋大义，即仁、义、信是不是还可以保存在我们的民族精神之中？要知道，连提倡"兵不厌诈"的《孙子兵法》都是把"仁"作为将帅必备的重要素质之一。孙子认为：一个优秀将帅必须具备"智、信、仁、勇、严"的五大素质，而把"仁"看得比"勇"和"严"还重要。一些现代人不择手段地谋取所谓成功，实为不仁不义，与关羽鄙弃富贵名利的做法形成了鲜明的对比！

在这个商机多多，就业与升迁机会多多的商业社会，多少老板为了员工的突然跳槽而心痛不已。如果是突发事件还可以理解，但有些员工却是只顾自己利益、不顾别人死活，暗中把一切都准备就绪后突然跳槽的，甚至有些人是夜晚下班后打个招呼发个短信走人的。还有老板说：有员工走了人他们还不知道，只知道他没有来上班，并不知什么原因。关羽精神哪里去了？春秋大义哪里去了？离职的过程比入职和在职更能体现一个人的人品和水平，面对当今这种世态，我们又怎能不对关羽肃然起敬！

4. "反常"行为背后的深刻道理

《三国演义》第六十九回里，汉臣耿纪、韦晃等五人不满曹操欺凌天子，为乱朝廷，约定趁元宵节之机城中放火，乘乱杀死曹操守城之将王必，夺取兵权。"请天子登五凤楼，召百官面谕讨贼"，并顺势"进兵投邺城擒曹操"，约

刘备为外应。结果元宵夜许都大乱，"只见火光乱滚，又闻喊杀连天"，守将王必中箭弃马而逃，险遭一死。可是耿纪、韦晃五人毕竟实力有限，经验不足，乱了一夜，最终还是寡不敌众，被久经沙场、能征惯战的曹军镇压。曹操杀害耿纪、韦晃五位汉臣全家后，令将百官解赴邺郡。"曹操于教场立红旗于左、白旗于右，下令曰：'耿纪、韦晃等造反，放火焚许都，汝等亦有救火者，亦有闭门不出者。如曾救火者，可立于红旗下；如不曾救火者，可立于白旗下。'众官自思救火者必无罪，于是多奔红旗之下，三停内只有一停立于白旗下。操教尽拿立于红旗下者。众官各言无罪。操曰：'汝当时之心，非是救火，实欲助贼耳。'尽命迁出漳河边斩之，死者三百余员。其立于白旗下者，尽皆赏赐，仍令还许都。"

曹操的这番行为举止是反常的，国难当头待在家里不作为的官员不仅官复原职、平安无事，还得到了赏赐，救火维稳的官员反而遭到镇压，这真叫人有些想不通，亏他做得出来！

阅历多了，历史的真相知道多了，就慢慢明白曹操这么做的道理了。曹操也许做得太绝，更为现代社会法治精神不容，但他说的这些人并不是想救火，而是要帮耿纪、韦晃作乱，虽然曹操有宁左勿右之嫌，但站在曹氏集团的立场来看，曹操的判断并没有错。

当时的汉家天下虽已支离破碎，但臣民仍把汉室作为正统。刘备起劲地打着匡扶汉室的旗帜，曹操、孙权表面上也对汉献帝俯首称臣，而不少汉臣真心叨念汉室恩禄，盼望拨乱反正。还有不少人暗惧曹操弄君窃国，希望除之而后快，苦于没有机会，无人领头，这是一帮人的共识和共同心愿。耿纪、韦晃等人趁元宵节夜张灯结彩、大放烟火，警备部队懈怠无备之机，突然放火作乱，半夜喊声震天、火光一片，大家不知虚实，又压抑已久，期盼已久，难免出门"救火"添乱。他们期盼梦想成真，重振大汉王朝，即便不成，半夜三更也还有退路，还可以说自己是维稳救火。在兵荒马乱的时刻，老实一点的人都求自

保，哪有心情去救火呢？躲都来不及呢。真有头脑简单，一时冲动去救火的人也只是个例。所以这个曹孟德，赏赐待在家里的人，尽杀救火维稳者，倒是真正的维稳。

反常行为的背后往往有深刻的道理。

5. 事非经过不知"禅"

以前我读《三国演义》，读到曹丕逼迫汉献帝退位，自己接班登基做皇帝的时候心里很不舒服。其原因有二：一是曹丕那一帮文臣武将逼人太甚，比如华歆、王朗逼得献帝大哭，然后"入后殿去了，百官哂笑而退"。第二天，一群文臣武将又聚集大殿，"令宦官入请献帝"，吓得献帝不敢上朝。而曹洪、曹休两员武将则带剑进入后殿，逼迫献帝上朝，献帝被迫上朝后，又遭到华歆、王朗的苦苦相逼，直至杀死护卫玉玺的符宝朗，迫使献帝下诏献玺，被迫退位给曹丕。但曹丕在司马懿、华歆等人谏奏下，两次假意谦让，以减少天下非议，致使汉献帝被迫两次下诏禅让。曹丕又在贾诩的谏奏下，让华歆转告汉献帝：筑造高达三层的"受禅台"，聚集大小官僚四百员，御林虎贲禁军三十余万，做足了表面功夫，禅让诏书和表册用尽了冠冕堂皇的词汇，似乎真心让贤，实则被迫无奈。读到这里联想到后来司马氏夺取曹氏政权，故伎重演，觉得真是一种报应，曹丕这帮人也未免歹毒了一点！

更让我感到不舒服的是：曹丕登位称帝，居然厚颜无耻地对文武群臣说："舜、禹之事，朕知之矣！"

过去每次读到曹丕这句话，总觉得曹丕也未免太荒唐了，真是扭扭捏捏，全然没有他父亲曹操来得豪爽直率。尧、舜乃远古圣贤，厚德载物，主动禅让而成万古美名。舜、禹德才兼备，受禅接位乃顺理成章。曹丕这家伙窃国夺权

也就罢了，居然还把自己比作远古圣贤，真是太不自量！

　　然而，当我读到 2005 年 2 月上旬《杂文月刊》中的杂文《尧也不肯禅让》后，我惊讶地发现自己过去的看法实在太过偏激：曹丕并没有矫揉造作，曹丕讲的话并没有错，而是我们把尧、舜、禹看得太完美了，是我们把远古时代看得太理想化了。这也难怪，连太史公司马迁、孔夫子孔圣人都把尧看得至善至美，更何况现代人呢？

　　《尧也不肯禅让》这篇文章告诉我们，尧把地位禅让给舜，并没有征求大家的意见，而是尧的一言堂。尧对舜考察了三年，"让位"给舜，然而尧却"摄政辅佐二十年"，在这二十多年的时间里，舜帝的命运掌握在尧的手上。这篇文章还说："据史料记载，尧在君主的位子上一干就是七十年"。如果我们对这些话还有什么疑虑的话，后面的话就更难以质疑了。这篇文章后面说："所以最权威的著作《辞海》中对尧进行了中肯的评价：尧到了晚年，德衰，为舜所囚，其位为舜所夺。"至于舜，《辞海》中说："舜为禹所放逐，死在南方的苍梧。"为什么把他放逐，总该事出有因吧？如果他们的禅让是真心的，这一切还会发生吗？这些话有力地告诉我：汉献帝的"禅让"和尧、舜的禅让，并非不能类比，他们都具有无奈和被迫的因素。

　　昔时贤文说：书到用时方恨少，事非经过不知难。读了汉献帝的禅让故事和曹丕的感言，我们又可以悟出：事非经过不知"禅"！曹丕的智商高，然而，在登基之前，他并没有理解出尧、舜的禅位，内在究竟是怎么回事。只有当他完成了一整套禅让过程，才了解了这一切。

6. 从陈琳的檄文治曹操的头痛说起

　　曹操用脑过度，因此头痛成疾，患了头风病，经常头痛不已，卧病在床，

能治曹操头风病的医生十分难找。只有吉平、华佗才有办法对付曹操的头风病。华佗虽然有办法，但这办法却非常难以操作，风险极大，令人存疑。所以多疑的曹操并没有接受华佗的医疗方案，反而把华佗逮捕入狱，最后致死，而曹操亦因为头风病而死。

掌控国家的曹操曹丞相都无法对付头风病，可见头风病是一种怎样的顽疾。然而说来也怪，有一次曹操也是患头风病，卧病在床的时候，却因为袁绍准备讨伐曹操，命令书记官陈琳写就一纸檄文，声讨曹操，以造声势。那陈琳素有"才名"，乃建安文学时期的建安七子之一，这篇檄文写得有声有色，不仅历数曹操罪状，而且将曹操的祖父曹腾、父亲曹嵩的罪状丑行均作了有力的揭露和抨击，号召天下义士共擒曹操而助汉室。曹操躺在床上读完这篇洋洋洒洒、声色俱厉的檄文之后，居然毛骨悚然，出了一身冷汗，不觉头风顿愈，从床上一跃而起，"顾谓曹洪曰：'此檄文何人所作？'洪曰：'闻是陈琳之笔。'操笑曰：'有文才者，必以武略济文。陈琳文事虽佳，其如袁绍武略之不足何！'遂聚谋士商议迎敌。"

可见，曹操的头风病虽然非常难治，然而，在发作得厉害之时被陈琳的一篇檄文治愈了，虽然并未彻底断根，但好在可以应付繁重的政务了。

一篇檄文为什么如此厉害，胜过灵丹妙药？这实在是因为陈琳的檄文写得太好了，打到了曹操的痛处，具有强烈的震撼力和号召力，声势夺人。文章写得不好肯定是达不到如此震撼人的效果的，更不用说使得顽疾顿然治愈了。但是，文章写得好是不是就一定会有好的效果呢？这又不一定了，好的文章还要碰上能理解其义理和力量的读者。如果这篇文章碰到袁术、吕布、刘禅等胸无点墨之人，就不可能有上述效果。因为曹操本人就是诗人、文豪，对好的诗文有特别强烈的感受。所以，陈琳的檄文对曹操有特殊的效果，当然，这也因为他是当事人。

昔时贤文说："酒逢知己饮，诗向会人吟。""路逢侠客须呈剑，不是才子莫献诗"，这都是说好的诗文还要好的读者，没有好的读者，好的诗文也无人欣赏。这当然不是作者的过错，但是作者并不能确定他的文章是否能在众读者面前展现威力，发挥效果。

不仅文章如此，一些智谋之士的好计谋、好主意，若没有碰到明主也无法发挥出好效果，无论你的计策多么巧妙高明。类似故事在《三国演义》中几乎贯穿始终，比比皆是。我们不要说吕布、袁绍、刘表等人了，即使曹操、刘备这些善于纳谏、从善如流的明主也会拒绝妙策，屡进死胡同。连足智多谋的诸葛亮也会拒绝魏延奇兵出子午谷的妙计。

这些故事告诉我们，老板总是希望部下为他们出好主意、好策划。但是，当你有了好的主意和策划时，却未必能得到理解和认同。我有时也爱瞎操心，有时也会得到灵感，但却难以得到理解和认同。我还曾努力仿效苏秦、张仪、李斯等说客试图说服人家采用我的灵感，但是结果等于零。于是我知道了，即使苏秦、张仪、李斯再世，也未必能说服他们的，要不然，他们当初就不用东奔西走，奔波于诸侯之间，争取重用的机会了。他们也只有遇到知音，才能发挥作用，大展身手。

好的主意，有的不会受到采纳；反之，一些人为了私利，吃里爬外，专出馊主意，却能哄得老板开心，受到重用和青睐。比如，袁绍几乎是专门排斥好主意，重用馊主意的。他本来是四世三公、兵多将广，最具实力，结果却一再兵败失地，最后吐血而亡。

这就让我们想到一些策划公司和企业的策划主管了，有真才实学、真知灼见的未必得到认同，而忽悠老板，专做表面文章却反而能得到重用重赏，让人扼腕叹息。

策划精英该如何做人，也真是一个千古难题！

可以明确的是：还得珍惜和感谢从善如流的明主。当然这感谢应该是双向的。

最后，曹操破灭袁绍攻灭冀州后，捉住了陈琳，曹操的僚臣都劝曹操杀了陈琳，而曹操仅仅是责备了陈琳写的檄文不该攻击曹操的祖父和父亲，就赦免了陈琳，还安排了陈琳的工作。

惺惺相惜，英雄敬英雄！这才是知音，这又告诉我们：如果你有好的策划，能在竞争中出奇制胜，打败你的竞争对手，说不定还能得到竞争对手的认同。

7. 尊贵源自胆气豪

甘宁是东吴杰出的上将，《三国演义》里有两首诗都是专门歌咏甘宁的，这在《三国演义》里是一种高规格的待遇。甘宁的亮点很多，给人印象最深的是第六十八回甘宁百骑劫曹营的故事。

赤壁大战以后，曹操老是想着报一箭之仇，而孙权、刘备又想乘机扩大地盘。曹操夺取了张鲁的东川之后，诸葛亮为减轻压力，主动割让江夏、长沙、桂阳三郡给孙权，请孙权进攻曹操的合淝。孙权权衡大局后，果然亲率大军进攻合淝，不料被守将张辽率劣势兵马杀得孙权大败而归，还险些送了性命。以至于孙权这边"江南人人害怕，闻张辽大名，小儿也不敢夜啼"，士气低落。此时，曹操又亲率四十万大军增援合淝。孙权高层达成共识，必须挫败曹操锐气，提升自己的士气，要不然这仗没法打了。

甘宁因此自告奋勇率一百勇士去偷袭曹营，而孙权的另一大将凌统则自告奋勇率三千人马挑战曹军，可是出兵后却没捡到便宜。甘宁在这种更加不利的形势下，再次要求仅率一百人马突袭曹营。甘宁在凌统出兵前争执说："只

须百骑，便可破敌，何必三千。"凌统回军后，甘宁又对孙权说："宁今夜只带一百人马去劫曹营；若折了一人一骑，也不算功。"这才得到了孙权的同意。

甘宁真是胆大包天，率一百人去劫曹操四十万大军的营寨，而且自信不会折一人一骑，后来的事实证明这确是艺高胆大的胜算之举。

可是这一百个士兵却没有这种胆略与豪气，甘宁回到营中，教一百人皆列座，先将银碗斟酒，自吃两碗，乃请百人曰："今夜奉命劫寨，请诸公各满饮一觞，努力向前。"众人闻言，面面相觑。甘宁见众人有难色，乃拔剑在手，怒叱曰："我为上将，且不惜命，汝等何得迟疑！"结果这一百个士兵看见甘宁变了脸色都表示"愿效死力"。二更以后，这一百零一人便杀入曹操四十万大军军营，"径奔中军来杀曹操"。幸亏曹操设防严密，甘宁未能杀入中军，却在"营内纵横驰骤，逢着便杀"，曹军"无人敢当"，最后"甘宁引百骑到寨，不折一人一骑"。吴兵士气大振，孙权自豪地对众将领说："孟德有张辽，孤有甘兴霸，足以相敌也。"

这是一个相当励志的故事，人们常用以一当十来赞美勇士，而甘宁及一百名勇士却是以一当四千，挑战进攻四千倍于己的强盛敌手并且全胜而归。这里可以用军事学、心理学来解释分析这个故事，比如和草船借箭、空城退敌有所类似。

如果说甘宁劫曹营是借夜色偷袭，攻其不备，不足为训的话，下面的故事恐怕会让我们更不得不服了。在《三国演义》第一百零八回，吴主孙权去世后，司马师、司马昭趁机派遣三路大军讨伐东吴，每路大军各十万人马，令胡遵为先锋，总领三路人马。东吴委派老将丁奉率三千水兵为先锋，另派三路人马接应，每路人马各一万。胡遵率大军攻打东兴郡新建的两座城池未果后，与众将领设席讨论对策，此时丁奉率三千兵马分乘三十只战船傍岸，胡遵出寨巡视后回来说："不过三千人耳，何足惧哉！"只令部将哨探，仍前饮酒。而丁奉则"将船一字儿抛在水上，乃谓部将曰：'大丈夫立功名，取富贵，正在今日！'遂

令众军脱去衣甲，卸了头盔，不用长枪大戟，止带短刀。魏兵见之大笑，更不准备"，结果"丁奉扯刀当先，一跃上岸。众军皆拔短刀，随奉上岸，砍入魏寨，魏兵措手不及"，被三千吴兵杀得大败而逃，大半落水而死；杀倒在雪地者，不计其数。车仗马匹军器，皆被吴兵所获。魏将韩综、桓嘉死于此役。丁奉三千人马竟然凭着勇气，不用计谋，在光天化日之下不加掩饰地用贵族决斗般的方式打败了三十万大军。

我是相信甘宁、丁奉这两个以少胜多故事的科学性和真实性的，因为这两个故事包含着深刻的道理。

现代人喜欢说：没有做不到的，只有想不到的。还喜欢说：因为你相信，所以你会看到。而甘宁、丁奉大无畏、大成功的故事可以印证这两句话。

丁奉是东吴老将，但并没有因为年龄大、地位优越就"革命意志"衰退。反而是为了"立功名，取富贵"，气吞山河，勇不可当，行人之不敢想，创造了战争奇迹，再演了破釜沉舟的辉煌，印证了"两军相逢勇者胜"的道理。也再次印证了人的上进心并不是取决于地位、权势。丁奉的行为，在常人看来简直是开天大的玩笑，光天化日之下，让人一目了然。"脱去衣甲，卸了头盔，不用长枪大戟，止带短刀"，让人多势众的敌军笑掉大牙，丁奉靠的是以决胜的勇气制胜，结果魏兵多而无益，自相践踏，除了韩综、桓嘉两将以外，连还手的机会都没有，就成了刀下之鬼、败逃之兵。

锐不可当的勇气同样也是商场竞争的利器。领军人物的胆识是人格魅力，是成功的法宝，也是尊贵气质的来源。

8. "心不怯"，事未必成

《三国演义》第一百一十六回说到钟会率大军伐蜀时，有司马昭的一段高论：

"朝臣皆言蜀未可伐，是其心怯；若使强战，必败之道也。今钟会独建伐蜀之策，是其心不怯；心不怯，则破蜀必矣……"

我曾经对于司马昭的这段话大为赞赏，后来我办起了《陶瓷资讯》报，自然而然希望多遇到一些像钟会一样信心十足、自告奋勇的人。

两三年后，我遇到了这样的人，他们没有嫌弃平台不好，他们的目标、他们的承诺，都远远超过了我的预期，于是我想：即使目标打折扣，至少也可以完成我的预期目标。

然而结果大大出乎我的预料之外，他们不仅没有完成自己提出来的目标，而且离我的目标也相差甚远，当初我们的目标在结果面前毫无意义。

后来，我又发现，同行也有类似现象出现。

于是我怀疑：司马昭这段话是不是错误的。大量事实证明：心不怯，事未必成。失败的案例还多着呢！

后来，我又细细体会了司马昭这段话，读来读去以后又有了新的发现：司马昭并没有讲错，而是我的理解有片面性。

因为司马昭这段话至少有两个层次，第一个层次是："朝臣皆言蜀未可伐，是其心怯也；若使强战，必败之道也。"这句话里面也可以看作有两个层面，第一个层面是朝中大臣都畏惧蜀国，第二个层面是如果让这些畏敌惧战的人去讨伐蜀国，必定会失败。这句话不难理解，显然没有错。

第二个层次是："今钟会独建伐蜀之策，是其心不怯；心不怯，则破蜀必矣。"

这句话和上面一句话一样，也可以看作有两个层面，前后两句话的前后两个层面都是递进关系，后面这句话的第一个层面是"今钟会独建伐蜀之策，是其心不怯"，第二个层面是钟会信心十足，因为他信心十足，所以他能完成伐蜀之重任。

而我在写文章、思考问题、安排工作的时候，没有顾及到前言后语，没有

顾及到各个层次，只是一厢情愿地贯彻了最后一个结论，变成了：只要信心十足，就会大功告成。

司马昭明明说清楚了："今钟会独建伐蜀之策"。也就是说钟会不仅有伐蜀的方案，而且是自己独立思考的方案，不是抄来的。自己融会贯通的东西，往往得心应手、运用自如。

"心不怯，则破蜀必矣"，并不是说："有勇无谋也可以大功告成。"司马昭的观点其实是有勇有谋才能大功告成。

我在实践中之所以遭遇失败，实质上是认为有勇无谋也会成功，这是片面思维。

如果我们要对人委以重用，托以重任，既要考察他是否有底气有胆量，还得仔细审视他的思路和方案。

鲁迅先生评价《三国演义》，说的是国家大事，鼓励的是智慧和勇敢。《三国演义》始终不提倡有勇无谋。

《三国演义》明明形象地批评了有勇无谋的吕布、刚愎自用的关羽。而且马谡又何惧之有？他自告奋勇守街亭，到了街亭还有一套防卫理论，可是诸葛亮一看到王平差人送来的马谡安营下寨的图本，即知道马谡必失街亭，只可惜救之不及，结果大势已去，于是首出祁山，前功尽弃！这也提醒我们：对人委以重任，不仅要看其信心，还得考察其思路与方案，如果诸葛亮不仅是强调保卫街亭的重要性，还与马谡共同讨论守卫街亭的方案，结局就会为之改观。可惜诸葛亮智者千虑，也有一失，导致了千秋憾事。

后来我反思：我之所以形成前文的思想片面性，其实是因为年轻的时候在国有企业总想干点事而没有机会，压抑已久。也发现国有企业一些想做事的人没有机会，混日子过的人往往有职有权，因此有情绪，感慨已久。因而读到司马昭这段话时，产生了片面思想。

读书不能片面理解，思维要多种角度，不能情绪化。这是我重读司马昭这

段话的新体会。

9. 成功要问手段

"英雄不问出处"这句话应该成为人才学的经典之句，这句话激励了许多人才奋然向上，脱颖而出；这句话使得许多实业家抛弃成见，重用英才。

董卓受到黄巾军的追杀，刘、关、张杀退黄巾军，帮董卓解了围，也可以说救了董卓的命；但董卓见到刘备不是感谢，也不重用刘、关、张的才干，而是问刘备的身份。当刘备回答他只是一个"白身"（普通百姓）后，董卓即表现出很看不起的样子，气得张飞要揍他，只是由于刘备的劝阻才勉强作罢。后来董卓成了刘、关、张乃至天下讨伐的对象，暴亡而死。袁术也在对付董卓的大将华雄的关键时刻，排斥"马弓手"关羽，很快就被证明是目光短浅，然而袁术执迷不悟，终于自取灭亡。

现实社会面临的一个基本问题是成功要不要问手段？

有人认为，只要你有钱有权你就成功了，你就不仅会得到巴结和奉承，还会受到尊敬，成功人士和尚未成功的人士都会尊敬你，至于说你用什么手段取得成功都不重要，没有什么原则界限。这种风气促使了一些人不择手段地去谋取所谓的成功。

但是，成功可以不择手段吗？

刘备还在新野的时候，亟须有安身之地，以抵挡即将到来的曹操大军，也便于发展自己的事业。诸葛亮劝刘备乘刘表病危，夺取荆州。刘备说："你的方案很好，但我受了刘表的恩惠，不忍心做这种事。"诸葛亮说："今若不取，后悔莫及。"刘备则坚定地说："吾宁死，不忍作负义之事。"

刘备拒绝了诸葛亮的提议后不久，曹操夺取了荆州。刘备及其追随者狼狈

不堪，几乎全军覆没，但刘备没有后悔。刘备在当时对于地盘的需求真是如饥似渴，即使刘备不取荆州，荆州也难免易主，刘备将更加被动，甚至于无立锥之地，这在当时也是很明显的事。但刘备虽知后果，却毫不犹豫地放弃了唾手可得的成功，宁可迎接更大的困境和风险。《三国演义》的作者和读者对于刘备的抉择是认可的，刘备的形象因此更为鲜明，更受爱戴。

刘备此类选择不止一次，徐庶乍到刘备门下，告诉刘备，其坐骑的卢马将会给主人带来一次灾难。他劝刘备先将的卢马借给他人骑一段时间，等那人受了一次灾难后再骑，就可以避免自己的灾祸，结果被刘备严厉批评了一通。

千百年来，中国历史上许许多多的仁人志士，其中包括许许多多像刘备一样进取不已的人在"义"和"利"的选择上态度鲜明。他们选择清贫、选择寂寞，舍生取义，而受到后人的敬仰，也成为当时人们的楷模。

一个成功不问手段的社会是可悲的、可怕的。如果人们都没有原则地去崇尚不择手段的成功者，这个社会将会是一个病态的社会。

失败的英雄不仅值得敬仰，而且从长远的角度来考虑，暂时的失败也可能是好事。刘备坚信道义，结果赢得了民心，最终取得了更大的成功。

10. 当心被"烽火台"所误

这里的烽火台不是万里长城的烽火台，而是指关羽为防备东吴袭击荆州沿江设置的烽火台。当时关羽从曹仁手中夺取了襄阳，进而围攻樊城，兵势甚猛，大有攻取许昌之势。为了防止东吴在后面偷袭，又在沿江上下，广设烽火台，一旦发现吴兵进攻，即在各烽火台举烟燃火，以便关羽回兵救援。

关羽对东吴的防备可谓是郑重其事的。这么大的工程劳师动众也是需要很大的魄力，以致让吕蒙见了也大吃一惊，一时无计可施，只得托病不出。诸葛

亮本来感到关羽骄横，荆州危险，提议把关羽换回来。可是此时关羽捷报频传，更有人说："关公于江边多设墩台，提防甚密，万无一失。"因此刘备十分放心，诸葛亮的提议不了了之。

关羽对这项杰作也是自我感觉甚好，因此把荆州地区大部分兵马调去围攻樊城，专心对付曹魏。

可是东吴大将吕蒙、陆逊，偏偏使得烽火台毫无用处。"选会水者扮作商人，将精兵暗伏于船中"，直抵北岸。江边烽火台上守台军士盘问时，吴人答曰："我等皆是客商，因江中阻风，到此一避。"随将财物送与守台军士，军士信之，遂任其停泊江边。结果吴兵于二更时分，趁其不备，将烽火台军士缚倒，迅速夺取了荆州、公安、江陵等郡。直至生擒关羽父子，刘备集团至此由盛转衰，逐渐走下坡路。

人们说到这段故事及其教训时都沉重地说："大意失荆州！"为什么会大意呢？主要原因之一就在于让吕蒙急得生"病"，使刘备十分放心但没有起到作用的烽火台。可以说，关羽就是被这烽火台毁了。因此，关羽听说荆州等地失守后，昏厥于地，醒来后即问："沿江上下，何不举火？"可见思想上对其依赖之大。

我们在日常生活和工作中，为了防止出现各种问题，也设置了各种各样的"烽火台"。比如反腐败，我们有纪委、有反贪局、有监察部门，有群众监督、有舆论监督、有人大监督等。还有许多法律、法规及各种各样的学习宣传，在行动上往往从重从快，从设计上来说实在是严密得很，周到得很。按道理来说，腐败分子应该十分鲜见，腐败现象应该难以产生。然而，现实却不尽如人意，腐败分子胆大得很。从报纸杂志披露出来的情况看，一些腐败分子的腐败行为是在严密的"烽火台"监视之下，一而再、再而三地实施后才受到查处的。被"烽火台"及时发现和查处的腐败现象不是很多。

尽管我们的一些"烽火台"失去了功效，但我决不认为把烽火台撤掉就好了。我的意思是说不能全部依赖这些"烽火台"，不能像关羽那样只要烽火台不报警就可以高枕无忧。《孙子兵法》中说："地无兵不险，兵无地不雄。"地形无论多险要，没有士兵把守就不是真正险要，"烽火台"无论多严密周到，如果你依赖它而解除思想戒备就形同虚设。

拜金主义在某些人中间已成了一种思潮，一切向钱看的思想颇有市场，今天的"守台"将士更要小心"吕蒙""陆逊"，当我们感到天衣无缝、无懈可击时，他们就会感到得心应手、游刃有余了。

11. 要学许褚的敬业精神

有一次，曹操的族兄曹仁奉曹操之诏赶来见曹操，到曹府后曹操却多喝了酒睡下了，曹仁欲入内堂见曹操，却被曹操的"警卫团长"许褚挡在门外。曹仁大怒说："吾曹氏宗族，汝何敢阻挡耶？"许褚严正地说："将军虽亲，乃外藩镇守之官；许褚虽疏，现充内侍。主公醉卧堂上，不敢放入。"曹仁听后不敢入内，曹操听到后也感叹说："许褚真忠臣也！"

曹仁不仅是曹操的族兄，还是曹操起兵讨伐董卓时就率兵相投的元老，是手握重兵的核心人物，论亲疏、论资历、论地位，许褚都无法相比。然而"大老粗"许褚却忠于职守，敢于将曹仁拒之门外，即使曹仁发怒，许褚依然据理驳回，致使曹仁无言以对，不敢入内，真是令人钦佩。

佛山有个较大的陶瓷厂，原来规定进厂人员都要带厂卡，在实际执行中却因人而异，差距越拉越大。不仅领导进厂不必带卡，而且开车进厂的、骑摩托进厂的和讲广东话进厂的都不必带卡。哪怕是打扫卫生的、卖饭卖菜的，只要是广东人或讲广东话的都不必带卡。而对于外来工，哪怕是管理人员、天天见

面的，都要带卡，有不少人因未带卡而被罚款。

　　后来，有人对领导建议取消了这个制度，负责执行制度者也因此受到批评。类似这样执行制度的现象在我们生活中其实是不少见的。"天下不患无法而患无必行之法。"既然有制度就要一视同仁付诸实施，既然有职责范围就要忠于职守，按章办事。这本来是毋庸赘言的事，然而我们许多的管理制度都形同虚设，执行无力。我们十分需要提倡许褚那种打破情面、不畏权贵、忠于职守的精神，使这种精神形成风气，改变我们的工作面貌。而要形成这种风气的关键在于当今的"曹仁"要理解这种精神，并和"曹操"一起提倡这种精神。

人才类

古为今用论三国

1. 惜乎因人废计——诸葛亮为什么不用魏延奇计出祁山

谈到《三国演义》，为魏延打抱不平的人就不少，尤其是为诸葛亮首出祁山不用魏延从子午谷出奇兵制胜的妙计而感到惋惜。议者无不谓诸葛亮保守，并引用《三国志》作者陈寿对诸葛亮的评价作结论："治戎为长、奇谋为短"，并六出祁山劳而无功，"出师未捷身先死，长使英雄泪满襟"。

大约是从众心理作怪，我也以为诸葛亮因保守、循规蹈矩才未接受魏延的奇谋妙策，以致功亏一篑。如今因为经历多了，从心理深处考察，却有一些疑惑，觉得诸葛亮未必是因为保守心理而拒用魏延妙计，恐怕是他潜意识作怪拒绝了魏延。

《三国演义》里的诸葛亮不乏奇谋妙策亦不惧风险。赤壁大战前夕，他独居东吴，还安慰刘备说："身居虎口，安若泰山。"他草船借箭、空城退敌等都是不畏风险的奇谋杰作。鲁迅评价《三国演义》时，说"状诸葛之多智而近妖"，可见诸葛亮岂是保守之人？

依愚之见，诸葛亮不用魏延计谋主要原因并非是保守，而是因人废计，是因为他不喜欢魏延，所以在潜意识里不知不觉排挤魏延，他不愿意看到魏延成大功，如果这条计策是赵云、姜维、王平等人提出来的，诸葛亮可能就会另当别论了。

而这都是潜意识造成的，诸葛亮也知道这种成功乃是蜀国的成功，甚至在一定程度上也是诸葛亮的成功，所以诸葛亮说了一句冠冕堂皇的话来应付魏延：你不要小看魏国无人，我"依法进兵，何愁不胜"。

诸葛亮不喜欢魏延也和潜意识有关，或和第六感觉有关，他对魏延的排

斥、偏见来自关羽。诸葛亮对关羽颇有成见而又难以制约，而关羽和魏延十分相像，都是身高九尺，红脸膛，使用的兵器都是大刀，关羽字云长，魏延字文长。此二人皆不尊重诸葛亮，关羽要去取长沙，诸葛亮告诫他长沙有个老将叫黄忠，有百步穿杨的本领，要关羽多带兵马，而关羽偏偏只带五百个小兵去取长沙。此次诸葛亮亲率三十万大军出祁山取中原，而魏延又要求只带五千人马就可以取西安、咸阳以西之地，后来还发牢骚说连洛阳都可以拿下。试问，一个不被领导喜欢的人提出这种妙计会受到欢迎吗？而和关羽极为相似的魏延不知不觉成了替罪羊。

刘备入川，在涪城损兵折将，丧了庞统，形势危急，急调诸葛亮火速率大军增援。诸葛亮安排张飞率一路大军从旱路进兵增援，自己则和赵云率一路大军从水路进兵增援刘备，这种安排显然是反常的、不合情理的。张飞性格暴躁，多次"醉后驾驶"，连连闯祸，不宜独担大任，而赵云文武双全，做事精细，适合担此大任，诸葛亮和张飞一文一武，为最佳搭配，一起进兵岂不合适？为何诸葛亮不顾大局，作此安排？就是潜意识上觉得张飞不好使唤，而赵云得心应手，乐得许多轻松。

如此说来，不用魏延的奇谋，作为决策方的诸葛亮负有主要责任，而作为下属，建议人魏延是否能做得更好呢？

诸葛亮虽然对魏延充满成见，魏延仍有可能让诸葛亮采纳自己的意见，他在诸葛亮手下仍然是有发挥空间的。

蜀汉后期，人才稀缺，魏延无疑是蜀汉的栋梁之材，不管个人情感上如何，诸葛亮也不得不重用魏延。所以魏延才有机会斩王双、死张郃，立下汗马功劳。如果魏延能揣测诸葛亮的心理，少发牢骚，减少摩擦，与他形成一种合力，发挥空间还会更大，甚至出现根本变化也未可知。请看下面两个案例。

斯大林手下曾有一个高级参谋人员，他不仅有很多奇谋妙策，而且深知斯

大林的性格和为人。在高级军事会议上，轮到他发言的时候，他往往先说一通条理清晰而又有明显错误的看法和意见，到后半部分的时候才说奇谋妙策。但他说这一部分的时候又没有逻辑顺序，七零八落的，等到会议最后阶段斯大林作总结和决定的时候，首先把这个高级参谋骂得狗血淋头，然后将其后面的精华部分经过整理变成自己的意见，条理清晰地表达出来，从而树立了自己高大英明的形象。如果魏延能和这位高级参谋一样吃透诸葛亮的心思，三国纷争的结局就可能改写。

战国的时候，秦王安排大将王翦率兵灭楚，王翦要求率六十万大军方能灭楚，秦王不乐意。全国的兵马都要带走啊？于是另派大将率兵伐楚，结果大败而归。秦王又重新请王翦出兵，王翦仍坚持要六十万大军才行，秦王只得同意了。出兵之日亲自送别到灞上，岂知王翦要求秦王赏赐给他很多良田大宅，秦王答应后才正式出发，走到武关后又先后派五批使者回咸阳向秦王讨封良田。有人觉得王翦很贪，很过分！王翦说：秦王想得太多而又不相信人，现在把全国的兵马交给我指挥，我如果不这样做来表示自己没有野心，就可能引起大王的猜疑而不放心了。

魏延真的很冤，因为他我也对诸葛亮有一肚子意见。但是诸葛亮也因为关羽、张飞憋了一肚子气，且还要尽量去表扬他们。

做人真累，做老板真难！看来古今中外皆同此理。

2. 何以知人至深

请先看几段《三国演义》的故事。

当年，曹操率八十三万大军下江南讨伐刘备，孙权、刘备兵少将微，一触即溃，在当阳被曹军杀得狼狈逃窜、溃不成军。赵云单枪匹马在大军中左冲右

突寻找刘备幼子刘禅。刘备在惨败凄惶之际，忽见糜芳面带数箭，踉跄而来，说："赵子龙反投曹操去也！"刘备呵斥他道："子龙是我故交，安肯反乎？"张飞在一旁说："他今见我等势穷力尽，或者反投曹操，以图富贵耳！"刘备说："子龙从我于患难，心如铁石，非富贵所能动摇也。"接着又说："吾料子龙必不弃我也。"事实很快证明，刘备力排众议是正确的，看人确实看得准。

刘备此类案例不止一个，后来他亲率大军伐吴，也有人对他说黄忠投奔东吴去了，而刘备却深知黄忠并非投吴，而是杀吴立功去了。

孙策借兵创业，平定江东时，虽勇冠三军，却遇到劲敌太史慈，两人拼死相杀，经过几番生死劫，结果太史慈实力不够，被孙策设计活捉。太史慈则被押解到孙策营中，孙策即"亲自出营喝散士卒，自释其缚，将自己锦袍衣之，请入寨中……慈见策待之甚厚，遂请降"。并当即提出要求，要现在去招纳旧时伙伴，加盟孙策团队，孙策当即应允，相约第二天正午太史慈归入。太史慈走后，大家都说太史慈一去不回矣，但孙策坚信太史慈必不失约。第二天在军营门口立杆等候太史慈，恰将中午，太史慈引一千余人到寨加盟孙策团队。

赵云、黄忠是刘备故旧，而太史慈和孙策不仅是新交，还曾是生死对手，孙策也力排众议，准确判断出了太史慈的为人。

刘备亲率七十五万大军伐吴，被陆逊火烧连营，遭到一生中最大败绩。蜀将黄权被吴兵隔断在江北岸，欲归无路，不得已而降魏投靠了曹丕。结果黄权在魏国曹丕军中得到探子消息：刘备因黄权率兵投降曹丕，将黄权家属"尽皆诛戮"。在那信息不发达的时代，黄权却深知刘备为人仁义，不会做出这种过火事情，黄权说："臣与蜀主，推诚相信，知臣本心，必不肯杀臣之家小也。"曹丕闻言，也深以为然，结果证明黄权的判断是正确的，刘备还说："是朕负权，非权负朕也。何必罪其家属？"仍给禄米以养之（黄权家属），坚决否定了

追罪黄权的提议。

黄权的判断，如果用到其他人身上恐怕靠不住。黄权、刘备在已经成为敌对势力的情况下却还心心相印，相互理解。更离谱的还在后面。

晋灭蜀后，吴国岌岌可危，而吴主孙皓不能审时度势，反而要攻打晋国，两国形势紧张，战争一触即发。晋将羊祜率兵屯守襄阳与吴将陆抗对峙，双方军纪严明，互不侵扰。陆抗听到晋兵说羊祜爱饮美酒后，即将自己亲自酿造的一壶美酒托晋兵捎给羊祜品饮，羊祜收到酒后，即命开饮。都将陈元曰："其中恐有奸诈，都督且宜慢饮。"祜笑曰："抗非毒人者也，不必疑虑。"竟倾壶饮之，安然无恙，双方自此友好往来。后来羊祜又听吴兵说陆抗生病了，数日未出，祜曰："料彼之病，与我相同。吾已合成熟药在此，可送与服之。"来人持药回见抗。众将曰："羊祜乃是吾敌也，此药必非良药。"抗曰："岂有酖人羊叔子哉！汝众人勿疑。"遂服之。次日病愈，众将皆拜贺。抗曰："彼专以德，我专以暴，是彼将不战而服我也。今宜各保疆界而已，无求细利。"众将领命。

真是高手过招，令人称奇！

这些故事都是知人至深信的故事，他们个个都力排众议，一个比一个更令人不可思议！

为什么刘备、孙策、黄权、陆抗、羊祜都能知人至深，力排众议，无论是故朋，还是新交，甚至是生死对手都能相知、相信、相托呢？

我思考了好久。

无论这些故事情节有什么不同，而故事中的人物心态却都有许多共同点，值得我们探究、学习、效仿。

这些故事中的人物都有过人之处，心胸坦荡，不把人家看得很坏、很俗、很差劲！即使是生死对手，也相信其人品和水平，结果心心相印，惺惺相惜。人和人之间要心心相印，必须坦诚相待。如都打小九九，则会一盘散沙，难以

成事，不可能心心相印。

亲友、同事之间若此不难理解，而生死对手之间为什么也会变得相互敬重呢？

中国有句俗话说：宁愿和聪明人打架，不和糊涂人说话。和糊涂人说话，他总是站在他自己的角度看问题，不会反思。很简单的问题，就与他讲不清楚；而聪明人能将心比心，以心换心，既站在自己角度又站在对方角度考虑问题，许多事情不需要解释，不言自明。这就是黄权和刘备、陆抗与羊祜惺惺相惜，同气相求的原因。

据说苏东坡曾和佛印和尚相对打坐。打坐了一段时间后，苏东坡问佛印和尚："你看到了什么？"佛印和尚反问苏东坡："你看到了什么？"苏东坡顽皮地说："我看到了一堆粪土。"说完后暗自好笑，自以为得计。佛印和尚说："我看到了一尊金佛。"苏东坡闻言大惭！

你看人家是什么你就是什么，你看人家是粪土你就是粪土，你看人家是金佛你就是金佛。苏大学士虽然没有出家也明白这个禅理，所以羞愧难当！三国的这些英雄视人为英雄，所以自己才是英雄。

很多年前看过一则报道，说的是日本人由于竞争压力大，工作紧张，往往憋了一肚子气，有时候出了点交通小事故（也许是自行车相撞），双方下车后，二话不说就是一顿尽情对打，双方发泄到一定的时候，突然会同时收手，然后好像什么事都未发生，就此了断，各自开路，也不找对方说理索赔，整个过程双方都未说话。

这，就是聪明人打架的方式。

至于陆抗与羊祜更是高手中的高手！

孙策和太史慈从生死对手到生死之交，若不是大丈夫如何做得到！

刘备、孙策、陆抗、羊祜以君子之心度君子之腹，这正是过人之处！

当然，若表面上和和气气，称兄道弟，骨子里却明争暗斗则令人厌恶！此处不加讨论。

3. 纵有伯乐，难有阚泽和羊祜

先秦时期百家争鸣，使得散文发出了奇光异彩，登上高峰。秦汉以后思想管制，散文奄奄一息，走入了死胡同。而这一管制，就经历了一千多年光阴共八个朝代。直到中唐，出了韩愈，发起了恢复先秦时期光辉灿烂的古文运动。从此我们不仅有了唐宋八大家，还有了《陋室铭》和《爱莲者说》这样的不朽篇章。韩愈不愧为古文运动的伟大领袖，苏轼说他"文起八代之衰"，后人尊他为"唐宋八大家之首""文章巨公""百代文宗""泰山北斗"等。我相当热爱和推崇韩愈的散文。《马说》是韩愈的名作之一，曾长期被选入中学、大学教材，在我的印象里，《马说》一文在20世纪80年代曾大红大紫。三十多年过去后的今天我重读这名篇，却突然发现自己不完全认同此文，特列文如下。

马　说

韩　愈

世有伯乐，然后有千里马。千里马常有，而伯乐不常有。故虽有名马，只辱于奴隶人之手，骈死于槽枥之间，不以千里称也。

马之千里者，一食或尽粟一石。食马者不知其能千里而食也。是马也，虽有千里之能，食不饱，力不足，才美不外见，且欲与常马等不可得，安求其能千里也？

策之不以其道，食之不能尽其材，鸣之而不能通其意，执策而临之，曰："天下无马！"呜呼！其真无马邪？其真不知马也！

韩愈活跃于"安史之乱"平定之后，这时候的大唐帝国已经是快要下山的太阳，所谓"夕阳无限好，只是近黄昏"就是形象写照。韩愈很想奋发作为，又曾任吏部侍郎，由他来写《马说》这样的文章很符合身份。更加合拍的是：韩愈三次进京参加科举考试失败，三次参加吏选失败，三次给宰相上书未得到回复，三次到当权者家登门拜访被拒之门外，最后终于得到前宰相郑余庆极力为他播扬名声，韩愈才得以出人头地。历史也早已证明韩愈确实是品行兼优的超级人才。

如此这番经历，使得韩愈能创作出《马说》这样的名篇，引起了一千多年来无数报国无门的仁人志士的感慨和共鸣，至少一直到三十年前，这篇文章还是我们的必读之作。

但愿从此以后我们再也不要推崇这篇文章了，因为它在思想上把我们引入到死胡同了。人和马根本就是两回事，在人的眼里，马虽然有优劣之分，但都是工具。而人既可以是人的工具，又可能是盟友、是克星，变数太大！哪有马那样好控制。

韩愈同志在这里自觉地做圣上的驯服工具、螺丝钉，圣上自然难以一一明察。而各位领导又何须明察？说不定你是克星、是搅屎棍呢！对于领导来说，稳定、稳中求升是压倒一切的大事。马是不会捣乱的，你韩愈同志不是上书请减免赋税，又谏迎佛骨给领导添乱吗？

而人对人的看法和人对马的看法又是完全不同的，你只要是千里马，我不管你祖宗三代，陈年往事，好用就行。而对人就不同了：你以前地位很低呀，现在神起来了？你的学历、家庭背景、陈年往事等，我都知道，现在还想超过

我？人纵然有千里马的本事，但影响领导意志的因素比马复杂多了。

最最重要的是：韩愈因时代局限，他不可能懂得普世值、机制竞争、民主选举等现代理念。千里马要胜出，要紧的是建设机制，而不是靠"伯乐"，"伯乐"在多数情况下是靠不住的。

再说多了，你可能说我用今人标准苛求古人。

好了，我再用《三国演义》的两个案例来说明一下《马说》的思想局限，来求证一下古文运动的伟大领袖，也不可能是放之四海而皆准的圣人。

第一个案例是《三国演义》第八十三回。刘备率兵为关羽报仇，杀得东吴损兵折将，人仰马翻，迫使孙权遣使求和，主动归还荆州给刘备。无奈刘备执意不肯，一定要先灭吴，后灭魏。而东吴孙权这边丧师失地，江南诸将无不胆寒，骁将甘宁亦亡命阵前，已找不到人才可以率兵抵挡刘备了，因此"权大惊，举止失措"。

至此终于出现了伯乐，谋士阚泽荐陆逊挂帅，以破刘备，结果一语惊醒梦中人，孙权当即赞同。

在这种情形下，"伯乐"的提议应该没有问题了，事实却并非如此，位高权重的张昭却不顾孙权的决定表示反对，资深谋士顾雍、步骘也相继表示反对，理由都不外乎小材大用，迫使阚泽情绪激昂，愿以全家性命担保，方才勉强得以通过。

阚泽的眼光堪比伯乐，而张昭、顾雍、步骘等人智商也没问题，应该也能识辨千里马和普通马。而识人的时候则为成见所惑，因为陆逊的阶级成分（书生）、资历（年幼望轻）等加以反对，内心深处则不愿看到一个小字辈突然掌管国家兵马，担任"军委常务副主席"，救国于危难，显得这些"老革命"无能。而阚泽本身地位不高，偏见也少，更能有伯乐的眼光。但阚泽最宝贵的并非慧眼识人，而是能力排众议，不惧各位领导和同事日后的责难，愿以全家性命担

保"千里马"出征。可以想象阚泽和陆逊纵然成功，恐怕找碴子比感谢的人还多呢！

这样的举荐，伯乐会干吗？未必。荐马没问题，荐人则是问题。

"千里马常有，而伯乐不常有"，阚泽更难有，如果不是国难当头，无路可走，阚泽会如此执着吗？

阚泽的境界高于伯乐，这里也有被逼和冲动。而羊祜从容不迫，默默奉献，更加大公无私，境界又高于阚泽。

下面是第二个案例。

司马氏灭蜀伐魏后，建立晋国，只有东吴为敌。司马炎命羊祜为都督，率兵拒吴，并伺机灭吴实现统一。羊祜到达前线襄阳后，垦田积粮，甚得军民之心，和吴军都督陆抗（陆逊之子）及将士礼尚往来，为灭吴积累了充分条件。而吴主孙皓失德，大杀忠臣，罢陆抗兵权，不能自保。羊祜因而上表伐吴，本可大功告成。晋主司马炎却因内部阻力未能采纳奏表之议。羊祜病死前向司马炎举荐右将军杜预率兵伐吴，司马炎欣然接受。杜预得以出兵伐吴，实现了统一。当群臣庆贺声一片时，司马炎执杯流涕曰："此羊太傅之功也，昔其不亲见之耳！"

羊太傅即羊祜。司马炎这样说，一是因为羊祜为平灭吴国积累创造了优越的条件；二是因为羊祜是杜预的伯乐。在这些重要事实的背后，更让司马炎感动和令人景仰的事情是，羊祜推荐杜预的过程和方法。

羊祜晚年，日渐体弱，申请归乡养病，并写奏表举荐杜预率兵伐吴，实现统一。并当面向司马炎举荐杜预，还说："若伐吴，须当用之。"等于说没有杜预就不行了，司马炎大惑不解地说，你举善荐贤，这是大好事啊。你为什么推荐人才到朝廷担当重任，然后又自行烧毁奏稿，不让被举荐人知道呢？羊祜说："拜官公朝，谢恩私门，臣所不取也。"

羊祜的意思是说："我推荐人家当官，让人家私下感谢我，这是我做不出来的事情。"

羊祜向朝廷推荐人才，只是一心为朝廷着想，居然不让被举荐人知道是谁举荐了他，真是一心为公。我真想知道那些向组织举荐人才的人有几个不是出于私心？又有几成公心？还有谁不会让被荐人知道是我举荐了你？恐怕有人并没有举荐人，只是做了一些走流程、形式上的事情，也会对新提拔的人示意：这一回是我帮了你。

杜预如果知道是羊祜极力举荐他才有出头之时，一定会感恩伯乐，如果羊祜死了，杜预会觉得自己不欠谁的，不感恩朝廷，甚至觉得自己有功于朝廷，朝廷就会难以管理控制杜预。而杜预不知道是谁举荐了自己，则会感恩于朝廷，报效朝廷。

羊祜真是无名英雄，极品官员！

郑余庆极力为韩愈播扬名声，使得韩愈出人头地，使得韩愈感慨千里马常有，伯乐不常有，若韩愈把羊祜和郑余庆做个比较，又会有什么感慨呢？

纵有伯乐，难有阚泽和羊祜！

4. 三国归晋与富二代接班

《三国演义》开宗明义第一句话就说："话说天下大势，分久必合，合久必分"。这话说得很有气势，一点也不给人沉重感，但若细细品味，这句话包含的内容太丰富了。仅从分到合，要淘尽多少英雄？三国前期诸侯纷争，结果大部分诸侯逐渐被曹操、刘备、孙权取而代之，形成三国鼎立的局面。如果说袁绍、袁术、吕布等诸侯被人取而代之是属于自身素质问题的话，曹操、刘备、孙权总是具有雄才大略的英雄吧？我以为这是无可争议的问题，但问题是这三

位大英雄都没有完成分久必合的大趋势，没有完成统一大业，他们所创建的魏、蜀、吴三国反而最终被司马氏家族所消灭。司马氏家族创建的晋国反而完成了分久必合、统一国家的历史重任。

司马氏家族高明于曹操、刘备、孙权的根本性东西几乎只有一条：对下一代的教育培养工作做得好。晋国通过司马懿、司马师、司马昭、司马炎三代人、四届班子持续不懈的努力，才完成了统一大业。除了这一条以外，即使他们还在某些地方比曹操、刘备、孙权略高一筹，都无足挂齿。事实上，除了司马懿以外，这些人还不足以与曹操、刘备、孙权相提并论，而司马懿前期未必有篡国的野心，战术上也斗不过诸葛亮。

司马懿前期侍奉曹操、曹丕，基本上算是兢兢业业，为魏国立下了汗马功劳，也为自己积累了宝贵的无形资产，有意无意之间为晋国立国打下了坚实基础。正当司马懿要为魏国发挥更大作用的时候，魏明帝曹睿却中了诸葛亮的离间计，一纸贬文将司马懿削职为民，打发他回家养老。但司马懿并未因此而自暴自弃，而是自强不息，将危机当机遇，借机当起了"博导"，带了两个"博士研究生"，分别是长子司马师和次子司马昭，"二人素有大智，通晓兵法"，说他们是博士研究生，实不为过。后来诸葛亮首出祁山所向无敌，魏国震荡不安，魏明帝曹睿被迫重新起用司马懿，司马懿仍旧亲自辅导司马师、司马昭两位"博士研究生"，悉心教育他们，并让他们了解参与军机大事，让他们得到锻炼和发展。在破孟达取街亭的重要战役中，两位"博士"都积极发表了意见。后来在对付诸葛亮多次兵出祁山的拉锯式战斗中，司马懿都让两位儿子出生入死亲临前线，并不断给予教诲，直至平定公孙渊之乱，诛灭曹爽，夺取魏国实权，无不对二子做好"传""帮""带"工作，至死仍语重心长地教育二子，可谓用心良苦。司马懿、司马师、司马昭父子两代三人实际上是魏、晋时期的三代领导人，经过几十年持续不断的苦心经营方才夺取魏

国大权，平定蜀国。司马昭死前将国家大权交给太子司马炎之后，司马炎又耐心积蓄力量，等待良机，经过十几年的磨炼方才找到绝妙时机，出兵灭吴，完成了统一大业。

从司马懿为曹魏服务至司马炎平定吴国、实现统一为止，期间经历了好几十年，除了司马昭交权给司马炎是生前定位、死后交权的，前面三人都是共同实践、分别掌权的，只是侧重点不同而已。这是司马氏家族从政创业与曹操、刘备、孙权大不相同的地方。曹操、刘备、孙权对接班人都缺少必要的"传""帮""带"，缺少教育培养，结果一代不如一代，终于前功尽弃，葬送了曹操、刘备、孙权出生入死、千辛万苦创下的基业。

改革开放以后，陶瓷行业出现过一种乱世出英雄的局面，涌现出一批又一批叱咤风云的人物。先是国营陶企的领导者，后是集体企业的领导者，再是民营企业的老板，这期间又陆续有一批又一批的英雄人物逐渐退出历史舞台，让人扼腕叹息。现在还活跃在行业的老板，不再是单纯的时代产物，而是有过人之处的杰出人物。

然而这些老板再也不复当年创业之初的勃勃英气了，他们经过了十几年以上的艰难打拼，已经面临着交班的命运。虽然事业有成，企业状况今非昔比，但毕竟岁月不饶人，规律不可逆转，交班只是迟早的事。

他们的企业该怎么办？

不少老板在创业之初，由于资金有限，人力物力有限，往往是全家上阵，男女老少齐参战，动员一切力量来创业。父子店、兄弟店、夫妻店或一家工厂、一家企业聚集了老板一家人或部分家人的情况比较普遍。后来企业发展了，社会也进步了，要更多地吸引外来人才共同创业，由于老板家里人在公司占据了重要位置，外来人感到有压力，发挥空间不大，所以十年以前，抨击家族式管理的呼声很高，赞同的人也很多。

现在这些老板应该怎么办？这些企业应该怎样传承下去？

如果按传统思维模式去处理问题的话，不少企业都还得子承父业，传承下去。

改革开放以来，我们陶瓷行业出现了一批又一批风起云涌的光辉企业和品牌，然后又逐渐消失了，出现企业英雄并不难，难的是出现一种持续健康的企业机制和文化。我国的高级酒店、宾馆使用的陶瓷洁具大部分还是进口洁具品牌，因为我们的洁具品牌沉淀不够，积累不够，即使是产品，也和进口品牌有差距，需要持续不断地努力才能缩短这种差距。总而言之，陶瓷卫浴的企业和品牌再也不能陶醉于短期的成功和辉煌。一代英雄人物的终生努力不足以塑造百年品牌，企业和品牌需要一种延续发展的机制和文化，前人提早做好交替接力棒的思想准备，要向司马氏家族学习，做好引退的准备。这并不仅仅因为年龄和体力的因素，还有知识结构和能力结构的问题。此一时，彼一时，有些人在这个阶段是英雄，但进入一个新阶段可能就不适应。与时俱进不是想做到就可以做到，人得有自知之明。陶瓷卫浴行业一些风云人物在 20 世纪 90 年代大名鼎鼎，但 21 世纪来临后就慢慢开始不适应，导致其企业也逐渐被淹没在时代的洪流里。

令人欣慰的是，近几年来，一些陶瓷卫浴企业在接班的问题上处理得比较理想，创业者提前培养下一代，使得企业平稳过渡，为企业的持续发展做好了准备，真是可喜可贺。考察一个企业的未来命运，接班人的培养和逐步接班过渡确实是一个重要指标。

俗话说：眼泪总是向下流的。疼爱下一代是人之常情，让自己的企业成为常青树也是多数创业者的心愿，问题是如何疼爱才对下一代有利？司马懿就为我们提供了有益的借鉴，而一代枭雄刘备则为我们留下了沉痛的教训。改革开放几十年，一代创业者成就斐然，挣下了可观的财富，而我们的社会又出现了

所谓富二代问题。如果创业者对下一代溺爱纵容，听之任之，很容易葬送千辛万苦创下的基业，重蹈刘禅的覆辙！

无论现代企业理论和文化看起来如何漂亮完美，子承父业作为一种企业延续模式是不可避免的，而如何使企业之树常青，在一定程度上取决于创业者对富二代的教育方式上。

5. 要采用知其能亦知其不能者

赤壁大战后，曹操败走许昌，留下大将曹仁率兵守荆州等地。周瑜乘胜率军夺取曹操地盘，于是周瑜的吴军和曹仁的魏兵展开了拉锯战。东吴大将甘宁率兵攻破了彝陵城，可是当天又被魏兵包围在彝陵城中，形势危急。周瑜、程普、吕蒙等东吴高级将领都认为必须救出大将甘宁。但是周瑜认为目前驻扎的营寨十分重要，不得丢失，如果亲自率兵去救甘宁，又难挑选一员大将留守营寨。吕蒙说："可以让凌统留守营寨，我为先锋，周都督您断后，不须十日，必奏凯歌。"周瑜问凌统意见如何，凌统说："若十日为期，可为之；十日之外，不胜其任矣。"周瑜闻言大喜，遂分兵给凌统把守，亲自率兵救甘宁去了。

《三国演义》对此事的结果交代得不够清楚。但是我们还是不难推测：凌统的任务应该是完成得很不错，因为在紧接着的拉锯战中，凌统两次立功，一次接应了吴军，一次大败曹军，功劳不小。

多年以来，我最欣赏凌统的地方就是有自知之明，知道自己能独当一面，也知道自己的能力到底有多大。周瑜也不含糊，乐于用这种知道自己有多大才能的将领。在我看来，这十天能力论简直是经典之论，值得用人者深思。

我之所以这样说，是因为有些人就像马谡一样不知道天高地厚，自以为能

力无边，一些领导也不识贤才，导致有些所谓"无所不能"的人获得老板的信任，得到重用，但最终给企业造成损失，老板也因任人失察而丢脸面。一些职业经理人对营销至多是一知半解，甚至是只会背几个名词、几个案例就对老板口出狂言，只要怎样做就如何如何，销售就能增长多少多少，忽悠得老板头昏脑涨，以为这些人水平很高，能量无限。对于这些人描绘的愿景即使保守地打个五折结果也是十分可观的。于是投入重金，委以重任，结果惨不忍睹，企业和老板都受了损失，丢了脸面之后，"肇事者"又不负任何责任，反而指责老板对自己用之不足，不像马谡那样主动承担责任。看到一幕又一幕类似的事情发生真令人扼腕叹息！有些老板在失败和失望之后对这些"无所不能"的"精英"说：你说的都对，是我不懂，是我没有水平，你去另找高就吧。

任贤用能是极为艰难的事情，领导者对大言不惭、夸夸其谈的人应慎之又慎，而对于像凌统这样知道自己能力有限的人，倒不妨在其能力范围之内予以重用。

6. 什么能力最重要

我有一个朋友，是某地白手起家的成功人士。他在对我谈到他成功的原因时满怀感激地说，他们开始搞推销时，他的老板对他谈了一番终生难忘的话："搞我们这一行的人，最重要的能力是获得人家帮助的能力。"

孙权说："能用众力，则无敌于天下矣；能用众智，则无畏于圣人矣。"刘备舞刀弄枪的本事很平常，战略战术也一般，然而他很善于征服人心。不仅一批勇猛无敌的将军死心为他卖命，还有一些神机妙算的谋士也甘心为他呕心沥血，无论刘备是两手空空，还是走投无路，他都能得到人家的真心帮助，这些人都矢志不渝地追随于他，终于建立蜀汉政权。吕布虽然

勇不可当，但部下和他离心离德，外界关系也十分紧张，终于兵败被擒。诸葛亮神机妙算，神鬼莫测，但他总是靠自谋，不能用好众谋，结果大事未成。

俗话说：一个人浑身是铁也打不了几颗钉。吕布和诸葛亮的教训就很能说明这个问题。而刘备的成功，就得益于他善于取得人家的帮助。有些领导总是慨叹自己手上的"糖"太少，无法调动大家的积极性，业绩难搞上去。有些朋友也总是抱怨没有本钱，所以不能下海做生意，赚大钱，我对这些言论委实不敢苟同。刘备手上没有"糖"人家也拼命跟他干，多少人没有本钱也能干事业，现代社会要紧的是与人沟通，善于与人合作。如果你具有善于获得人家帮助的能力，上上下下、方方面面都乐于真心为你效劳，即使你一无所有，也一定会在市场经济的海洋中，如鱼得水，游刃有余。

7. 用好自己不喜欢的人才

诸葛亮由于迷信观念作怪，和魏延一见面就认定此人有反骨，日后必反，因此打心眼里不喜欢他，最终还致使魏延蒙冤而死，诸葛亮也因此饱受后人责难。这些非议显然不无道理，然而，人们也要注意这样一个重要事实：诸葛亮虽然从感情上厌恶魏延，但并没有因此故意埋没他的才干，而是注意发挥他的骨干作用。特别是刘备死后，诸葛亮成了蜀国事实上的一把手，他七擒孟获时，就是用魏延和赵云为先锋大将；六出祁山时，魏延更一直是孔明帐下第一大将。因此，魏延才得以斩王双、诱张郃，立下了许多大功。

今天的人才大概不会因为长有反骨而被决策者厌恶的了。然而，从魏延身上可以看出，人才被决策者厌恶的因素有很多。人才往往更具有个性，人才的

一些高明见解在人们眼里往往是荒谬的，人才的不满和意见往往比别人多。而人们在习惯和潜意识上，总是喜欢用自己喜欢的人，而不愿选用自己不喜欢的人。因此，要用好各种人才不仅要有气度，还要同自己的惯性作斗争。人们吃饭还要防止偏食，以免营养不良，因此，决策者用人也不能只考虑符合自己的胃口，而要"恶而知其善"，主动地、广泛地、自觉地接受各种类型的人才，其中包括自己暂时还看不惯的人才。

当然，有的决策者夹杂着甚至充满着私心杂念，他们喜欢投其所好的奴才，不喜欢某些人才碍手碍脚，甚至说你再有本事我也不用你，这就不仅是用人艺术更是度量问题了。以事业为重的决策者，不仅应该像诸葛亮那样，注意用好自己不喜欢的人才，还应比古人略高一筹，在使用中实现感情转变，让不喜欢的人才变成可用的人才。

8. 学精了再干更好

夏侯霸叛魏降汉后，即郑重告诫姜维，魏国南安太守邓艾"素有大志，但见高山大泽，辄窥度指画，何处可以屯兵，何处可以积粮，何处可以埋伏……若使领用兵马，实吴、蜀之大患也"。后来又一再告诫姜维：邓艾自幼深明兵法，善晓地理。果然，邓艾一出山，即用疑兵计，迫使刚刚获得洮水大捷的蜀兵不战自退。姜维回汉后率兵重来，又被邓艾伏兵于地狭山险的段谷，大破蜀兵，蜀将鲍素、张嶷皆殁于此役，杀得姜维只好"照武侯街亭旧例，乃上表自贬为后将军，行大将军事"。伏兵之时魏将陈泰就对邓艾佩服得五体投地，说："吾守陇西二三十年，未尝如此明察地理。公之所言，真神算也。"后来，姜维又率大军伐魏，扎左、中、右三寨于谷口，不料又被"邓艾先度了地脉"，早挖了地道等他。当夜邓艾又攻破蜀军左寨。邓艾

最终还偷渡了阴平天险，灭蜀汉而名载史册。

邓艾的成功，是他从小努力学习的结果，是他掌握了深厚的军事理论及相关知识的结果。邓艾如果是等到出兵挂帅才去学习兵法地理，那不被姜维打垮才是怪事！诸葛亮如果不是从小刻苦学习，留心天下大事，也不能提出著名的隆中对，不能草船借箭！

有的人只凭领导看得顺眼，就被委以重用，什么都不懂就到实践中去学，致使多付了许多学费，也多受了许多挫折！边干边学、边学边干，毕竟不如学精了再干。十几年来，佛山陶瓷业的发展突飞猛进，就得益于引进了大批优秀人才。如果只靠佛山人在实践中边干边学，就无法发展得这么快、这么好。

十年树木，百年树人。由于科学技术的日新月异，社会生活也日益复杂，要造就出类拔萃的企业家也更为不易。然而，时代却迫切呼唤我国出现更多世界一流的企业家。因此，要教育和鼓励优秀的年轻人树立雄心壮志，选定方向目标，学好管理营销理论、掌握科学技术。有志者平时也要注意观察琢磨：怎样经营、如何管理？哪些地方是潜在市场，哪些产品在工艺款式、质量、包装等方面还要提高，前景如何？我国此类产品在国际市场中地位如何？怎样降低成本、提高效益……这样才更有益于新将领旗开得胜，有利于产生卓越的企业家。

9."失街亭"与招标失误 ①

如果《三国演义》中的马谡今天来参加企业招标，很可能是投标中的佼佼者，有把握中标夺魁。

守街亭时，马谡年未满四十，身任参军要职。他辅佐刘备、诸葛亮，入巴

---

① 原载 1988 年 10 月 30 日《中国建材报》。

蜀，征南蛮，出祁山，是为蜀汉立过汗马功劳的有业绩的名将。

如何守街亭，马谡有一套理论，什么"凭高视下，势同劈竹"；什么"置之死地而后生"；什么"便是曹睿亲来，有何惧哉"，等等，说得可谓头头是道。

由他守街亭，魏延、赵云、杨仪等人没有非议，诸葛亮更认为马谡是良将，一向信赖，可见马谡的人际关系也不错。正是因为有了这些优势，在街亭守将"投标"中，他一举"中标"，得到"评委主任"诸葛亮及"评委"诸名将的首肯。

于是马谡率领三军浩浩荡荡出征了。但是结局如何呢？街亭失守，损兵折将，大败而归。诸葛亮不得不挥泪斩马谡。作为"招标主持人""评委主任"的诸葛亮，后来也不得不引咎自责，辞去丞相之职。不过，说句公道话，诸葛亮当时是考虑到可能出现不测的，如他曾委派办事谨慎的王平为副将，协助马谡作战；派高翔率兵一万，守卫列柳城；令魏延屯兵阳平关，以为接应。因此，街亭失守，应该说不是诸葛亮的指挥失误，而是"招标"时选错了人。

招标是选拔人才的一种可行的形式，可它还有一定的局限性，需要努力去完善改进。在招标中，一方面，不应以个人的好恶来取舍人才，还要注意杜绝尽说大话的马谡式的人物中标。另一方面，一旦中标者把事业搞坏，不仅要按"军令"予以惩罚，还应适当追究"评委主任"和各位"评委"的责任。目前，这些人常常是既不承担责任，又缺少诸葛亮那样严于律己的精神，甚至还振振有词地说"是集体决定的"，似乎与他毫无关系。这种状况是不是应改一改呢？

10. 关羽斩华雄与小人物投标 ①

当年，华雄连斩十八路诸侯的四员大将，一时间"众皆失色"，无人敢敌

---

① 原载 1989 年 8 月 9 日《中国人才报》。

华雄，盟主袁绍也只能说："可惜吾上将颜良、文丑未至！得一人在此，何惧华雄！"言下之意，似乎只有颜良、文丑才是华雄的对手。在此危难之际，关羽挺身而出，要求风险性承包诛斩华雄的重任，岂知"评委"袁术一听公孙瓒介绍他的职务不过是县令手下的马弓手时，立即大声叱责说："量一弓手，安敢乱言！与我打出！""评委主任"袁绍也说："使一弓手出战，必被华雄所笑。"幸亏"评委"曹操力排众议，极力为关羽辩解，并赐酒壮胆，关羽也执着地说："如不胜，请斩某头"，方才得以出战。结果"温酒斩华雄"，为小人物争了一口气。

这真是一曲小人物"承包"的赞歌。关羽的精神，着实令人钦敬，很值得今天有抱负的小人物效仿。

首先，强敌当前，他主动请缨，和一群惊慌失措的达官贵人形成了鲜明对比。表现了不畏风险、不甘屈居人下的勇于进取精神，争当出头鸟。其次，他有着知之为知之的真知态度。"知而不行，非真知也"，他不仅知而行之，而且非行不可，即使受到大人物的训斥，也毫不气馁。这对某些一味"谦虚""谨慎"的人，树立了一个好榜样。

然而，我常常感到愤愤不平的是：关羽如果没有曹操的极力支持，即使有天大的本事，也不能一展身手，还要白白地挨一顿臭骂，也许还将遭到一顿痛打。如果关羽再坚持出战，恐怕还会产生难以想象的恶果。甚至在关羽圆满完成风险性"承包"任务以后，不但得不到封赏，反而还连累兄弟受到袁术的怒骂。小人物想做大事，却如此坎坷难行！

我更为慨叹的是：公孙瓒和刘、关、张交情不浅，又明知关羽是被埋没的英雄，但在那种等级观念森严的社会里，公孙瓒囿于实力，竟然在关键时刻不敢"投关羽一票"，而只是谨慎地介绍一下关羽的身份而已，唯恐惹是生非。这样的人都不出面荐贤，就知道等级观念埋没了多少人才啊！

我最为感慨的是：一些企业频频调换领导，亦不能摆脱困境，而打算招标时，就常常听到一些人议论说：只有老厂长××中标回厂才能重振这个企业。似乎在这些单位里根本就不可能潜伏着关羽式的将才。偶尔听到有个别小人物打算投标，马上就会听到更多的小人物议论说：科长都未当过，还想当厂长！仿佛投标者的身份一定要和企业的规模相称似的。岂不知，关羽当年的身份，只不过相当于如今的生产组长罢了，而袁氏兄弟却是四世三公、权势显赫的大人物。你们为什么要学袁氏兄弟，而不学学曹孟德呀！

11. 从三顾茅庐看刘备的推销员素质

三顾茅庐是《三国演义》中的一段著名的故事，是历尽坎坷的刘备集团崛起的序幕，仁者见仁，智者见智。我们今天从商战的角度来看待这段故事，可以发现仁主刘备具备了优秀推销员的素质。

首先，刘备有获得信息的能力和利用信息的意识。

刘备是河北涿郡人，曾经在河北、河南、山东等地闯荡漂泊，后来被迫来到荆襄地区投靠刘表，人地两生，还难免存在方言的障碍，本来在信息方面没有优势，但刘备求贤若渴，特别留心获取信息情报。比如他在襄阳赴宴，闻蔡瑁欲加害自己，急忙骑的卢马逃跑，飞身跃过檀溪，躲过一难。不料在溪对岸碰见隐士水镜先生的徒弟即一位牧童。刘备原来并不了解水镜，于是就问牧童水镜先生与哪些人士交朋友？刘备欲知其人先问其友的这种做法就已经与众不同了。在见到了水镜先生后，刘备又一再虚心地向他求教，于是在这个世外高人处，他得到了重要信息，"今天下之奇才，尽在于此，公当往求之"。水镜先生还告诉急不可待的刘备说："伏龙、凤雏，两人得一，可安天下"，使刘备明确了方向。而刘备在水镜先生的山庄也一再虚心请教，千方百计地（包括偷听

司马水镜与徐庶的谈话）获取信息，后来又用诚心感动徐庶，从徐庶这里了解了诸葛亮的基本情况和经天纬地之才，才确立了请诸葛亮下山辅佐的决心。

在刘备、关羽、张飞准备起程隆中及三顾茅庐期间，三人又不断地在司马徽、农夫、童子、博陵崔州平、颍川石广元、汝南孟公威、诸葛亮的三弟诸葛均、诸葛亮岳父黄承彦等人那里也获得了不少信息情报，还在隆中沿途，意识到诸葛亮绝非等闲之辈，乃天下奇才，所以刘备对诸葛亮这些随从恭敬有加，虔诚之至，且高度赞赏这些人的言行。比如评价司马徽"真隐居贤士也"，崔州平的话张飞听得不耐烦，而刘备却说："此亦隐者之言也"，又说黄承彦所吟诗句"极其高妙"，而同行的关羽、张飞根本就没有这些感觉，因而也得不到这些信息。

一个优秀的推销员要善于察言观色，根据环境推理出信息，更要善于从有关人士口中得到信息，刘备正是如此，他的成功得益于他这些本领。

其次，刘备有一往无前的执着精神。

刘备一顾茅庐未见诸葛亮，过了几天打听到诸葛亮回家了，于是急忙备马上山，张飞不耐烦地说："量此村夫，何必哥哥自去，可使人唤来便了。"刘备当即拒绝，于是刘、关、张顶着寒风、踏着冰雪去隆中求贤，走到半路，越来越冷，张飞又忍不住一路发牢骚说："天寒地冻，尚不用兵，岂宜远见无益之人乎！不如回新野以避风雪。"后来又说："但恐哥哥空劳神思。"但刘备毫不动摇，执意前往。

这一次到了隆中后，只见到了诸葛亮的弟弟诸葛均，刘备抓住机会向他打听诸葛亮的情况，张飞又说："问他则甚！风雪甚紧，不如早归。"结果遭到刘备叱止，刘备虽然此次未见到诸葛亮，却向诸葛均借来文房四宝，给诸葛亮写了一封情真意切的书信，为请其下山打好了感情基础，做好了铺垫。临行时又向诸葛均"再三殷勤致意而别"，给诸葛均、童子都留下了良好印象，使诸葛

亮身边的人都会为他美言几句。

刘备回到新野后，又过了一些时日，"乃令卜者揲蓍，选择吉期，斋戒三日，薰沐更衣，再往卧龙冈谒孔明"。如此执着而郑重其事确实少见，惹得关羽、张飞听到了都不高兴，一起来劝阻刘备。关羽说："兄长两次亲往拜谒，其礼太过矣。想诸葛亮有虚名而无实学，故避而不敢见。兄何惑于斯人之甚也！"张飞则说："哥哥差矣。量此村夫，何足为大贤；今番不须哥哥去，他如不来，我只用一条麻绳缚将来！"两位弟弟反应如此强烈，刘备不能说压力不大，一般的人不会一而再、再而三地坚持下去，即使有去第三次的念头也要被打消了，但刘备丝毫不为他们所动。第三次亲往隆中，而且还使得反对派关羽、张飞也变成服从派跟着去了。

刘备这一次到隆中诸葛亮草庐，早在半里路之外就下马步行，可见谦恭之至。路上又碰见了诸葛亮的弟弟诸葛均，刘备赶忙行礼问诸葛亮可在草庐，诸葛均只是简单地说了一句他昨天傍晚回家了，你今天可以去见他，说完即飘然离去，显得不冷不热。难怪张飞又说他："此人无礼！便引我等到庄也不妨，何故竟自去了。"三人到了诸葛亮草庐后，不料庄中童子说诸葛亮在草堂上睡白日觉还未醒，刘备赶紧让童子不要通报，不要打搅诸葛亮休息，又吩咐关羽、张飞在门首等候，自己则慢步而入草堂，见诸葛亮睡于草堂几席之上，自己就"拱立阶下"等候，可是等了半晌诸葛亮也未醒来，张飞见状大怒，对关羽说："这先生如此傲慢，见我哥哥侍立阶下，他竟高卧，推睡不起，等我去屋后放一把火，看他起不起。"幸亏关羽劝阻，耐心的刘备仍命二人在门外等候，自己继续恭候，而睡了大半晌的诸葛亮翻了个身又朝里面睡着了，童子欲向诸葛亮通报刘皇叔来了，但刘备不让打扰，则又恭立了一个时辰，诸葛亮才醒了过来。

三顾茅庐的过程足见刘备的执着、耐心和坚忍不拔，这种精神正是业务

员、推销员的重要素质之一。一些业务员刚开始工作时热情很高，但在碰了一些钉子、吃过一些苦头后就会放弃目标，无功而返。所以只有像特别执着谦逊的刘备能够开创一片事业，也只有少数业务人员能把推销业务做得很棒。

由于刘备的高度执着、不达目的决不罢休的精神，他成功地克服了自身的一些短板，彻底地克服了自卑心理。他无畏于自己家小底子薄，也不怕碰够了钉子，自己历尽坎坷，吃尽了苦头，仍然底气十足，一往无前去拜求大贤。而有些人可能自卑于自己的实力，不敢在强手面前争夺资源。正如一些业务人员怕人家说自己的产品价格高、质量不好、设计不行、品牌不响等，因此底气不足，一触即溃。从刘备的三顾茅庐我们可以看出，执着是消除自卑心理的有效途径。

另外，就是悟性。从三顾茅庐以及整个请诸葛亮下山的过程可以看出刘备是个悟性高超的人，刘备飞马跃檀溪到达对岸司马徽山庄后，即悟出这是一个世外高人，于是抓住机会向他请教，所以才找到了前进的方向。在三顾茅庐过程中又从诸葛亮的亲友言行、草庐对联、隆中风景感觉到诸葛亮确实是人间奇才，因此紧追不舍。见到诸葛亮后，诸葛亮又先说自己"疏懒性成"，后说自己"亮乃一耕夫耳，安敢说天下事？"等到刘备请他下山相助时，诸葛亮还说："亮久乐耕锄，懒于应世，不能奉命。"似乎刘备只能白跑了三次，直到刘备哭求不已，方才答应下山。

这段故事不仅反映了刘备的执着和诚意，也侧面反映了刘备的悟性。诸葛亮其实是准备下山干一番事业的。他自比管乐，门口的对联"淡泊以明志，宁静而致远"都间接地传达了这些信息，而刘备就从这副对联和其他迹象中看出了诸葛亮是有大志、要干大事的人。但不少人领悟不到，一听到诸葛亮的推辞，可能就要打退堂鼓了，以致功亏一篑。其实诸葛亮在欲擒故纵，商场上也有很多类似的现象，有些人本来打算买你的商品，又偏偏要把你的商品先大贬

一顿，说你质量不行、价格太高、服务不好等。有些业务员此时会知难而退，有些优秀业务员则能听出这是欲擒故纵，看到希望，迎难而上，结果取得了订单，开拓了新客户。

最后就是诚恳与表达。刘备能够得到诸葛亮是因为徐庶等贤士的支持，也得益于他待人至诚和恰如其分的表达方式。刘备当时家小底子薄，难以吸引、招揽人才，但刘备能用诚意打动人。他放下皇叔的架子，不顾关、张劝阻，不畏寒风瑞雪、不辞劳苦，三入隆中，充分显示其诚意，他的诚恳与执着相伴，时时刻刻可以感受得到。

诚恳属于品德，表达则是行为艺术，是一种才能。刘备虽然喜怒不形于色，其实还是很善于表达的，他的表达可以分为两部分，一部分是言语，一部分是行为。我们在这里只分析其行为。

在三顾茅庐的故事中，罗贯中有一系列对刘备行为的细节描写，有的写得透彻，有的写得含蓄，比如前文提到的第二次去隆中求访诸葛亮："时值隆冬，天气严寒，彤云密布。行无数里，忽然朔风凛凛，瑞雪霏霏；山如玉簇，林似银妆。张飞曰：'天寒地冻，尚不用兵，岂宜远见无益之人乎！不如回新野以避风雪。'玄德曰：'吾正欲使孔明知我殷勤之意。如弟辈怕冷，可先回去。'"

刘备还没有与诸葛亮见面，就利用天寒地冻之机来打动他的心，这是一种无声的语言，也是一种生动的表达，更是一种高超的行为艺术。刘备玩的是先声夺人，先从情感上做好铺垫，然后顺势而为，水到渠成。他到达草庐后没有见到诸葛亮，于是写了一封书信给他，这也是一种行为艺术，书信末尾又写明"再容斋戒薰沐"，这都是做给诸葛亮看的，都是生动的行为艺术和表达方式。他第三次去请诸葛亮，离草庐还有半里路之外就下马步行，后来又"拱立阶下"久候诸葛亮醒来，都是一种巧妙的表达方式。刘备对诸葛亮的亲友都谦恭之至，尽量用自己的行为间接地打动诸葛亮，这些表达方式无疑起到了积

极的作用。

一些优秀的业务员也是深谙此道，不怕坐冷板凳、看冷脸、听风凉话，跑冤枉路，忍辱负重，终于感动客户，造成客户感情上的反弹，得到客户的关照和帮助，使形势向相反的方向发展变化。还有的业务人员寻找机会，甚至制造机会，找到客户个人的所需所求，然后挺身而出帮助客户，达到与客户情感上的相融，完成业务重任。相反，有些业务员怕麻烦，希望"弹无虚发"，立竿见影，结果欲速则不达。偶尔运气好，很快就签了单，可实际上与客户感情基础不牢固，后期执行合同和收款时就会出现很多麻烦。

善于获取情报、利用信息、不辞劳苦、坚忍不拔、以诚待人、悟性高超、长于表达都是优秀业务员的基本素质。刘备三顾茅庐的故事可以让我们领悟到业务员需要具备的良好素质，同时受到启示和熏陶，起到潜移默化的作用。

也许有人说：刘备三顾茅庐最多只能类似一种采购行为，与推销业务挂不上钩来。我以为这是一种表面化地看问题，在物资短缺时代是不需要推销的，而采购员的攻关水平和技巧，以及业务素质才是非常重要的，而这些素质与刘备三顾茅庐的行为艺术又都是相通的。

12. 从诸葛亮谈做好职业经理人

《三国演义》写到诸葛亮去世时，引用了元微之这样一首称颂诸葛亮的诗：

> 拨乱扶危主，殷勤受托孤。
>
> 英才过管乐，妙策胜孙吴。
>
> 凛凛《出师表》，堂堂八阵图。
>
> 如公全盛德，应叹古今无！

这首诗高度歌颂了诸葛亮的才能、业绩和品德。古人都认为他的才能和品德都是空前绝后的，这种观点貌似极端却无可非议。千百年来，诸葛亮是人们心目中理想化的贤相，他隐居出山之际，即拟功成身退。出山后迅速扭转刘备集团的严重困局，使刘备集团创造了"三分天下有其一"的局面，并始终如一竭尽全力效忠刘汉集团至死不休，一生清白如洗，赢得了千秋万代的仰慕。

如果我们把诸葛亮比作一个职业经理人，我们可以在他身上学到很多东西，可以领悟出许多怎样做好一个职业经理人的道理。

人们会看到他扎实的专业能力和知识结构，他上通天文，因此得以草船借箭，巧借东风；他下知地理，因此才有隆中对；他军令严明，因此才能六出祁山进退自如；他无数次的神机妙算，用兵如神，则表现了一种极强的营销能力。这虽然是一种艺术化的文学描写，但诸葛亮确实也遇到了当今企业职业经理人的一些难题，其解决问题的经验也很值得我们学习借鉴。

（1）对强主当仁不让，对弱主势大不欺——诸葛亮如何对待老板

现在不少职业经理人非常自负，认为自己有天大的本事，说话口气很大。诸葛亮其实也很自负，每每"自比管乐"（管仲、乐毅，春秋时期的大政治家和大军事家）。但是诸葛亮并不是像现在一些职业经理人那样依靠自我吹嘘和忽悠赢得老板一时的重用，而是通过司马镜、徐庶等人的竭力推荐赢得了刘备的三顾之礼；又用精辟的形势分析为刘备指点迷津，使刘备豁然开朗，恳求诸葛亮下山执掌"总经理"大权，并对其师礼事之，言听计从。那么身无寸功的诸葛亮在这个穷得揭不开锅的"企业"，面对着一群与刘备生死与共的难兄难弟，自己又没有官方背景，没有"客户"资源，他是怎么开展工作的呢？

诸葛亮出山后，来到了小小的新野县，首先是与刘备充分交流思想感情，

"食则同桌，寝则同榻，终日共论天下之事"。这种选择与现在的职业经理人就大不一样了，他并没有选择去"大企业""强企业"，而是选择志同道合的老板。虽然这个"老板"已经通过多种途径对自己有所了解和高度认可，但是他还是进一步把感情基础建得更加牢固，为终生合作奠定坚实基础，这是非常有必要的。万丈高楼平地起，如果没有打好基础就强行冒进，这种事业可能像沙漠上的建筑容易轰然倒塌；如果双方感情发生波折再来修复、解释，那就事倍功半，得不偿失。诸葛亮未雨绸缪，一开始就在思想上、情感上和"董事长"充分交流，消除分歧，取得一致，这是值得后人效仿的。这个时候有不同看法只是一个单纯的认知问题，不妨讨论甚至争辩。工作开展以后再暴露出来的思想分歧，就可能演变成为原则问题、利益问题和其他说不清楚的问题了。

诸葛亮来了新野几天后，刘备因为只有区区几千兵马，家底子太薄，内心十分忧愁，担心曹操发兵讨伐，不可抵挡。有一天有人送牛尾给刘备，刘备就用牛尾亲自编织帽子，以缓解心头忧愁。谁知被诸葛亮撞见了，立即严肃地批评刘备说：你是不是丧失了远大的志向，就弄弄这玩意而已？刘备赶忙把帽子扔掉，解释自己只不过是借此解忧，其实正担心曹操大兵入境，无兵抵挡，诸葛亮于是叫刘备迅速招募民兵，由自己亲自训练成才。

诸葛亮此时尚身无寸功，虽然有天大的本事但还没有得到众人的认可，反过来还因为刘备的高度尊敬惹得关羽、张飞吃醋和不高兴，以至于口出怨言。但诸葛亮却敢于直言不讳地批评自己的"老板"，反而使"老板"诚惶诚恐，赶忙加以解释。这主要是由于诸葛亮一心从集团利益出发考虑的，如果从策略上考虑，这时候批评刘备也有利无害，如果等到立了大功以后再发表批评言论，很容易被看成居功自傲，翘尾巴了。而现在的许多职业经理人，不敢对老板说半个不字，特别是老板在玩乐方面更不敢扫兴，曲意逢迎还唯恐来不及。如果总经理都不敢发表不同意见，这样的企业难免问题一大堆甚至被市场淘汰

出局。

刘备按照诸葛亮的战略进兵夺取了荆州、益州大片土地，事业十分红火，大功有望告成。然而关羽破了"东和孙权，北拒曹操"的联吴抗魏战略方针，结果兵败麦城，身首异处，湖北大部分地盘又被孙权夺去了，刘备为了替关羽报仇，决定亲率大军讨伐孙吴，诸葛亮、赵云等人竭力劝阻，但这个时候刘备失去了理智，听不进去了，甚至当众将诸葛亮的奏表扔掷于地说："朕意已决，无得再谏。"这无疑是很不礼貌的行为，但诸葛亮并无怨言，后来刘备终于亲率大军去讨伐东吴，诸葛亮深知这是一个极其错误的决策，但无力改变，仍然率领众官送行十里路方回。回到成都后，怏怏不乐地对各位官员说："法孝直若在，必能制主上东行。"意思是说：如果法正没有死，他能劝刘备回心转意，放弃讨伐东吴的错误决策。

法正也是刘备的重要谋士，颇得刘备器重，在刘备伐吴之前已经去世，无论法正如何受到刘备信任和重用，也决不能同诸葛亮的地位相提并论。诸葛亮反过来说法正可以劝阻刘备伐吴，这是因为诸葛亮也有难言之隐，有着同现代职业经理人同样会遇到的烦恼。诸葛亮一贯主张联吴伐魏，并同东吴保持着比较友好的关系，而法正与东吴素无成见，因此，法正说话刘备会认为他纯粹是从大局出发的，没有个人恩怨和感情色彩的，而诸葛亮却并非如此。但诸葛亮并没有发泄不满，更没有放任不管，只是十分含蓄、委婉地表达了自己的一种看法而已，有些官员即使领悟了诸葛亮的心事，也没有什么负面影响，应该还是会认同诸葛亮的看法。

更值得称道的是，当刘备伐吴的败局隐患表现出来以后，诸葛亮预见到大事不妙，大祸将至，但他不仅没有因此证明自己过去的观点是正确的，而是果断采取措施，尽可能挽救败局，把损失降到最低程度。比如吩咐马良速去告诉刘备改变布营方式和地点，又回成都调拨军马救应。由于诸葛亮早就未雨绸缪，

巧作安排，当刘备大败后率残兵败将退回西川时，陆逊率东吴兵马乘胜追击，有可能直捣成都，却被诸葛亮早就精心安排的八阵图迷惑被迫退兵。唐朝大诗人杜甫因这段故事而大发诗兴：

> 功盖三分国，名成八阵图。
> 江流石不转，遗恨失吞吴。

"名成"和"遗恨"都显示了诸葛亮的英明预见和卓越才华，但诸葛亮没有沾沾自喜更没有幸灾乐祸。秦国大将白起很有军事才华，但不懂得保护自己，随意评论秦王失策，结果招致杀身之祸，这是一种职业经理人的素质缺陷。现在还有一些职业经理人由于自己在企业过得不如意，甚至故意制造麻烦，等着看企业的笑话，这更是没有职业道德，同诸葛亮的高风亮节形成了鲜明对比。

诸葛亮既能竭力表达自己的不同意见，又能在失意时依然竭力辅佐刘备，平时也十分体贴，对刘备的心理观察入微。刘备与庞统率军入川后，庞统在落凤坡被乱箭射死，刘备急调诸葛亮从荆州入川辅佐，却不道明诸葛亮离开荆州后将防守荆州的重任交由谁来担当，只是让诸葛亮看着办好了，按照诸葛亮的性格和本意，把这项任务交给赵云的可能性最大，而且这也是一个最恰当的选择，但诸葛亮却从刘备安排关羽的儿子关平送信给自己这一行为，从而窥破刘备的本意是要安排关羽担当守护荆州的重担，于是顺从刘备的意思安排关羽守荆州。我们姑且不论这个安排是否恰当，在当时由于通信和交通落后也不允许诸葛亮再同刘备从容讨论这个问题了，诸葛亮必须做出决断，如果我们从职业经理人的操守来看的话，诸葛亮的选择仍是正确的，俗话说：做事不依东（老板），累死也无功。诸葛亮此时完全可以钻空子，按自己的意思安排，但长期下去一定会产生矛盾与不和谐，甚至逐渐酝酿大矛盾。诸葛亮宁可委屈自己，

牺牲自己，也以服从大局为己任，后来关羽大意失荆州，这是当时难以预料的事情。而诸葛亮对于刘备心理的洞察之深刻是值得当今职业经理人学习体会的，我们不能因为结果的失败而忽略了这一点。

诸葛亮对于有知遇之恩的刘备殚精竭虑、忠心辅佐。刘备死后，刘禅登基，这时候诸葛亮已是元勋老臣，在蜀国有很高威望，深得人心，而关羽、张飞、黄忠等老将已死，刘备托孤给诸葛亮时也说："若嗣子可辅，则辅之；如其不才，君可自为成都之主。"但诸葛亮没有居功自傲，依然小心翼翼、忠心耿耿地辅佐刘禅，首先是安居平五路，帮刘禅渡过了一场严重危机，然后是七擒孟获稳定了蜀后方，随即上《出师表》出祁山讨伐魏国。在《出师表》中诸葛亮竭尽臣子本分，对刘禅有建议、有期待，比如"诚宜开张圣听""不宜妄自菲薄""亲贤臣远小人"，还请刘禅"诸诹善道，察纳雅言，深追先帝遗诏"，真是语重心长，情真意切，用心良苦。中国自古以来讲究忠君报国，但如此忠心耿耿对待君主的臣子仍然少见，至于现代职业经理人有多少能如此对待自己的老板和企业呢？

如果说诸葛亮下山不久即直言批评刘备是对强主当仁不让的话，那么到了六出祁山时对刘禅则是对弱主势大不欺了。这也是诸葛亮自古以来受到尊崇的一个重要原因。而曹操、司马父子受到人们谴责的原因就是势大欺主。封建社会的伦理道德在今天看来是否合理我们姑且不论，但在当时的情况下忠君报国无疑是一种高尚的操守。

诸葛亮在第四次率兵出祁山时，用书信气死魏国大都督曹真，用八卦阵挫伤魏兵锐气，激使司马懿率兵与诸葛亮决战，结果被蜀兵杀得一败涂地，魏兵十伤六七，陷入危局。但诸葛亮率师远征，粮草运输不易，而此次的运粮官苟安却因好酒误事，"于路怠慢，违限十日"，诸葛亮欲斩苟安，由于长使杨仪劝阻，诸葛亮虽未斩苟安，仍然打了他八十大板才放人，苟安心怀怨恨，连夜率

亲信投奔魏寨，司马懿则授意苟安回成都散布谣言，说诸葛亮有"怨上之意，早晚欲称为帝"。苟安依计潜回成都对宦官散布流言，说诸葛亮自倚大功，早晚必将篡国。结果不明真相的后主刘禅在宦官的唆使下"宣孔明班师回朝"，诸葛亮接受诏书后深知后主受奸人挑唆才有此下策，又放过了乘胜进攻司马懿的大好时机，他仰天长叹说："主上年幼，必有佞臣在侧！吾正欲建功，何故取回？我如不回，是欺主。若奉命而退，日后再难得此机会也。"仍然依诏退兵，回成都后，对刘禅表白心迹，澄清了真相，此时苟安逃奔魏国去了，诸葛亮将妄奏流言的宦官诛戮，其他宦官赶出宫外，又责备天子近臣蒋琬、费祎等不能察觉奸邪，规谏天子，两人也心服口服。

诸葛亮的这番遭遇，也印证了做好一个职业经理人是如何艰难，很容易受到中伤攻击。现在的问题是，在这种状况下职业经理人究竟应该怎么做？这时候的职业经理人捞一把就走，也不是没有机会和借口。而诸葛亮此时也可以走类似于宋太祖的路子，对刘禅取而代之，也可以坚持伐魏，但那些做法乱了做臣子的本分。诸葛亮对错失良机的弱主仍然尊重，但并没有撒手不管，而是先和刘禅消除误会，再追究其余责任人。这种做法虽然丢失了一次机会，但维护了国家秩序，加深了刘禅对诸葛亮的信任和感情，从长远和根本上来说，也是符合国家利益的。如果他对刘禅的诏书置之不理，即使短期内不生大乱，也会留下隐患，为后面的大乱埋下祸根，为其他作乱者提供了借口。诸葛亮的行为表明，即使职业经理人在工作中受到委屈，也要忠于企业，有条不紊地处理好各项事务，消除误会，把误解当成加深相互了解的机会，便于长期合作。

（2）如何对待"亲友团"

老板身边的"亲友团"常常是令高级职业经理人头痛的群体，这些人与老板关系特殊，往往比较任性，行为不容易得到约束。诸葛亮加盟刘备集团后，

作为外来的"高级职业经理人"，也遇到过类似问题，特别是多年来与刘备一起出生入死、情同手足的关羽、张飞，更是不把诸葛亮当作一回事。早在刘备三顾茅庐的时候就对诸葛亮冷嘲热讽，颇不恭敬，诸葛亮对于这些特殊人物一要约束，否则无法统兵打仗；二要重用，不能的话，就会丢失重要而有限的资源，还会形成内耗。诸葛亮面对的"亲友团"情况也比较复杂，不仅刘备下面有关羽、张飞等人，而且关羽手下还有关平、周仓、廖化等人，但诸葛亮没有消极地排斥这些人，也不另外去拉个小团体为我所用，而是努力做好自身工作，积极化解各种矛盾，开创团队新面貌。他下山进入新野县城后，没有抱怨环境不好，没有怨天尤人，而是用积极的心态面对现实，招募民兵，教以阵法，培训备战。但是他的这些做法并没有得到关羽、张飞等人的认同，当曹操差夏侯惇引十万大军杀赴只有几千人马的新野县城的时候，关、张二将早就对诸葛亮享受的老师待遇不满已久了，在大敌当前时仍然说风凉话，甚至要看诸葛亮的笑话。当刘备请诸葛亮来商议如何迎敌的时候，诸葛亮深知关、张两位主将必不听从他指挥，因此要求刘备授予他尚方宝剑，才肯调兵遣将。诸葛亮取得尚方宝剑并调兵遣将以后，张飞仍是冷嘲热讽，勉强按计而行，关羽则公然表示要准备看他笑话，但诸葛亮软硬兼施，一方面强调"剑在此，违令者斩"以保证号令严明，另外一方面不纠缠于冷言热讽，一心做好战斗准备。结果夏侯惇、于禁率大军到达博望坡后，连续被赵云、刘备诱入道路狭小、树木丛杂的山川，被诸葛亮一把火烧得"自相践踏，死者不计其数"。又被赵云、关羽、张飞分别率军厮杀，以致曹军"尸横遍野，血流成河"。刘备军马以寡敌众、以弱胜强、大获全胜，并缴获大批粮草，关羽、张飞心悦诚服，主动下马跪拜于诸葛亮马前，认定"孔明真英杰也"。从此，诸葛亮依靠卓越的才华得到了下属们的认可，威望越来越高。

关羽生性高傲，上有刘备做靠山，下有关平、周仓、廖化生死相随，诸葛亮难以对其管理，仅仅依靠战绩和神机妙算仍然难以使关羽信服。赤壁大战前夕，诸葛亮深知关羽的性情和为人，让关羽立下军令状，守伏华容道，活捉曹操。军令状写明如果关羽放过曹操则依军法行事，如果曹操未经过华容道则治诸葛亮的罪，由此可见，关羽此时仍对诸葛亮有所不满。但诸葛亮早已算定关羽义气深重必定会放过曹操，结果证明了诸葛亮的预见是正确的，赤壁大战后关羽向诸葛亮伏法请罪，诸葛亮佯装依法要斩关羽，结果被保了下来。其实诸葛亮此时还不想捉拿曹操，更不想依法惩处关羽，只是借机会"修理"一下心高气傲的关羽。关羽经过这次"过失"确实老实很多，诸葛亮的管理也因此便利了很多，他的这种管理方法非常值得借鉴。

诸葛亮为了在内部树立威信，收服人心，发挥才华，使"公司"业绩大为提高，他恩威并济，又"打"又"拉"，积极对下属做好"传、帮、带"工作，因此，赵云、张飞等人都进步较快。进军西川的时候，诸葛亮安排张飞率一万人军从陆路经巴郡到雒城会师。自己和赵云率军从水路溯江而上到雒城与张飞会师，规定先到者为头功，并精心交代张飞沿途注意事项，结果张飞先到雒城，立下了头功，诸葛亮入川后当众对张飞表示热烈祝贺。诸葛亮的鼓励称赞对张飞的成长、团队的建设都很有意义，后来张飞又巧用妙计大破魏军张郃，这都与诸葛亮的"传、帮、带"不无关系。

刘备夺取成都，平定益州后，重赏三军，提拔重用了一大批功臣和能人。其中为刘备夺取西川立下了汗马功劳的法正为蜀郡太守，法正心胸比较狭窄，上任后"凡一餐之德，睚眦之怨，无不报复"，引起了公愤，也给诸葛亮造成了麻烦，有人觉得法正太霸道了，要求诸葛亮教训修理法正。诸葛亮则说："昔主公困守荆州，北畏曹操，东惮孙权，赖孝直为之辅翼，遂翻然翱翔，不可复制。今夺何禁止孝直（法正），使不得少行其意耶？"不予追究法正的过分行为。

这件事情传到法正的耳朵里后，法正也自觉收敛了许多。

诸葛亮能不动声色地想办法使法正自觉规范自己的行为，说明了工作方法的多样性，还有其高超的领导艺术。如果诸葛亮用强硬手段对付法正，也不是不可以，但容易引起负面效果。当时益州刚刚平定，刘备需要安定人心，新老官员需要磨合，若修理法正，很可能又会引起一部分西蜀旧臣的反感与不安。诸葛亮在刚刚平定益州后推行以猛治国，乱世用重典，结果遭到法正以刘邦约法三章，要以德服人为由加以反对，诸葛亮则说刘邦以宽仁取代秦朝残暴，现在应该用威严来取代刘璋的懦弱，这种观点赢得了法正的佩服和赞同。如果诸葛亮据理力争，则应该用强硬的方法对付法正，这一点法正也是清楚的，但诸葛亮反其道而行之，法正自己就感到不好意思了，只得约束自己。

还有一件事也颇能体现诸葛亮的管理水平，刘备平定益州后，关羽从荆州遣关平来拜谢刘备所赐的金帛，同时呈上一封书信说马超武艺过人，要入川来与马超比试武艺。刘备大吃一惊，唯恐心高气傲、争强好胜的关羽急于入川，伤了内部和气。诸葛亮则劝刘备放心，写了封回信给关羽，意思是说马超无论武艺如何高强，都不如你关羽才华出众、文武双全、重任在肩，两人没有可比性。关羽读过书信后遂放弃了与马超比武的念头，后来马超、关羽也没有发生矛盾。

诸葛亮借华容道上放曹操一事修理了关羽，这一次则用相反的方法对付关羽，效果都不错，有点又"打"又"拉"的味道。可见诸葛亮的管理方法不拘一格，变化很多，而这种变化前后又有一定的因果联系，都值得学习借鉴。

从诸葛亮对待刘备、刘禅以及对待下属关羽、张飞、法正等人的案例上可以看出，当今职业经理人遇到的许多难题，诸葛亮也曾遇到过，他都巧妙地、恰当地处理了。我们不必怨天尤人，应该从诸葛亮身上学习和借鉴。

（3）《出师表》与感恩心

《出师表》情真意切，是我国古代散文的名篇，千百年来感人至深，以至于有人说："读《出师表》不流泪不是忠臣；读《陈情表》不流泪不是孝子。"《出师表》能如此感人其中有个重要原因就是其言语中所表达出的情真意切。现实生活中有人口口声声标榜"感恩的心"实则却令人讨厌，这是因为其虚伪做作。而《出师表》是在刘备已死，刘禅懦弱，诸葛亮名扬天下、大权在握的情况下产生的。诸葛亮没有抱怨当年新野的卑微和刘备执意伐吴造成的损失和被动，而是说自己"臣本布衣，躬耕于南阳，苟全性命于乱世"，感激刘备三顾茅庐请其出山。而国内"侍卫之臣，不懈于内；忠志之士，忘身于外者，盖追先帝之殊遇，欲报之于陛下也"，充分表达了对刘备的感激，以至于这些仁人志士坚决报效刘禅。《出师表》文字朴实，感情真挚，无一字虚文，其中的意见、建议就是感恩的具体体现。正是因为有这种感情基础，诸葛亮才会尽心竭力地报效国家，才会为国家把自己的聪明才智最大限度地发挥出来，而不是去谋取私利。

（4）财产公开

《出师表》在我国家喻户晓，感人至深，而诸葛亮临死前的一系列安排及遗书亦感人至深。遗书精神与《出师表》一脉相承，但文字比较简短，只有两个自然段，后面一段则别开生面，公开财产，交代后事，十分值得各级官员和职业经理人学习。下文是遗书的后面一段："成都有桑八百株，薄田十五顷，子孙衣食，自有余饶。至于臣在外任，无别调度，随身衣食，悉仰于官，不别治生，以长尺寸。若臣死之日，不使内有余帛，外有赢财，以负陛下也。""桑八百株，田十五顷"虽然够子孙生活的所用，但显然不是富豪。"不别治生""不使内有余帛，外有赢财"的精神更是和当今一些贪官污吏、吃里爬外的职业经理人形成了鲜明的对比。主动公开财产是一心为公的体现。

诸葛亮作为我国人民智慧的化身，上通天文，下知地理，神机妙算，才华盖世，为蜀汉事业作出了不可磨灭的贡献。更为可贵的是：他不居功自傲，不恃才傲物、忠心耿耿、矢志不渝，是一个德才兼备的不朽人物，不愧为各级官员和高级职业经理人的楷模。

13. 谈一谈周瑜的气度

说到周瑜，很多人都认为他是个小气鬼，心胸狭窄，不能容人，结果被诸葛亮气死。其实，这种看法是片面的。清代大学者毛纶、毛宗岗父子在点评《三国演义》时，早就评价了周瑜的战略眼光和气度。针对人们说周瑜妒忌孔明，不能容纳人才，毛氏父子评论说："周瑜非忌孔明也，忌玄德也。孔明为玄德所有而忌之，使孔明为东吴所有，则不忌也。观其使诸葛谨招之之意可见矣。非若庞涓之孙膑，同事一君而必杀之而后快也。一则在异国而招之使入我国，一则在我国而驱之使入异国。试以庞涓较周瑜，则周瑜真爱孔明之至耳。"此等话语是如何深刻地揭示了周瑜的内心世界，然而至今仍有许多人一味地指责周瑜气量狭窄，因此，我觉得还有必要重新讨论周瑜的气度问题。

历史上的周瑜本来就是"气度恢廓""雅量高致"的人物，但是在三国戏曲、三国民间故事中演化成了心胸狭隘、嫉贤妒能的人物，以至于家喻户晓，几成定论。随着《三国演义》走进千家万户，人们又用这种眼光来看待《三国演义》中的周瑜。这些看法大多数是人云亦云的产物，没有多少意义。但也有少数有意义的，有一定分析和说服能力的。如于学彬著的《说三国、话人生》，在谈到周瑜的气度时，对他采取了全盘否定的态度，"心狭量窄肝气盛，忧烦浮躁妒贤能"。说他"气量如豆"，不乏过激之辞。但说到他"喜怒过急，浮躁好胜"时，却是中肯之辞。他说周瑜的喜怒忧惊都来得急骤，程度又强。大喜过望之处就

有十几次之多，"惊"字也有十来次，忧的次数虽然不多，但却忧得死去活来，"忧"得鸡犬不宁。如第四十八回"一阵风过，刮起旗角于周瑜脸上拂过。瑜猛然想起一事在心，大叫一声，往后便倒，口吐鲜血。诸将急救起时，却早不省人事。"不论服什么药，全然无效。"怒"和"大怒"的例子也很多。有时还"怒气冲激，疮口迸裂，昏绝于地"。因此他说周瑜"心理素质极不稳定，情绪意志总是被外界的成败利益所左右，那么必不能取胜"。这样一些分析，还是不无道理的，但不能走向极端，我们不能忽略事情的另一方面，甚至可能是主要方面，主要体现在以下几点。

第一，周瑜大度容人。他初为都督，老将程普因年龄、资历、战功等都高于周瑜而不甘居于其下，托病不出，仅叫长子程咨代理自己。这无异于要给他一点脸色看看。周瑜却不气不恼、不整不压，而是通过在军务中表现了卓越的领导才能，使得程普心悦诚服，后来一直忠心耿耿听调于帐下，屡立战功。列位看官，如果你是程普的顶头上司，会不会给他穿小鞋、坐冷板凳，或者"正常"调动一下工作呢？你能不能化"敌"为友，长期与之友好合作呢？

第二，周瑜能举贤荐能。他对孙权说："自古'得人者昌，失人者亡'。为今之计，须求高明远见之人为辅。"毛宗岗父子说他："始荐张昭于孙策，又荐鲁肃于孙权，始终以荐人为主。"因此还赞誉他："贤于管仲远矣。"如今嫉贤妒能之辈多矣！即或有爱才重才者，又有几人能像周瑜那样，明知诸葛亮的才干高于自己，仍然亲自让诸葛瑾劝说其"有王佐之才"的胞弟诸葛亮来同事东吴。像庞涓害孙膑那样嫉贤妒能、毒辣阴险的人毕竟少见，但能像周瑜这样招纳人才的将帅同样也是不多的。

第三，周瑜能任人不疑。从拨船借箭和做保人借荆州可见鲁肃、孔明关系甚密，周瑜对鲁肃的做法亦抱怨不迭，但对鲁肃的为人却始终信赖如故，临死还推荐他接替己任，对诸葛瑾也始终信任不疑。假如换一个人在周瑜的位置上，

会不会怀疑鲁肃吃里爬外呢？诸葛瑾又怎能避免猜疑和牵连呢？

第四，周瑜能放下架子，不耻下问。周瑜在听完鲁肃草船借箭之事后，慨然叹曰："孔明神机妙算，吾不如也！"并当面对诸葛亮说："先生神算，使人敬佩。"还请教孔明破敌之计。其实周瑜此时胸中已有破敌之策，结果两人所见略同，共同确立了火烧曹军的决策，周瑜的此番言行，可以说是虚怀若谷，英雄敬英雄。他丝毫不掩饰对孔明的崇敬钦佩之情，还当众极力夸奖孔明。由于对孔明的敬佩和对东吴大业的极度负责，所以他在已有破敌妙计的情况下，还能一再不耻下问，真正做到了能者为师，这也是很值得当今将帅效仿的。假如当今的一些领导处在周瑜的处境，恐怕是不会如此坦诚可爱的。今天的某些将帅即使要问计，也不会像学生请教老师那样诚恳，反而会像老师提问学生，架子是万万不会放下来的。

论者多以周瑜借断粮道、造箭为名欲杀诸葛亮是妒忌诸葛亮的才干。其实周瑜欲杀诸葛亮，纯粹是从东吴的根本利益出发的，丝毫没有考虑个人恩怨，这恰恰是周瑜的可爱之处、远见之明，作者不过借此来渲染诸葛亮的大智大勇、神乎其神，比周瑜略胜一筹。毛宗岗父子因此谓"瑜亦人杰矣哉"。当今一些学者亦高度赞赏周瑜的行为。从当时的形势考虑，东吴具备了诛刘备、杀诸葛亮的条件，它可以单独抵抗曹操大军的进攻。而刘备集团则无法独立同曹操抗衡，诸葛亮如处在周瑜的地位，怕也不能容对方于一时。何况周瑜欲杀孔明时，还能听从鲁肃的一些劝阻，而他欲杀刘备时，则无人可以劝阻，为什么人们不说周瑜妒忌刘备胜于妒忌诸葛亮呢？

周瑜在三气之下，短命而亡。人们因此又谓周瑜气量狭小，这虽然不无道理，然而，人们却又不顾周瑜曾多次吐血负伤，性格过于急躁，还曾经带伤出阵这些重要原因。周瑜最伤心的是夺回荆襄九郡遇到不可逾越的障碍，他自认才能、身体、年龄都比不过诸葛亮。才在挫折面前屡次昏死以致送命，这种忠

于国家、死于事业的精神是可敬的。当今的将帅，如果有周瑜这样强的事业心，何以有那么多国有企业"明亏""暗亏"，无法运转的情况。假如周瑜比诸葛亮健康、年轻，他也可能像司马懿那样强忍耻辱而后生。诸葛亮后期遇到司马懿这个劲敌，屡屡师出无功，自知大事难成，在挫折面前也禁不住多次昏倒、吐血、长叹，以致归天。这两个人的精神、经历有异曲同工之妙。事业重于生命，是他们的共同特征。

在《三国演义》中，妒忌、小气之类的现象并不少见，于禁妒忌庞德、曹操妒杀杨修，孔明骂死王朗、气死曹真等。然而，只有周瑜才"小气"得出名，罗贯中九泉之下如知读者如此嘲笑周郎量狭，一定会啼笑皆非，他之所以虚构三气周瑜，本意是塑造孔明的高超形象，如果孔明三番五次才气死了一个"小气鬼"，他的形象能增添多少光彩？

孔明为了联吴抗魏策略需要，处心积虑地给人们造成错觉误解，想方设法地让周瑜戴上气量狭小的帽子，以免因周瑜之死，伤了孙、刘两家和气。最早上当的是鲁肃，他在卧龙悼念周瑜的痛哭声中自思曰："孔明自是多情，乃公瑾量窄，自取死耳。"把害死周瑜的人当成了对周瑜多情多义的人，显然是中了孔明的计。既然是中计，"公瑾量窄"的看法就有问题了，评论家和读者何以至今还跟着鲁肃中孔明的计呢？

周瑜虽有气量狭小之处，但并无妒忌之心。"气量狭小"也只是次要方面，不值得过于非议，今天有资格小看周瑜气度的人委实不多。

经营类

古为今用论三国

1. 黄雀在后不容忘

赤壁大战后，曹军惨败，曹操退回许都。剩下的便是南下后夺取的刘表大片地盘荆州、襄阳等地的防守问题。曹操料定周瑜、诸葛亮必定争夺这片地盘，于是派大将曹仁守南郡，夏侯惇守襄阳，张辽守合淝，并料定南郡的争夺战最为险恶、复杂，于是给曹仁留下锦囊妙计，以确保南郡防守战的胜利。

真是英雄所见略同，周瑜、诸葛亮果然都磨刀霍霍，欲夺取曹操掌控的荆襄九郡为后快。不同的是，诸葛亮深谋远虑、棋高一着，料定曹操虽回许都，却必留精兵强将、奇谋妙策镇守南郡等地。如若争夺，必会伤亡惨重。于是，诸葛亮假意谦让周瑜先取南郡，如取不下时，刘军再去攻取。结果周瑜在南郡和曹仁展开了"拉锯战"，双方死伤惨重，吴兵一战南郡即大败。于是吴将甘宁奋勇攻取彝陵。随即曹兵又围困甘宁在彝陵城中，周瑜被迫和吕蒙亲自去解围。在彝陵城外和曹洪、曹纯、牛金率领的曹兵打了一场混战，曹兵大败，南郡形势危急！曹仁按曹操回许都时的交待，拆开锦囊，获取妙计并按计而行。吴军又中计大败，周瑜中箭负伤。吴军困守不出，被曹仁军辱骂挑战。周瑜诈死，吴军挂孝举哀。曹军中计，连夜只留少量人马守城，集中力量偷袭吴军大寨，结果中了埋伏，惨遭大败，"不敢回南郡，径投襄阳大路而行"。

如此反复冲突混战六七次，双方都死伤惨重。现在，周瑜似乎可以轻而易举地夺取南郡，进而夺取荆州、襄阳甚至合淝了。

想象很美好，现实却很无奈。结果居然都没有吴军的份儿。

周瑜、程普率得胜军马"径到南郡城下，见旌旗布满，敌楼上一将叫曰：

'都督少罪！吾奉军师将令，已取城了。吾乃常山赵子龙也。'"周瑜被迫回军，"使甘宁引数千军马，径取荆州；凌统引数千军马，径取襄阳"，岂知探马急来报说："诸葛亮自得了南郡，遂用兵符，星夜诈调荆州守城军马来救，却教张飞袭了荆州。"又一探马飞来报说："夏侯惇在襄阳，被诸葛亮差人赍兵符，诈称曹仁求救，诱惇引兵出，却教云长袭取了襄阳。二处城池，全不费力，皆属刘玄德矣。"

这是诸葛亮一气周瑜的故事。

谁能不生气呢？东吴是赤壁大战的主导力量，东吴救了走投无路的刘备小集团，最后从大胜到惨胜，好处却全部被借刀杀人的刘备、诸葛亮一伙人拿去了！

周瑜的过失在于只顾着和正面的强敌拼杀，忽略了背后老谋深算、借刀杀人的潜在敌人。

类似的致命错误在《三国演义》中多次出现。此前有，此后还有，而且更严重！

关羽擒了于禁、斩了庞德、水淹七军后围困樊城，"华夏皆惊"，锐不可当，以致曹操打算"迁都以避之"。老谋深算的司马懿却跳出圈子，看得更深更广。他对焦头烂额的曹操说："今孙、刘失好，云长得志，孙权必不喜；大王可遣使去东吴陈说利害，令孙权暗暗起兵蹑云长之后，许事平之日，割江南之地以封孙权，则樊城之危自解矣。"结果曹操依计而行，孙权遣吕蒙率大军袭取荆州，连克公安、南郡，最后生擒不可一世的关云长！

关羽的致命错误也是小看了潜在之敌东吴兵马，只顾正面和曹操势力拼杀。这个失误不仅导致关羽送了性命，丢了荆州、南郡等战略要地，也使蒸蒸日上的刘备集团由盛转衰，开始走下坡路。

《三国演义》中类似于此的还有一个例子。钟会率十万大军伐蜀，和邓艾

兵分两路、奇正相成。不仅把好战多事的蜀国灭了，钟会还以平叛为名，生擒邓艾父子，收编邓艾军马，连同此前收编的姜维、蜀汉军马，势力十分强大。钟会占有了蜀汉之地后，踌躇满志，自以为进可取天下，退可做刘备，于是决意造反。岂知从出师至灭蜀、平邓，造反的心思早已被老奸巨猾的司马昭洞察。司马昭在威风凛凛的钟会出师之日，就悄悄地对忧心忡忡、担心钟会平蜀后造反的西曹掾邵悌说："今钟会独建伐蜀之策，是其心不怯；心不怯，则破蜀必矣。蜀既破，则蜀人心胆已裂；'败军之将，不可以言勇；亡国之大夫，不可以图存。'会即有异志，蜀人安能助之乎？至若魏人得胜思归，必不从会而反，更不足虑耳。"

心高志大的钟会死到临头还不知道是怎么回事，只是按照事物发展规律走"流程"罢了，而这"流程"早已被司马昭掌控。他不仅知道钟会出师能破灭好战成性的蜀国，还巧妙地利用钟会消除了隐患邓艾，更料定蜀人和魏兵皆不能助钟会成功造反，可谓是一位能看到三步棋的高手。钟会出师之时，和文武百官一起来送行的相国参军刘宴，也看出了钟会、邓艾必能破蜀，但不得生还。可见，刘宴也是深谋远虑的高手。

在周瑜破曹之前，曹操消灭袁绍残余势力袁熙、袁尚的时候，类似的情况早已出现。在曹军严厉打击下的袁绍残余势力，袁熙、袁尚率数千骑兵投靠辽东太守公孙康时，夏侯惇、张辽等将领劝曹操乘胜追击，彻底剿灭袁绍残余势力，夺取辽东。曹操却依郭嘉遗计，按兵不动，结果正因为曹操按兵不动，公孙康杀了袁熙、袁尚，将二人之头颅献给了曹操。如果曹操乘胜追击，将导致公孙康联合袁熙、袁尚抵抗曹操，事情的结局出乎袁熙、袁尚和曹操各位部将预料之外，但在郭嘉的预料之中。

周瑜、关羽、钟会以及与此类情况相关联的邓艾、姜维、夏侯惇、张辽等人都是人中英杰，然而都未能深谋远虑，没有诸葛亮、司马懿、司马昭、郭嘉

等人站得高、看得远。然而，此类情况一再发生，足见人的短视和行为惯性非常值得警惕！

在惜墨如金的古代，"螳螂捕蝉，黄雀在后"的故事多次被记载，广为流传，国人普遍对此故事并不陌生。《三国演义》中的这些故事，也都是这一故事的翻版。战国时期的《庄子》、西汉时期刘向的《说苑》、韩婴的《韩诗外传》，以及清代纪昀的《阅微草堂笔记》等都记载了这个故事。可见古人对此类案例的高度重视，对只顾眼前利益，不顾身后祸患，鼠目寸光、利令智昏之人提出了忠实的警告。告诫人们处理现实利益问题要深谋远虑，真是用心良苦、爱意满满！然而不仅三国时代的精英吃尽了此类苦头，职场上、官场上也不乏这样的现象：你打我、我揪你，相互残杀！偶尔风光无限，最终没有好下场。如今，人心浮躁，我们更需要黄雀在后不容忘的远见卓识。

更加重要的是，现代商战变数极大，不可预测的因素越来越多，跨界打劫逐渐成为常态。《三国演义》中出现的"螳螂"还是可以预见的，而现代商战中出现的"螳螂"几乎不可预见：智能手机挤偏了相机，支付宝和微信挤偏了银行，阿里巴巴收购了大润发，电视因手机备受冷落！这种变局，不仅使得我们必须更加重视古训，还要防止出现因简单双向竞争带来的问题和存在的隐患，更要积极地搜索和预防各种可能出现的"螳螂"。所以，我们要练好内功，强身健体，培养强大的应变能力和处变不乱的心理素质。

2. 负资产也是资产

不良资产、负资产往往也是资产，也有它的作用和价值，就看你能不能用好它，激活它的价值。大汉王朝经过桓、灵二帝的内耗，黄巾起义的打击，朝政混乱，群雄四起。"子公司"的实力都超过了"母公司"，大汉王朝这个母公

司资不抵债、危机四伏。法人代表汉献帝提心吊胆地过日子，颠沛流离、狼狈、艰难、危险就是他的常态。负资产可能创造出正效益，正资产也可能带来负效益。即使这样一位"法人代表"也有他的独特而庞大的资产：他的公司注册资金比谁都高；他的公司又是有光辉历史的百年老店，谁也比不上这两个巨大的无形资产。尽管它负债累累、风雨飘摇、破产在即，毕竟还是有些资本的，这些负资产一旦和硬实力结合起来，就能成倍甚至成几十倍以上产生能量，使之在竞争中拥有巨大优势。曹操的优秀谋士荀彧劝曹操说："昔晋文公纳周襄王，而诸侯服从；汉高祖为义帝发丧，而天下归心。今天子蒙尘（指皇帝被驱逐出宫廷，在外流亡）将军诚因此首倡义兵，奉天子以从众望，不世（极不平凡）之略也。若不早图，人将先我而为之也。"力劝曹操趁汉献帝颠沛流离、无家可归之机接纳安顿之，获得最强大的政治优势。曹操闻言大喜，马上依计而行，取得了"挟天子以令诸侯"的政治优势，自己的职务也一路上升，官至丞相、魏王等，表面上捧一人在上，却使天下人均在其下，此时袁绍等竞争对手硬实力都远远大于曹操，但曹操却先从软实力赶超了竞争对手。

现在一些人做项目往往善于迂回，善于激活利用僵尸型的无形资产。比如在某地上一个项目，先到北京请几位退休闲居的老干部来捧场，这些人虽然早已无职无权，却级别高、牌子大，有光辉的历史，到地方来了地方官员都得当一回事，特别接待。这样甲方的形象不知不觉水涨船高，和地方政府的关系自然融洽，可办可不办的事都好办了。

3. 我的多品牌实践的失败及教训

一个作家，甚至一个资深记者，都可以被看作为一块品牌。作家和品牌一样，都是有风格的，也都有知名度、美誉度、认知度、品牌资产、品牌联想等

诸多共同性的东西。一个作家、一个记者，想要提升自己，也得搞点品牌建设。

我开始写稿、投稿的时候，想听到读者真实的声音，也有一点其他原因，因而稿件发表时基本上都用笔名"金草"发表。金草者，并无深意，只不过是我名字"镇荣"两字的简化而已，"镇"取金字，"荣"取草字头。20世纪90年代末，"金草"的文章在陶瓷行业影响颇大，说是造成品牌效应恐不为过。那种影响，现在的年轻人可能不大好理解。后来有报社编辑在编辑我的行业稿时，竭力主张用我的本名"喻镇荣"发表，说要不然很可惜。一则是编辑的执着，二则是盛情难却，我也就同意了编辑的意见。于是喻镇荣"喻老师"也更出名了。为了打造这个品牌，我又将言论稿件也署名"喻镇荣"发表，因此我有两块"品牌"了。

几年时间过去以后，我对品牌的理解逐渐加深，加之用本名发表言论比较惹麻烦，因为我的言论文章颇为得罪人，所以我将我的个人品牌按照品牌理论重新定位、打造。基本思路是：企业文章，主要是通讯、消息为主，署名"金草"发表；行业大稿，包括写陶瓷产区的文章，署名"喻镇荣"发表，言论文章署名"谭谈看"发表。品牌定位清晰，所有设想都有理论依据支撑，于是就重新开始自己的多品牌实践了。

我的多品牌构想恐怕还多少受到《三国演义》的影响。孙、刘联盟刚刚形成的时候，周瑜恐诸葛亮将成为东吴的后患，假意请诸葛亮率兵去断曹操粮道，想借曹操的刀杀掉诸葛亮。诸葛亮深知周瑜借刀杀人之计，也不推辞，一口应承下来。鲁肃深怕孙、刘合作受到破坏，担心诸葛亮的安全，于是去诸葛亮那里察看情况。只见诸葛亮一本正经地在整顿军马，准备去劫断曹操粮道。鲁肃不放心地问："先生此去可成功否？"孔明笑曰："吾水战、步战、马战、车战各尽其妙，何愁功绩不成，非比江东公（即鲁肃）与周郎辈止一能也。"肃曰："吾与公瑾何谓一能？"孔明曰："吾闻江南小儿谣言云，伏路把关饶子

敬，临江水战有周郎，公等于陆地但能伏路把关，周公瑾但堪水战，不能陆战耳。"鲁肃回去后把诸葛亮的话转告了周瑜，周瑜大发脾气，不用诸葛亮去断曹操粮道了，要亲自率兵去断曹操粮道，要露两手给诸葛亮瞧瞧。结果被诸葛亮点破玄机：周瑜要我去断曹操粮道只不过是借刀杀人，如果真要去断曹操粮道必为曹操重兵所败，请鲁肃劝周瑜打消念头。于是，一场危机被诸葛亮巧妙地化解了。

说到这个故事的时候，大家都很佩服诸葛亮的智谋和激将法。其实，从人性的角度来考虑，多数人都有争强好胜之心，不独周瑜一人如此，诸葛亮也是如此。所谓"水战、步战、马战、车战，各尽其妙"，不仅反映了他能吹，也反映了其追求完美的心态，这种心态后文也陆续有所反映。如草船借箭以后，鲁肃敬佩地对诸葛亮说："先生真神人也！何以知今日如此大雾？"孔明曰："为将而不通天文，不识地理，不知奇门，不晓阴阳，不看阵图，不明兵势，是庸才也。亮于三日前已算定今日大雾，因此敢任三日之限（三日造十万支箭）……"这段话也反映了诸葛亮既追求完美又善于自我吹捧。在《三国演义》第一百回，诸葛亮写给曹真的信中，再一次强烈体现了他追求完美的心态。这些故事自然会影响到读者和我，我也会有意无意追求消息、通讯、言论、行业大稿各尽其妙的高超形象，以致演化成了我的"多品牌"思路。

我的"多品牌"实践的结果如何呢？我不得不承认：非常失败。从理论上来分析它有根有据，甚至完美。但几年来的实践结果不尽如人意。主要表现是作品寥寥，又只发表在纸质媒体上，没有利用现代传媒——网络媒体来进行传播。即使是比较好的作品也在这个信息爆炸的时代很快被淹没得无影无踪了。

我的"多品牌"实践的失败有一些教训值得总结。最重要的教训是，任何个人（任何企业都一样）的资源和能量是有限的，大可不必追求在各个领域都"各尽其妙"。诸葛亮的形象那么高超，结果还不是"出师未捷身先死"！大

学士苏东坡在诗、词、文、赋方面都颇有建树，然而在我看来：他的诗不如李白、杜甫、白居易、王维等唐代诗人；苏东坡词的成就尤其突出，但仍然不如辛弃疾、李清照等人；苏东坡散文成就也很高，但还是不如韩愈、柳宗元、欧阳修；赋则不如司马相如。尽管有人可以用文风不同来解释，但单项的总体成就还是难以夺冠，甚至相差较远。但这又有什么关系呢？这一点也不妨碍苏东坡成为人们喜爱的大文豪，苏东坡的文学地位是毋庸置疑的。如果苏东坡非要在各个领域都达到"各尽其妙"甚至登峰造极的程度，那就太辛苦了！苏东坡的主业是大文豪，他已经成功了，诸葛亮的主业是"兴复汉室"，虽然他在各个领域出类拔萃，但他的主业并没有成功。我当时的主业是报人，我应该把我的主要精力和资源用于办报，只要把报纸办好了，即使一些写作领域的成就逊色些，也并不那么重要了。

第二个教训是现代媒体太发达了，即使我作品数量、质量有所上升，我的实际影响力仍然会下降。在当今信息爆炸的时代，一个人无论如何优质高产，他的实际影响力终归是有限的。现在是年轻人的天下，是网络时代，今天的影响力、爆炸性很快会被人忘却，被铺天盖地的资讯所淹没。20世纪五六十年代新华社社长穆青一篇作品发表出来以后，收到的读者来信有好几麻袋，而现在的作品能收到一封读者来信都是难以置信的事。在这个时代，作者得有作品数量，才能引起读者的注意和记忆。而一个企业、一个品牌，它的产品也得有足够的市场占有率才能有成功的可能，不能轻易地把有限的产品分成几个不同的品牌去打造。比如一个卫浴企业，它不必将马桶、淋浴房、浴室柜、水龙头五金等划分成几个品牌来打造，它只要把这些产品集中起来做好一个卫浴品牌就非常了不起了；一个瓷砖企业，也没有必要把抛光砖、仿古砖、瓷片、外墙砖乃至人造石等分成几个品牌来打造，集中为一个品牌才能有效提高品牌市场占有率，更好地打造品牌。少则得，多则惑。少即是多，多即是少也！

4. 从曹豹挨打看鲁肃的公关技巧

在《三国演义》的第十四回，刘备奉旨率关羽领兵攻打袁术，留下张飞守卫徐州。刘备发兵前，再三告诫张飞不要喝酒，不要鞭挞士卒，张飞也满口答应。但刘备离开徐州后，张飞却难以兑现诺言。有一天，他设宴请各位官员赴宴，大家到席后，张飞说："我兄临去时，分付我少饮酒，恐致失事。众官今日尽此一醉，明日都各戒酒，帮我守城——今日却都要满饮"，说完，即分别与各位官员敬酒，敬到曹豹面前时，曹豹说：我天生戒了酒。引得张飞怒骂，并非要曹豹喝上一杯酒，曹豹惧怕张飞的威怒，被迫喝上了一杯酒，张飞敬遍各位官员的酒后，又自己喝上几十杯酒，不知不觉喝得大醉，又一次来遍敬各位官员的酒，敬到曹豹面前时，曹豹说：我实在不能喝酒。张飞说：你刚才喝了，现在为什么推辞？曹豹坚持不喝，又引得张飞大怒，命令士兵拿下曹豹，要打他一百鞭，其他官员拉劝也不顶事，曹豹被迫无奈说：请张将军看我女婿面子饶恕我一次吧！张飞问：你的女婿是谁？曹豹说是吕布。张飞闻言大怒道："我本不该打你，你拿吕布来唬我，我偏要打你！我打你，便是打吕布！"说罢不顾众人劝阻怒打曹豹五十大鞭，在众官员的苦苦拉劝下才罢手，曹豹挨打后派人请吕布连夜袭取了徐州，张飞大败而逃。曹豹欺张飞醉酒，率兵追击张飞，被张飞一枪刺死。

张飞如何霸道我们姑且不论，如果我们站在今天现代公关的角度来看曹豹的言行，可以说曹豹的危机公关是很失败的，所以导致鞭打最后被杀。这里面也反映了曹豹的认知水平、思想水平有问题。

张飞无故逼曹豹喝酒，不喝就要打他一百鞭，这都纯属无理行为，曹豹并无过错。一个现代企业，有时候也难免遇到客户、消费者的无理要求，陷入难以预测的危机。事到临头，光有愿望不行，还得看你的公关能力和外交

技巧才行。

张飞性格刚烈火暴，平素最看不惯的人就是吕布。虽然吕布和刘备多次相互照应，属于协作伙伴，但张飞却鄙视吕布的为人，至少两次要和吕布拼杀，闹得沸沸扬扬。吕布也诚惶诚恐，只因刘备压着张飞，才没有闹出大事来。

张飞和吕布的关系，刘备、吕布的部下基本上应该都了解。张飞性格鲜明，"礼敬英雄而不惜小人"，这种性格也很容易在身边的人中，形成口碑。而曹豹显然对张飞的性格和人际关系缺少最起码的了解，以致在危机面前，搬出吕布来挡驾，这无异于火上浇油。张飞说："我本不该打你，你拿吕布来唬我，我偏要打你！我打你，便是打吕布！"这些话并非是酒话、醉话，而是反映了张飞的真实心态。他借此机会，把对吕布的一肚子火气全部发到曹豹身上去了。曹豹不了解张飞的性格和他与吕布的关系，说明曹豹平素公关意识很差。一些优秀业务人员，特别是擅长做工程的业务人员，平时非常注重人际关系，谁和谁的关系最铁、谁和谁谈不来，有什么过节；哪位领导喜欢吃什么菜、喝什么汤、饮什么酒；到了卡拉OK喜欢唱什么歌，他一瞄就知道了，而且是记在心头、过目不忘，因而总是能投人所好，业务做得顺风顺水。就像打牌一样，他不仅是看手头上的牌，更要看牌桌上的牌出牌。张飞显然是一位重量级领导，但曹豹对他根本不了解，对他和吕布的关系不了解，曹豹看不懂桌上的牌，他只看到自己手上有一张好牌——吕布。但他出牌出得不是地方，人家打"黑桃"，他打"方块"，结果被"罚分"。如果曹豹把这张牌打给袁绍、袁术，甚至打给刘备、曹操，都应该是一张好牌。而曹豹偏偏打错了地方，打到最不应该打的地方，说明曹豹平时的公关意识、人际关系意识也太差了点！

公关意识如此薄弱，公关技巧也就相当差劲了，曹豹缺少在酒桌上的应酬能力，才万般无奈地被张飞灌了一杯酒，等到张飞第二遍敬酒的时候，曹豹应该可以借机离开酒桌的，晚点回来也好，第二天请罪也好，等张飞醒了酒也不

会怪罪于他，说不定张飞还会向他道歉。凭曹豹的公关意识和公关水平，业务能力是肯定不行的，应对企业突如其来的公关危机更不行。

东吴的鲁肃在读者的心目中是个忠厚长者的形象，其实他是一位识大体、顾大局、知晓利害、善于外交的高级人才。曹操率八十三万大军南下，东吴上下震惊，投降派占了上风，鲁肃积极说服孙权抵抗曹操，并尽力团结一切可以团结的力量，争取广泛的统一战线共同对付曹操。而孙权最应该争取的就是刘备集团，于是鲁肃向孙权自荐去联合刘备等人共同抵抗曹操，担任了"外交部长"的角色。刘备则把担子都推到了诸葛亮身上，因此鲁肃能否搞定诸葛亮，事关合作成败。但鲁肃不是曹豹，他懂得人际关系，诸葛亮的亲大哥诸葛瑾在孙权手下为官，颇受重用，鲁肃一见到诸葛亮时就说："吾，子瑜友也"。子瑜就是诸葛瑾，诸葛亮一听就全都明白了，这是放信号弹，大哥的好朋友来了，一来就亮出这张牌，这是要与咱合作呀，于是"遂共定交"。鲁肃简简单单仅仅一句话，双方就定下了交情，就为孙、刘合作奠定了基础，你看鲁肃厉害不厉害？这叫会者不难，一言兴邦！公关水平与企业命运是结合得如此紧密，我们切记不可掉以轻心。可惜《三国演义》省略了这个精彩的片段，但司马光把这个精彩的史实片段写到历史巨著《资治通鉴》里面了，现代企业家对此不可不借鉴呀！

5. 套住了慎重再投入

刘备为报关羽被害之仇，亲率七十五万大军伐吴，一度杀得东吴损兵折将，节节退败，孙权在危机面前毅然起用了尚无威望的书生陆逊为都督率兵抵抗刘备。陆逊上任之初，东吴大将周泰禀告说："安东中郎将孙桓，乃主上之侄，现困于彝陵城中，内无粮草，外无救兵；请都督早施良策，救出孙桓，以安主上之心。"

这周泰是身经百战、经验丰富的大将，曾出生入死救孙权，战功卓著。周泰反映的情况和提出的建议也是现实的，万一孙桓城破身亡，不仅陆逊难逃责怪处罚，恐怕孙权也该倒霉——刘备过江招亲的时候孙权不就被老娘吴国太骂了个狗血淋头。陆逊当然不会不知道"亲友团"的厉害，也不会不想去救援孙桓。但深识大体的陆逊却回答周泰说："吾素知孙安东（孙桓）深得军心，必能坚守，不必救之。待吾破蜀后，彼自出矣。"结果众皆暗笑而退。韩当谓周泰曰："命此孺子为将，东吴休矣！公见彼所行乎？"泰曰："吾聊以言试之，早无一计，安能破蜀也！"

韩当、周泰均是东吴的开国大将，当时在军中威望不亚于陆逊，而当时刘备又兵势正旺，孙桓危在旦夕，很难说孙桓能支撑多久。但陆逊如果迫于压力发兵相救，求战心切的刘备正好可以围城打援，东吴又将付出更大的代价，导致更大的被动。而陆逊坚守不出，忍辱负重，就使得刘备大军狗咬刺猬——没处下嘴。几个月以后，陆逊终于找到可乘之机，火烧连营，一举击溃刘备大军，孙桓也里应外合，和陆逊联手杀得刘备落花流水。

目前陶瓷行业的一些上游企业，比如机械、化工、窑炉、防污剂等原辅材料在陶瓷企业的业务往来中，有时候也会遇到类似陆逊救孙桓的难题，因为他们在给陶瓷企业供货时往往不是现款现货，总是会欠下一部分货款慢慢还，而随着业务的发展，货款也往往越来越多。当良性运作的时候，问题还不大，一旦负债方资金链出了问题，陷入了危机，这些债权人的利益也就像孙桓被刘备包围了一样，危在旦夕。因为负债方此时显然是债台高筑了：欠工资、欠银行贷款、更欠大量的货款，一旦企业破产，资产拍卖后先发工资，后还银行贷款，最后面对供应商的时候恐怕只剩下"对不起"了！在这种情况下，一些供应商甚至银行最大的愿望就是这个企业不要死，死了债权也就没有意义了，如果它还能活下去就还有希望把债讨回来。而负债方吃透了债主这种心理，他们

也就"围城打援"。一方面向债主告知利害，你再不帮我一把我就要死了；另一方面又向债主示之以光明的前景，请你再支持一把，我们这个企业马上又要柳暗花明了，到时候我们就能把你们的债务问题解决了。于是一些企业就像肉包子打狗——有去没回，结果越陷越深，后悔不该越投越多。当然，也有一些老板像陆逊一样清醒而坚定，绝不再做更多的投入。结果是负债方情况好转了，问题基本上也全解决了；负债方如果破产了，也规避了更多的风险。一个做防污剂颇有名气的老板告诉我，他们企业对于陷入危机后的企业就不再供货，不相信"美丽的谎言"，减少了不必要的损失。

以上是从经营艺术、经营方法上谈的，如果从社会风尚和社会道德看问题，也不能助长负债有理的风气。现在经销商买陶瓷都要现款，而供应商供货给陶瓷企业则往往迟后付款，这也是不公平交易，不能助长。当然，这是题外话，就此打住了。

6. 张绣择主与选择经销商合作

我们陶瓷行业特别是有实力的陶瓷企业或者陶瓷品牌，在选择经销商的时候，总是喜欢选择各地最有实力、业绩最好的作为合作伙伴，大家都喜欢花力气争取与之形成合作，甚至不惜迁就忍让，而对于实力还不够强大的经销商则不大感兴趣。

与形象好、实力强、绩效高的经销商合作，可能会快速进入状态，提高绩效。然而，却未必是最佳选择。在《三国演义》第二十三回，实力比较弱小的张绣同时遇到两大势力前来招降：一个是兵多将广，实力最强的袁绍；一个是袁绍的对手，实力还比较弱小的曹操。而张绣和曹操曾经发生过巨大冲突并重创曹军，甚至险些要了曹操的命。但在此抉择关头，张绣却在其第一谋士贾诩

的劝说下放弃了袁绍，投靠了曹操。贾诩劝说张绣的一个重要理由就是："绍强盛，我以少从之，必不以我为重，操虽弱，得我必喜……"另外曹操的"王霸之志""以明德于四海"，也是贾诩劝说张绣的重要依据。

贾诩的理论对于企业选择经销商合作也有宝贵的借鉴作用。你选择的经销商实力比较强，但是他们未必把你放在重要位置上，他们可能力推其他品牌，而把你的品牌放在一般位置上；有些经销商虽然实力不够强大，但他们拿到一个较好的品牌后可能会全力推广，甚至把潜能都激发出来，他们的绩效可能就会超过大经销商。而这两种经销商对于厂家的忠诚度和合作态度也可能大不相同：实力较弱小的经销商一般会以和大企业、大品牌合作为荣，绩效上来后，也会对厂家有感恩的心；而实力强的经销商则容易把厂家的支持视为理所当然，甚至提出更高的要求。除此以外，大小强弱都是在互相转换的，潜能应该是考察合作对象的一个重要指标。贾诩主张张绣投靠曹操，就是看准了曹操必定有远大的前景，而袁绍必不能容天下之士，前景黯淡。不久后的事态发展表明，贾诩的看法是非常有前瞻性的。由于企业领导喜欢和大经销商合作，企业业务人员在具体选择合作伙伴时，可能也置潜能于不顾，因为发展了一个有潜能但实力暂时还不够强大的经销商，在绩效上一时难以得到领导和企业承认，等到绩效上来之后，成绩又不知归功于谁了；而发展了一个有实力的经销商，成绩就立即得到了肯定，因而业务人员也往往宁可选择眼前，而置未来于不顾。这就更需要有眼光的企业家为此作理性的思考和明智的选择。

7. 做好派生出来的生意

赤壁大战后，周瑜率大军赴彝陵救援被曹军围困的大将甘宁。吕蒙认为：周瑜大军若到彝陵，曹军必败。曹军败后必从彝陵南僻小路逃走。为此，他建

议周瑜先派五百士兵在南僻小路砍伐树木，阻断道路，待曹军骑兵逃到这里后马不能行，必然弃马而逃，到时候可以顺便缴获其马匹。周瑜依计而行，战斗结束后，吴兵果然轻易地缴获了曹军五百匹战马。

在汉语中，多义词的词义有的是基本义，有的是派生义。基本义是多义词最初的根本意义，由基本义发展转化出来的是多义词的派生义。现实生活也是一样：当人们集中力量去做一件事情的时候，这件事是它的最初的、基本的目的，它可能引发若干个相应有关的事情。聪明人应该善于利用必将发生的"基本事"，预见到由此将产生出来的"派生事"，并在"派生事"上"顺手牵羊"，积极做好发展转化工作，使之产生若干个积极结果。在前面的例子中，周瑜救甘宁是"基本事"；吕蒙由此及彼、由表及里预见到派生出来的事，然后略费举手之劳，便获五百匹战马之利。这对我们经商有宝贵的借鉴启发作用：即便你没有可能独立做一件大事，也无妨利用即将发生的大事，预测派生出来的事情，并尽力去做其中力所能及又有利可图的生意。北京紧锣密鼓申办 2000 年奥运会并即将出结果的时候，广东一些建筑陶瓷商预测：北京申办奥运会成功可能性大。而一旦成功，北京必定迅速建成一大批相应的建筑物，这些建筑物需要大量的建筑陶瓷。为了抢占市场，这些陶瓷商携带样品资料飞赴北京，积极推销。虽然最后北京以一票之差失利而未果，但这些商人的做法仍是值得称道的。

派生出来的事情和基本的事情相比虽然是次要的，但仍然值得尽力去做，以便积小利为大利。因为基本事情及成果往往需要正面拼搏，难度较大，一旦强打硬拼，就会劳民伤财、事倍功半。诸葛亮也是注重做好派生"生意"的。他预见到周瑜火烧赤壁，必将使曹军战船上的部分物品顺水漂下，亦有散兵游勇分散而逃。于是命令糜竺、糜芳、刘封各驾船只，"绕江剿擒败军，夺取器械"，使得家小底子薄的刘备集团顺手捞取了一批宝贵的军用物资。单田芳播

讲的评书《三国演义》讲到此处更是渲染得神乎其神，如讲到诸葛亮安排张飞去葫芦口埋伏时说：来日雨过，曹操必然率败军来此埋锅造饭，你此时却不要出击，等曹军饭熟还来不及吃的时候再冲杀出去。张飞依计而行，结果不仅杀得曹军落花流水，还顺便缴了他们一顿饭吃。这样讲来不仅有趣，也启发了我们：在做派生生意的时候，有利可图都要图，勿以利小而不为。

8. 木牛流马与产品仿冒

诸葛亮不愧是新产品、新装备、新技术的开发与应用的楷模。《三国演义》一书多次描述诸葛亮开发运用新装备于军事斗争的应用上，并取得了优异成绩。比如南征孟获的时候，孟获约请八纳洞主，驱虎豹豺狼、毒蛇猛兽来对付蜀军，导致蜀军大败。诸葛亮则命令早已从蜀中准备好的百余木刻彩画巨兽来对付八纳洞主，将这些彩画巨兽外套服饰，装上钢铁爪牙，给兽口装上烟火之物，一兽可坐十人，等木鹿大王再次驱猛兽对付蜀军的时候，蜀军军中则冲出这上百个假兽，它们口吐火焰，鼻喷黑烟，身摆铜铃，直冲真兽，吓得这些真兽大败逃回本阵，冲垮了本阵人马，蜀军乘胜掩杀，大获全胜。后来诸葛亮又分别对孟获和司马懿使用了当时非常先进的"炮中藏九炮"的火炮（又名地雷），杀得对方非常狼狈。他还在攻打陈仓守将郝昭时运用了新式"冲车"，诸葛亮甚至死后还留下了秘密武器"连弩"给接班人姜维，使姜维几次在关键时刻用其重创魏军，这些新装备的应用，在当时确是先进得令人不可思议，效果也非常惊人。

在诸葛亮发明创造使用新装备的系列里面，读者最熟悉、最喜闻乐见的当然是木牛流马。诸葛亮在祁山与司马懿斗法时，有个重大难题就是粮草供应困难。这在交通不发达的古代实在是件劳民伤财的麻烦事情，诸葛亮居然设计制

造了木牛流马来解决这个困难，用机械化、自动化来代替艰苦的人工运输，这确实是一个伟大的创造。更加令人称奇的是司马懿也模仿生产出两千个木牛流马来运输大批粮草对付蜀兵，却让诸葛亮笑掉了大牙。原来诸葛亮设计制造木牛流马的时候留了一手，谁也不知道这里还暗藏机关，司马懿不识机关盲目模仿，结果魏军在运用木牛流马运输粮草的时候被蜀军杀败，夺其粮草而走。当魏军大批援兵赶到来争夺粮草的时候，蜀军将木牛流马的舌头一转，立即退回本阵，魏军也不追赶，只将木牛流马赶回本阵了事。谁知被蜀军转过舌头的木牛流马就像定了桩、点了穴一样，任魏兵怎么驱使也纹丝不动，累得魏军气喘吁吁也无可奈何，还以为这木牛流马中了邪。此时突然又有三路蜀兵杀来，魏兵大败而走，蜀军也不追赶，只将木牛流马舌头再度转动，赶回本阵。魏兵又想杀回再夺粮草时：只见山后烟云突起，一队神兵拥出，一个个手执旗剑，呈怪异之状，拥护木牛流马，蜂拥而去，魏兵人人惊惧，以为神助，不敢追赶，结果被蜀军夺去大批粮草，司马懿成了运输大队的大队长。

我们在陶瓷行业常常听人说他们企业推出过什么什么新产品，口气很是自豪；又常常听到有人叹气：好不容易开发了新产品，很快就被人模仿了去！我觉得这些人不管怎么开发贡献和突破，恐怕都没有诸葛亮的成绩大。我更没有见过像诸葛亮这样一听到自己的创新产品被竞争对手模仿以后哈哈大笑、大喜过望的人。看来诸葛亮不仅是创新表率，而且十分懂得保护和利用自己的知识产权，善于防止新产品被仿冒。我们叫苦不迭，十分头痛的事情，在他那里倒是一件可以利用的事情，你们说这件事情是不是值得我们借鉴？在诸葛亮身上我们可以看到新产品、新技术、新装备的开发运用是十分必要的，绝不能因为有人仿冒而放弃创新之路。而我们在开发新产品的时候也不妨学一学木牛流马的设计，搞点技术储备，把简单事情复杂化，让仿冒

者知其一而不知其二，只知其表而不知其里，让仿冒者在仿冒的时候吃点苦头。我国的手工业技术和中医有时候会留一手，我们在开发新产品的时候也不要心眼儿太死，也不妨留上一手，如果谁能创造出木牛流马似的产品，应该能使仿冒风有所收敛。

9. 提价艺术与生擒邓艾

陶瓷产品的价格今年终于有所上涨了，然而，这是多么无奈和被动的事情。几年来陶瓷生产的成本持续上升，氧化锌、硅酸锆、柴油、棕油等几乎所有的化工原料、燃料的价格都在持续大幅上涨，而陶瓷产品在销售压力面前，却见跌不见涨。

不是陶瓷企业不想提价，谁先提价谁的产品销售就可能首先受阻，谁的企业就有可能死在前面。媒体甚至协会也讨论过提价问题，但没有效果。

今年的提价有点儿忍无可忍的意思，有些企业甚至不惜放弃宝贵的客户资源，拼实力也要一斗到底。

但是也有例外，有的企业艺术化地处理了产品提价问题，结果举重若轻、波澜不惊，平稳地实现了过渡。甚至在半年时间内两次提价，产品定位也发生了变化。它提价的方法也很简单，就是提前公告，向客户再三通报提价计划，结果客户提前进货，在心理上接受了提价决定，提价后也安然接受现实。

这家企业的提价成功绝非偶然，六七年前流行水晶砖的时候，行业水晶砖价格一再下跌，而唯独他家的价格一路上升，以至于其从低价位的水晶砖厂家上升到广东价位最高的专业水晶砖生产厂家。

当然它的提价成功还要以产品做后盾，以诚信为前提。

我由此想到《三国演义》中的生擒邓艾的故事。

邓艾是魏国栋梁般的名将，他和钟会分别率大军讨伐蜀国，邓艾灭掉蜀国以后，钟会告其谋反，执掌魏国大权的司马昭下令擒拿邓艾问罪，此时邓艾手握重兵，远在其成都军营，显然，要想顺利擒拿邓艾谈何容易！

然而具体执行这一艰巨任务的卫瓘将军却兵不血刃地完成了这个棘手的任务。

卫瓘的办法是先发出檄文二三十道，声明奉诏收艾，余者不问，同时义无反顾地赶赴成都，结果邓艾的部将看见檄文者，"皆来投拜于卫瓘马前"，邓艾尚未起床，就被生擒活捉，亲信随从四散奔走。

卫瓘的成功，很是得益于檄文，借助了道义上的力量：即"奉诏收艾"，很是正统（成本上升价格上扬，也是水涨船高合情合理之事）。在策略上又运用了"其余各无所问，若早来归，爵赏如先"，保护了多数人的既得利益（大部分老客户提前进货、价格不变，因此愿意提前进货。这就容易促成价格的转变）。又针对少数人可能发生的抵抗声明："敢有不出者，灭三族"（少数客户如果不提前进货，到时候一定按新价格执行，他要另谋生路，也就随其去吧）。结果使得邓艾大部分部下（相当于今天的老客户）都来归顺，少数人还来不及闹麻烦，就各奔生路去了。

卫瓘的成功还得益于义无反顾、一往直前。他出发前，部下竭力劝阻，认为此行非常危险，切不可行，但卫瓘胸有成竹，结果一举成功。

卫瓘的成功还有赖于强大的钟会大军做后盾，这也昭示：我们企业的实力、产品竞争力是产品成功提价的后盾。

10. 口碑广告更重要

对于各行各业来说，口碑广告都是很重要的，而对于我们陶瓷行业来

说，口碑广告更重要。因为建陶产品一次性消费金额高，购买间隔时间长，消费者一般在购买时都不知道应该选择什么品牌，选择什么产品，他们往往通过和与自己消费水平相当、消费习惯相近且又装修过的亲友了解后，才去选择自己所需要的建陶产品。有一家专业咨询公司曾经大张旗鼓地做了一次调查：影响我们消费者购买行为的因素依次是口碑、导购，第三才是广告。

从现在的情况来看，店铺的装修展示也相当重要，而我们对于展示、导购、广告都很重视，简直是费尽心思，但对于口碑来说似乎重视不够。当然，产品和售后服务会在一定程度上影响口碑，但这是另外一回事。我总觉得我们还没有用心去引导口碑的传播，从而实现我们企求的广告效果。

古时候没有现代广告，但古人也知道广告的重要，于是往往费尽心思在口碑广告上大做文章。《三国演义》也为我们提供了不少可借鉴的案例。

在《三国演义》第二十五回，袁绍大将颜良讨伐曹操，并在战场上连斩曹操部将宋宪、魏续，挫伤曹军锐气，曹操无奈只有请寄居在许昌的关羽出马抵敌，结果关羽出战，手起刀落，立斩颜良于马下，袁绍军不战而乱，曹操大获全胜。关羽献颜良首级给曹操时，曹操部下都向关羽祝贺，曹操也禁不住称赞关羽"将军真神人也"。谁知关羽回答他说："某何足道哉！吾弟张翼德于百万军中取上将之首级，如探囊取物耳。"吓得曹操大惊失色，赶紧叮咛部下说："今后如遇张翼德，不可轻敌。"令写于衣袍襟底以记之。后来，曹操军取了荆州，声势浩大，追击溃不成军的刘备残军于当阳长坂桥，只见张翼德单枪匹马独挡长坂桥，曹操亲率几十万大军及大将曹仁、李典、夏侯惇、夏侯渊、乐进、张辽、许褚等都至，却不敢向张飞挑战，反被张飞大喝三声，吓得曹操部将夏侯杰"肝胆俱裂，倒撞于马下"，曹操几十万大军西逃东散，堪称千秋传奇故事。

张飞能独身惊退曹操几十万大军，有一个重要原因就是关羽做了一次重要而巧妙的口碑广告，关羽的口碑广告有几点妙处：一是受众准确、具体、针对性强，都是曹操集团的核心人物；二是时机恰当，当时一波三折，先是曹操失利，后是关羽奋展神威，手起刀落即大功告成。而关羽在关键的时刻把张飞捧了出来，使人感到山外有山，不可不信、不可不服；三是关羽分寸把握得好，虽然这个口碑广告有些夸张，但是以实力为后盾为基础的，张飞的实力和形象曹操及部下也略知一二；四是关羽平时并不喜欢吹牛，现在经关羽一吹，把自己的三弟说得比自己厉害，其实是给自己再争了一次面子。所以说关羽此次口碑广告确实做得很好。

还有一次很好的口碑传播是刘备过江招亲一事。这一次只是做戏，假戏真做，做得大胆而离奇，以致把一场充满杀机的阴谋变成了一桩真实的喜事。周瑜设计假意把孙权的妹妹嫁给刘备，原计划是等刘备到江东后擒而杀之，谁知道艺高胆大的诸葛亮将计就计，做主让赵云率五百士兵护送刘备过江招亲，让读者为刘备捏了一把汗。结果赵云护送刘备过江后，按计划行事，让刘备先去拜见孙策和周瑜的岳父乔国老，又请吕范做媒人。"随行五百军士，俱披红挂彩，入南徐买办物件，传说玄德入赘东吴，城中人尽知其事。"刘备要娶孙权妹妹为妻这样的大新闻自然成为街谈巷议，以至于满城风雨，路人皆知。结果居然弄得孙权、周瑜无法对刘备下手，万般无奈，只能依着吴国太，真的让刘备娶了孙权的妹妹为妻。

诸葛亮的此次成功，揭示了口碑广告效果的显著性和重要性，也为我们揭示了口碑广告的一些策略：第一是不疑不惧，充满信心，你自己都充满疑虑，受众也会疑惑重重；你一本正经、认认真真当作一件大事的时候，受众就会免费为你做口碑传播了。第二是口碑广告一定要从大众关注的热点新闻切入，使之足以成为人们的谈资，大众才会卖劲地为你做传播。第三是要选择适合的传

播人和场合，诸葛亮一是选择了德高望重的乔国老和吕范，他们足以把这个信息传递到孙权的母亲那里，孙权的母亲又不便于对乔国老发火，自然把怒气转向了孝子孙权，一下子就使孙权失去了主动性。假如刘备、赵云老老实实地直接去找吴国太，难免凶多吉少。诸葛亮选择的另一个传播场合是市场，五百士兵披红挂彩、大张旗鼓地购买婚礼用品，一下子搞活了市场，业主自然格外兴奋，一听到这样的喜事，哪能不议论纷纷。在人口密度最大、流动最多的市场议论起来，自然很快传遍全城，弄得孙权、周瑜尴尬得很、被动得很、左右为难，结果被诸葛亮牵着鼻子走。

这两个口碑传播的案例都说明了口碑广告的效果不可低估，而且还反映出了只要把握得当，口碑广告的成本可以非常低廉，这确实值得我们策划人员、业务人员格外重视。我们不仅要在现代广告、现代传媒上大做文章，也要开动脑筋在传统的口碑广告上多想办法。比如你在市场上代理了 A、B、C 几个品牌，当客户选用了 A 品牌并表示非常满意而你又想向市场推销 C 品牌时，你不妨也学学关羽说：A 品牌确实不错，但 C 品牌装修效果更好、更合算。如此这般，客户应该比较容易接受 C 品牌了。

11. 功到自然成

东吴利用长江天险，多次挫败了强敌的进攻，保卫了自身安全，还创造了赤壁之战、彝陵之战这样战争史上的奇迹，彪炳史册。然而，晋国杜预出师伐吴后，却所向披靡，战无不胜，一鼓荡平了吴国。吴国灭亡的消息传到晋国后，晋主司马炎执杯流涕曰："此羊太傅之功也，惜其不亲见之耳！"

羊太傅即原晋都督羊祜，伐吴前已病故，根本未能参加伐吴的军事行动。但司马炎说的话却是千真万确的事实。原来，晋主先前命令羊祜镇守襄阳，伺

机伐吴。羊祜到襄阳后，发现吴军在陆抗的统帅下固守有方，不可出兵。羊祜在这种形势下，首先，"减戍逻之卒，用以垦田八百余顷。其初到时，军无百日之粮；及至末年，军中有十年之积。"可见其准备了充分的力量。在对待敌国东吴方面，则以"诚"相待，"友好"往来。"吴人有降而欲去者，皆听之。"这些人回家后，自然全家满怀感激之情，大为宣传，为羊祜树立了良好形象。其次，羊祜率部下打猎，令部下勿犯吴境。所得禽兽，凡"被吴人先射伤者皆送还"，因此，"吴人皆悦"。陆抗送一壶美酒给羊祜饮，羊祜部将陈元疑酒有毒，羊祜却坦然"倾壶饮之"。后来陆抗生病，羊祜亲配一副熟药给陆抗服用，陆抗部下亦疑为毒药，陆抗却不怀疑，"遂服之，次日病愈"。因此，羊祜深得吴人之心。羊祜死后，"江南（东吴）守边将士，亦皆哭泣"。后来在晋兵的进攻前，吴兵军无战心，士气低落，一触即溃，就差没有把东吴送给晋国。

晋国灭吴一帆风顺，其实是瓜熟蒂落、水到渠成。《孙子兵法》说："胜兵先胜而后求战，败兵先战而后求胜。"只凭主观愿望急于求成，而不顾实际情况和自然规律，只能是欲速则不达。诸葛亮六出祁山，姜维九伐中原均以失败告终。他们的忠诚、智勇谁人能比？然而，其成效竟比不上知名度不高的晋都督杜预，原因就在杜预未战羊祜已先胜了吴兵，功到自然成。

一些优秀的商人在谈到他们成功的诀窍时说：他们之所以可以开拓业务，取得客户的关照，就在于相识时并不急于做业务，而是先做朋友，后做生意。相互信任、感情融洽后，客户自然会尽量同你发展业务，生意很容易谈成。没有感情基础，有生意也很难同他谈拢，特别是大生意。有了感情基础，你不知道他有生意，他也会来找你，这确实是经验之谈。

还有这样一个故事，一个画师用一天时间画了一幅画，拿到街上去卖，结果卖了一百天都卖不出去。另外一位画家的画销路很好，总是一上市就卖掉

了。那位画师就来请教画家。画家说：如果你用一百天时间画了幅画，那么销路情况就会相反，一天就可以卖掉了。这位画家的经验和前面商人的经验以及晋兵灭吴的经验都是一致的，都是强调把自身工作做到家，"外敌"就可以一攻即破，甚至不攻自破。羊祜先是垦田积粮，感化瓦解吴兵，做足了准备工作，因此后人能一举灭吴。诸葛亮和姜维动不动就出兵伐魏，在二十年内兴师动众十五次，结果却是画饼充饥，原因就是功夫未做到家也。

还有一些企业决策者急于企业上规模、上档次，往往不顾条件拼命大干快上，结果酿成苦酒，自伤元气。这种情况，也可以由此吸取经验教训。

12. 要善用无形资产

诸葛亮不仅善于调兵遣将，而且还善于利用自身的高超形象同对手作斗争。空城计退敌、死诸葛吓退活司马等都是这方面的杰作。诸葛亮的儿子诸葛瞻、孙子诸葛尚也深受这方面的影响，用木刻诸葛亮遗像吓得魏将汗流浃背，魂不附体，从而大败魏兵。这都是用足、用活了"名牌产品"的无形资产。

当前企业资金紧缺现象十分普遍，不少拥有名牌产品的优秀企业也难免陷入困境，资金运作十分困难。在这种情况下，对诸葛亮的策略仿而效之、推而广之不失为走出困境的一个有效办法。名牌产品具有较高的知名度，有一定的威信和良好形象，颇受人们的依赖和青睐，它在为企业招揽人才、借贷、采购、销售、横向协作等方面颇有优势，还可以为兄弟单位提供技术服务，甚至提供品牌以帮助兄弟单位"起飞"，自己也赚取一份利润。它的无形价值是难以估量的。如何用好、用足、用活无形资产，值得人们做多方面的探索和实践。

无形资产不必要等到山穷水尽的时候才去用，而应该积极主动去用。自身

的无形资产不够用，还可以大胆灵活地去借用公共无形资产。《三国演义》的"出陇上诸葛妆神"就是这样，诸葛亮令姜维、马岱、魏延均扮成自己一般模样，各率若干人马，用二十四个精壮士兵，"皂衣跣足，披发仗剑"，装神弄鬼，从四面迎击司马懿及其魏兵。吓得"魏兵无不骇然，司马懿不知是人是鬼"，只好躲进上邽城中，闭门不出，白白让三万蜀兵将陇上小麦割个精光，并从容打晒干净，资助了对手一批宝贵军粮。在这里，一个诸葛亮吓不走魏兵，诸葛亮就"变"了三个来凑。四个诸葛亮还不足以吓走魏兵，就装神弄鬼来对付魏兵。这"神"和"鬼"就是借来的公共无形资产。

无独有偶，在商战中也有类似现象。伦敦一家本来门可罗雀的珠宝店，在其老板的精心导演下，找到一个酷似戴安娜王妃的替身，对其从气质、神态到发式、服饰都进行了精心琢磨和模仿。然后在一天傍晚，这家珠宝店突然张灯结彩，老板衣冠楚楚、笑容可掬，站在台阶上恭候"嘉宾"。不一会儿，"戴安娜王妃"乘高级轿车欣然光临此店。她对该店的项链、钻石、耳环、胸针等贵重首饰爱不释手、连声称好。她美丽的风采吸引了无数希望一睹王妃风采的人们。这一切活动都被预先安排好的电视录像机一一摄入镜头。第二天，该珠宝店通过电视台播放实况录像轰动了整个伦敦城，那些好赶时髦的青年人及爱屋及乌的戴安娜迷们蜂拥而至，争先抢购"戴安娜王妃"所赞赏的首饰。该珠宝店门庭若市、生意兴隆，发了一笔横财。如此看来，无形资产实在丰富得很，就看你能不能发现、利用。你不善于发现，它就无踪无影；你不善于利用，即使拥有名牌商标，也可能捧着金饭碗讨饭吃。

13. 浅谈名字意识

关羽虽说勇猛无敌，但庞德却能射伤关羽，挫其锐气。关羽在无可奈何之

际，打听到于禁、庞德统率的精锐七军屯扎在罾口川时，大喜过望，利用秋雨连绵、襄江之水泛涨之机，决堤放水淹了七军，并擒于禁，斩庞德，威震华夏。

"罾"的本义是一种用木棍或竹竿做支架的渔网。关羽听到七军屯住于此时大喜说："'鱼'入'罾口'，岂能久乎……放水一淹，樊城、罾口川之兵皆为鱼鳖也。"事实后来果如其言。

关羽的这次辉煌胜利，得益于运用了地名知识。地名往往反映了地貌。要有效地利用地貌不妨从地名入手，要掌握地名就得有一定的名字知识。在战争中，注重地名的优秀将帅不乏其人，庞统、姜维就在其中。

当今商战中，优秀的企业家绝不能无视对地名、企业名称的研究。地名往往对开拓市场，引导、调节消费者心态有重要作用。经营陷入困境，有时候可以从地名作为突破口。某县职业高中，筹建了一家餐巾纸加工厂，生产漂亮印花餐巾纸。奇怪的是，他们的产品投放市场后，销路却很差。零售商宁愿多花钱去外地进货，也不愿代销他们的产品。经过市场调查发现，问题就出在印在包装袋上的工厂地址是县公墓园旁一百米处，人们听到这个地方心里就不愉快，自然不愿用这种餐巾纸。因此，他们把工厂的地址改印为县职业高中五十米处。虽然同指一个地方，产品却由滞销变成了畅销。该厂的决策者原来就是不注意研究地名，认为名字不过是一个符号而已。结果犯了忌讳，付出了沉重的代价，才懂得了地名对经营的重要作用。

和地名一样，企业名称也十分重要。应该注意研究，力求动听、赢得人们的欣赏喜爱。现在不少企业名字十分俗气，缺少个性，反映了人们"名字意识"淡薄。我到处注意店名、厂名，发现过几个确实不错的名字，如"北斗星"书店、"就是我"照相馆，"泥宝斋"艺术陶瓷店，"大不同"钟表修理店。这些名字取得好的企业，生意一般都不错。这恐怕不是偶然的，既然他们在名字上

费心费神，在其他方面也就不会马虎了事。江西有个叫美室家建陶公司的，经销墙地砖和卫生洁具。公司广告词是：美室家，帮您美化家室。其公司名称和公司经销的商品巧妙地糅合在一起，具有一定的内在联系，又和"美食家"谐音，使人过目不忘。这样的店名不同凡响，富有个性，既新潮又有情趣，富有义化内涵和广告效应，应该是值得推崇的。

和企业名称一样，产品名称、商标也要力求妥帖动听，以创造效益。一个小服装厂的厂长，看了《西安事变》的影片后，依照影片中高级将领穿的衣服生产了一批制服，取名"将军服"投放市场。结果十分畅销，发了大财。衣服神气、名字神气，穿了自然让人也神气，自然有人愿意花大价钱来购买了。

14. 淡妆浓抹总相宜

水光潋滟晴方好，山色空蒙雨亦奇。

欲把西湖比西子，淡妆浓抹总相宜。

这是苏东坡吟咏杭州西湖的名诗。前两句说，西湖的水光在晴天里美得恰到好处，下雨天西湖的湖光山色也奇丽无比；后两句说，西湖就好像美女西施一样，无论是朴素的淡妆还是浓妆艳抹都有风采魅力，自然合理。

西湖毕竟是无意识的自然美，不可能有意识地利用时令变化。作为高级动物——具有主观能动性的人赋予了它意识，条件往往不可选择，但是可以巧妙地加以利用。天晴有天晴的好处，下雨有下雨的作用。在智者手里，短有其长，害可为利。任何事物都有两重性，就看你如何做好转化工作，巧妙地加以利用。张飞以贪酒误事出名，但当他饮酒诈醉诱敌出战的时候，对手就防不胜防；蜀

国有阴平为天然屏障、自然以为高枕无忧，邓艾恰好变险地为通途，一举破灭了蜀国；司马懿平定孟达作乱，按常规要表奏天子，得到批准后才能行动，这是其众所周知的短处，但司马懿先斩后奏，又出其不意，变短为长，以迅雷不及掩耳之势平息了孟达叛乱。

在商战中，也不乏变害为利的例子。美国商界奇才鲍洛奇在做推销员的时候，曾受命销售一批在大火中抢出来的香蕉。这些香蕉已被大火烧焦，样子十分难看，但味道还未变，能吃。大家都卖不出去，如果再卖不出去，香蕉就要变质烂掉。鲍洛奇开始也和大家一样吆喝，但没有效果。第二天，他想了个妙计，向大街上的人吆喝道：快来买阿根廷香蕉！正宗的阿根廷香蕉，南美风味！大家一听觉得很新鲜。纷纷上来观看，发现那香蕉果然与普通香蕉不一样，大家在鲍洛奇的劝说下，都觉得在美国要尝到阿根廷香蕉很不容易，于是都来抢购。没过多久，十八箱香蕉就被一抢而空。鲍洛奇的卖价比市场上高一倍多，人家卖不出的东西，竟被他赚了一大笔。

现在经常听到生意难做、企业难办之类的议论，如竞争激烈、货款难收等。这诚然都是不利因素，但换一个角度看，何尝又不是好事。竞争激烈有利于降低原材料成本，货款难收有利于产品占领新市场。鲁迅说："产生天才的土壤比天才本身还要难找。"既然某些条件不容我们选择，就让我们巧妙利用，变害为利，充分发挥其积极作用吧。真正高明的经营者也应该是"淡妆浓抹总相宜"的。

15. 勿以小利失大义

同陶瓷厂家做生意，收款难是普遍性的问题。有些债权人在深感收债难的情况下，只好把陶瓷厂家的产品——地砖、外墙砖、釉面砖等收回来抵债。开

始的时候，负债人大约还有点歉意。随着抵砖现象越来越多，债权人逐渐感到抵砖也越来越难，越来越不如意了。今天，"黄世仁"在讨债难的情况下，被迫向"杨白劳"要砖，"杨白劳"往往乘机要宰一下"黄世仁"。这主要表现在：一是价格高，抵债砖一般按高价抵出；二是不对路，抵债砖一般都是产销不大对路的产品，紧俏产品不抵债；三是质量差，抵偿砖往往是低档次品，厂家尽量用劣质砖抵债。这三路"杀手"一齐杀来，债权人非要"大出血"才能变出本钱。有些人把砖甩出去要亏二三十点，有些人甚至对半亏。

买卖双方本来就是一对矛盾体。买方总是千方百计要杀价，总是希望用最小的代价获取最大的利润。这本来可以理解，无可非议，但手段一定要正当。在目前的国情下，乘对方抵砖之机，"宰一宰"买方，买方也无可奈何。然而，这种做法是不是符合卖方的根本利益呢？

曹操一向视刘备为危险的、潜在的竞争对手，但是，当刘备被吕布逼得走投无路投靠曹操时，曹操当即收留了他，并设宴相待，曹操的高级谋士程昱、荀彧等先后劝曹操乘机除掉刘备。曹操这一回却没有采纳他们的计谋，而是问计于谋士郭嘉，郭嘉坚决反对说："不可。主公兴义兵，为百姓除暴，惟仗信义以招俊杰，犹惧其不来也；今玄德素有英雄之名，以困穷而来投，若杀之，是害贤也。天下智谋之士，闻而自疑，将裹足不前，主公谁与定天下乎？夫除一人之患，以阻四海之望：安危之机，不可不察。"曹操深以为然，"次日，即表荐刘备领豫州牧"，还"以兵三千、粮万斛送与玄德"，让他招集原散失之兵马。

曹操对程昱等一向言听计从，这一回却不采纳他们的意见，并非曹操不想杀刘备，此时也确实是"宰"刘备的天赐良机。但是，曹操从大局出发、从根本利益出发，放弃了这次机会，以免"除一人之患，阻四海之望"，得不偿失，表现出一个优秀政治家的远见卓识和博大胸怀。

君子爱财，取之有道。一个企业家如果见利忘义，背信弃义，不仅被人们所耻笑，也终将被市场所抛弃。人家这次吃了你的闷心亏，下次就不敢跟你打交道了。他还要告诫其他相关人员，让大家都防着你。一人说好，百人说好。经营人员流动性大、影响也大。你取一人之利，恐怕要失市场之所望了。杀人偿命，欠债还钱，自古如此。你确实有困难，也要对人以诚，取得人家的同情、理解、信任和支持，尽量让人家心理上舒坦一些。尽量满足人家的正当要求，至少不能存心"宰"一把，否则你虽然可以得到一些甜头，但其实是饮鸩止渴，是"医得眼前疮，剜却心头肉"。得不偿失，自取其败。

16. 当喜"敌"军千万重

曹操西征马超时，在潼关损兵折将，割须弃袍，几乎丧命。两军对比，显然锐不可当的马超西凉兵占了上风。这时，马超又接二连三来了大批生力军前来助战，显然，形势于曹军更为不利。奇怪的是，曹操听到马超增兵的消息后，不仅不忧不惧，反而十分高兴，后来竟"设宴作贺"，部下皆不知其意。曹操说："关中边远，若群贼各依险阻，征之非一二年不可平复。"原来，曹操当时庆幸的是：马超兵力集中，一旦将其攻破，便可以秋风扫落叶之势长驱直入，免得一城一地与其反复争夺，耗时费日，事倍功半。曹操真是富有远见，人所难及。

在商战中，平庸的商人推销产品时一般都采取由近及远、先易后难、各个击破的策略。因此，我国的一些优质新产品推广速度缓慢，改进速度也缓慢。而曹操破马超的故事暗示我们：要使自己的产品迅速占领广大市场，首先要有与"强敌"作战的勇气，不要怕被"敌人"包围。在商战中，你破了我的招数，我就改进提高。假如我的产品确有竞争力，何愁在千军万马的重重包围中找不

到破绽？贵州的茅台酒驰名中外，酒香溢人。然而，它却有一段"养在深闺人未识"的历史。当初在巴拿马国际名酒评酒会上展销中，由于茅台酒包装简陋，各国评酒员对它不屑一顾。我国酒商碰够了钉子后，急中生智，"不慎"将一瓶茅台酒摔破在地，顿时酒香四溢，举座皆惊，人们赞不绝口，茅台酒一售而空。从此，茅台酒身价百倍，畅销无阻，跻身于世界名酒行列。如果茅台酒没有深入"敌人"核心包围之中，不敢同强有力的对手竞争，怎么会有居高临下，势如破竹的局面？它又何年何月才能名扬海外，为国争光？

17. 张飞入川与推销产品

庞统在落凤坡被乱箭射死后，张飞和诸葛亮各引一军，分别从旱路和水路入川增援刘备，并约定先到者为头功。张飞率军进至巴郡时，却被巴郡太守严颜率兵握住城郭，挡住进路。张飞派人去严颜处劝降，严颜不仅不降，反而割下来人耳鼻示威。张飞怒而连日攻城，结果不仅没有攻破城池，还被严颜一箭射中头盔，差点夺了张飞性命。张飞命士兵假作懒散，几番诱敌出城，严颜只是坚守不出。张飞又命士兵打柴探路，佯作半夜从小路偷过巴郡。严颜终于中计，出城截其粮草辎重，结果被张飞活捉。张飞想到前面一连串的挫折，自然怒目咬牙、痛斥严颜。严颜不仅不下跪求饶，而且据理回斥张飞，宁做断头将军，不做投降将军。张飞不禁大怒，喝令左右斩首，严颜视死如归。张飞见严颜声音雄壮，面不改色，"乃回嗔作喜，下阶喝退左右，亲解其缚，取衣衣之，扶在正中高坐，低头便拜曰：'适来言语冒渎，幸勿见责。吾素知老将军乃豪杰之士也。'"严颜感其恩义，于是投降，并亲自为张飞前部，沿途四十五处关隘，都由严颜唤出拜降。结果张飞先与刘备会师，夺了头功。

　　诸葛亮用兵如神，又有勇不可当的赵子龙开路，溯江而上比山路险阻、关隘重重省事多了。结果却是诸葛亮输给了张飞，究其原因，主要是张飞赢得了关键人物的心。严颜乃蜀中名将，沿途关隘，都归严颜听管，官军皆在其掌握之中。一旦严颜回心转意为张飞效力，自然所向披靡，势如破竹。因此张飞虽然开始费尽周折，一旦占了上风后，反而把严颜当作老英雄来礼敬，终于用诚恳感动了他，走出了成功的关键一步。

　　销售员推销产品时，往往是备受冷遇，碰尽钉子，大伤脑筋。这时，千万不能浅尝辄止，知难而退，而要有张飞入川那种一往无前的精神，并不断调整策略，直到成功。论武艺，张飞比严颜强，这是张飞取胜的基础。这说明产品本身要有竞争力。没有这个基础，即使产品勉强卖出去，可能人家还要退货，至少下次不愿再买你的产品了。张飞是个粗人，性格暴躁，但他能自觉注意克服自己的缺点，充分发挥潜能，终于用妙计诱敌出城。这说明在具有强大竞争力的前提下，还要注意克服自身弱点，充分发挥潜在优势，才能取得成功。当人家已认识你的优势，但由于自尊心驱使，仍然拒绝购买的时候，一定要尊重人家，以礼相待，最终才能感动"断头将军"。如果凭仗优势，蔑视人家不识货，人家就可能宁愿"傻"到底，也不购买你的产品。要取得重大成功，并能迅速赢得一大批客户，就要把主要精力放在一些具有权威性影响的客户身上，让他们充分认识你的优势，赢得他们真诚的喜爱，他们就会赞扬、宣传你，他们说一两句话，胜过销售员说得唇干舌燥。一些推销陶瓷机械、耐火材料、化工原料等物资的推销员，就是把主要精力放在佛山几家重点陶瓷厂家。一旦赢得一家的青睐，这一家就会把该产品推广介绍到自己亲友那里，因此轻易就带动了一批企业选用这些材料，这些业务员也就饱尝了"张飞入川"的甜头。

18. 何以弄假成真

"刘备过江招亲——弄假成真",这是大家都很熟悉的歇后语。刘备为什么能弄假成真呢?他成功的关键在于假事真做。从各个角度、各个方面大造舆论,传送假信息,使人在人量的"事实"面前不能不信。如刘备就是"牵羊担酒,先往拜见(乔国老),说吕范为媒、娶夫人之事。随行五百军士,俱披红挂彩,入南徐买办物件,传说玄德入赘东吴,城中人尽知其事"。最后,迫使孙权的母亲也不得不相信孙权欲将妹妹嫁给刘备,假事遂得以成真。

大量的假象和传言,使人误以为真的现象,古今中外都不少见。戈培尔说:"谎话重复一千遍,就会变成事实。"也和此理有所相同。尽管假的终归是假的,但在大量的假象传言面前,多数人容易认假为真,从而被人利用。所谓众口铄金,积毁销骨,心理学上称这种现象叫随多性,或叫从众心理,严重的从众心理宁可相信大家而不相信自己。曾有几个心理系的大学生约定捉弄身强力壮的A同学,体验一下随多性。一个星期天,A同学正在逛街,突然碰到B同学对他说:"你今天脸色很难看,是不是生病了?"A同学不在乎地说:"我身体很好,不会生病。"B同学就走了。过了一会儿,A又碰到C同学对他关切地说:"你脸色很难看,一定是病了,赶快到医院去看一下。"A又说没关系,不会生病,C也走了。过了一会儿,A又碰到D同学如前所说。这一回身强力壮、意志坚强的A承认自己是有些不舒服了。接着,A又陆续碰到E、F等同学如前所说。A先承认自己病了,后主动说自己病了,最后,竟真的病了。从众心理竟如此厉害!

将从众心理巧妙地运用于商战中,往往能创造极佳效果。一些深受消费者青睐的优秀商品问世时,往往也无人问津,备受冷落,上海金星笔就是如此。那时还没有解放,该厂的老板为了和垄断市场的进口钢笔竞争,把眼光锁定在

了选货严格、服务周到上。他动员一切能动员的亲朋好友时常去在消费者中享有盛誉的上海永安公司"买"金星笔。这个问有没有金星笔卖、那个问金星笔还没有上柜呀？这种现象引起了永安公司的注意。他们终于谨慎地进了少量的金星笔试销。他们进的货很快又被金星笔厂老板的亲朋好友"买"走了。永安公司终于放心进货了，金星笔质量也确实不错，销路终于打开了。

推销商品，要以诚待人。这种诚是本质上的真诚，在有好的产品，又一时打不开销路时，无妨制造一些假象和传言，让消费者了解和喜欢你的产品。

19. 八卦阵和商场布局

前两年我在海南旅游，旅游结束之际导游把我们带到了海口市一家大型超市。这个超市差不多集中了海南所有土特产：咖啡、苦丁茶、各种热带植物制成的糖果、糕点等。琳琅满目的商品本来就足以让人眼花缭乱，再加上热情周到的导购员，游客的消费欲望一下子就上来了。整个商场熙熙攘攘、生意兴隆。更值得称道的是，这个商场的布局就像是迷宫或者说更像孔明的八卦阵。设计师把一个偌大的商场分割成好几十个商店，各个商店相通，但是只有一条弯弯曲曲的路，绕来绕去，而且只许前进，不许后退。所有的游客只要进了一个店就必须看完这将近一百个商店才能出去，因而商场人气很旺。有些顾客本来并不打算购物，但看见其他游客兴趣盎然在选购，也就不知不觉地来凑热闹。此时导购小姐又乘机进攻，她们除了热情介绍商品外，末了还会说上一句话："你再不买，前面就没有这种东西了。"本来还有点儿顾虑的游客一听，再回头实在太麻烦了，于是付款成交。后来我们发现：其实后面还有同类商品，但是陈列方式不同、排列顺序不同，比如 A 店是按甲乙丙丁排列的，而 B 店则可能是乙丙丁甲或是其他方式排列。总而言之，每种商品都有机会在最佳位置亮

相，每个顾客早晚都会发现他喜欢的商品，排列组合的奥妙在这里充分体现出来了，商场的功能在这里也充分发挥出来了。

其实，大部分游客原本都会珍惜自己宝贵的钞票，甚至原本就没有购物的打算，因为买了也没多大用处，还是不买为好。但是进了这座迷宫似的商场以后，被环境左右便乖乖举手缴械投降。

我从这个商场出来以后，很自然地和同伴说起了司马懿破八卦阵的故事：诸葛亮在祁山摆开八卦阵和司马懿斗阵法，司马懿唤来三将告诉他们："按休、生、伤、杜、景、死、惊、开八门，汝三人可从正东'生门'打入，往西南'休门'杀出，复从正北'开门'杀入：此阵可破，汝等小心在意！"于是三将各率三十骑兵按司马懿的吩咐从"生门"打入，可是杀入阵后"只见阵如连城，冲突不出"，又往西南冲去，"只见阵中重重叠叠，都有门户，哪里分东西南北"，又"见愁云漠漠，惨雾蒙蒙"，结果一阵乱冲之后全部被俘在八卦阵中。这八卦阵也没有什么特别的大将，靠的就是布局和变化，群策群力，结果取得了出色的成功，将敌手全部生擒活捉，创造了千古奇谈。

这两个故事对于陶瓷行业的展厅设计布局有一定启发作用。陶瓷行业很重视展厅展示的，陶瓷产品也是非常需要用艺术匠心来展示的，但是我们气势恢宏的大展厅多，而设计巧妙布局的展厅并不多。有些企业囿于规模实力，没有可能也没有必要弄大展厅，用大手笔去装饰展厅、展示产品，但更需要独具匠心、与众不同地布置展厅。有些企业在这方面做得非常成功，比如东莞市唯美公司启用以前在老厂部使用的展厅，只不过区区几百平方米，但它的设计峰回路转，小桥流水，使观众在里面流连忘返。又利用电梯、玻璃镜等手段制造空间广阔的假象，地面也无三尺平路，使观众无法轻快地走完这个展厅，而是需要用更多一点的时间来欣赏这个展厅。他们更用沙漠骆驼等景物来装饰展厅，一来宣传品牌文化，二来显示差异化。用展架节省场地，展示产品，又使整个

展厅跌宕起伏，变化多端，说它有八卦阵之妙也实不为过，为中小陶瓷企业的产品展示开创了一个光辉的范例。

佛山石湾中国陶瓷城的布局设计也是颇具匠心的。这些展厅都像八卦阵一样，让消费者跟着设计师的思路走，消费者虽然对腰包看得很紧，警惕性很高，结果还是要做"俘虏"。

管理类

1. 从重要的事情说三遍看鲁肃的过人之处

《三国演义》里的鲁肃，貌似老实可欺，为人忠厚，才能平平，不显山不露水，其实是一个优秀的政治家、外交家。孙权即位不久，鲁肃即为孙权呈上帝王大略。"肃窃料之，汉室不可复兴，曹操不可卒除。为将军计，惟有鼎足江东，以观天下之衅……因其务多，剿除黄祖，进伐刘表，竟长江所极，据而有之，然后建号帝王以图天下，此高帝之业也。"勾勒了东吴帝国发展框架，足以与隆中对媲美，显示了鲁肃高人一等的战略眼光。曹操率八十三万大军下江南，鲁肃力排众议，独劝孙权抗曹。并亲自出使荆州，确定了联刘抗曹的统一战线大略，迈出了赤壁大战以弱胜强的第一步。周瑜为巢长时，部下几百人缺粮，向家境富有的鲁肃借粮，鲁肃有二囷粮食，立即赠送一囷粮食给周瑜。周瑜对孙权说："此人胸怀韬略，腹隐机谋。早年丧父，事母至孝。"高度赞扬鲁肃的慷慨大气，鲁肃亦确实不愧为优秀谋士，乃至帅才。

其实鲁肃不仅具有宏观高度，而且在其政治外交生涯中，许多细节也处理得极好，有过人之处，令人叹服。现在大家都知道重要的事情说三遍，但这三遍如何说才好呢？重要的事情说三遍又是如何总结出来的呢？这恐怕都要从鲁肃说起。

曹操率领八十三万大军下江南。鲁肃不仅劝说孙权联刘抗曹，而且放下身价亲自跑到刘备营寨，取得了与刘备的合作，并邀请诸葛亮一起乘船过江，极力说服孙权。

鲁肃深知孙权最大的心病就是顾虑曹操兵多将广，自己寡不敌众，只怕是以卵击石。因此，上船坐定后就不失时机地告诉诸葛亮："先生见孙将军，切

不可实言曹操兵多将广。"诸葛亮一听心领神会："不须子敬叮咛，亮自有对答之语。"

两个人都是明白人，照正常情况来说，既然诸葛亮已有承诺，鲁肃可以放心，不须再加叮咛了。可是这件事太重要了，因此，诸葛亮休息了一夜，第二天鲁肃来引荐他见孙权时恐怕诸葛亮懈怠了，于是又一次加深印象说："今见我主，切不可言曹操兵多。"诸葛亮笑曰："亮自见机而变，决不有误。"

诸葛亮和鲁肃来到东吴朝廷先是和东吴一班朝廷大臣见面，一番唇枪舌剑，诸葛亮在驳倒一群投降派后，方才在东吴大将黄盖的支持下聊作了断。终于可以见孙权了，鲁肃又赶紧向诸葛亮把最重要的事情再说了第三遍："适间所嘱，不可有误。"诸葛亮点头应诺。

鲁肃重要的事情说三遍，凭的是自己的感觉和悟性，可贵的是他知道在什么时候说、怎样说，他第一次是在相对轻松、时间充裕的时候说，如果诸葛亮不理解，他还可以做工作。第二次是休息了一夜，准备去见孙权的时候说，这时在住处里，时间也比较充裕，方便说话，所以两人说话都透彻。而第三次是诸葛亮舌战群儒之后，应该比较疲劳，如果不是诸葛亮修行到位，恐怕一肚子火气都上来了；地点又不是在船上或住处，说话不怎么方便了，但鲁肃知道还得再三提醒诸葛亮，不好说也得说，因此谨慎地说："适间所嘱，不可有误"，含蓄得只有诸葛亮能听懂了，但他不方便说话，只是"点头应诺"。

鲁肃不仅知道重要的事情说三遍，而且懂得什么时间、什么地点、怎样说。你看：前面两次都说了"切不可"三个字，第一次有"实言"两个字，第二次只有"言"一个字。"切不可实言"恐怕有提醒诸葛亮可以"正确引导"孙权的含义，即可以虚言的意思。而第二次鲁肃在宾馆里担心隔墙有耳，因此只敢说"切不可言"，意思是不要误导了孙权，语气轻多了。而第一次的"兵多"

后面还有"将广"两字，第二次则只有"兵多"两字，唯恐投降派获取了信息，抓小辫子，打小报告。第三次则只有你知我知了，诸葛亮也心知肚明，点头应诺。鲁肃的语言变化丰富，保密意识很强，说明鲁肃知道细节决定成败的道理。

认真只会把事情做对，用心才会把事情做好，重要的事情说三遍诚然不错，但机械重复恐怕令人厌烦，对自视甚高的人更是如此。而鲁肃对接点把握极好，用语又恰当，所以未使诸葛亮有厌烦的感觉，每次都做了认真肯定的回复，两人心有灵犀，配合默契。

周瑜去世后，孙权委任临事不苟、为人忠烈的鲁肃为东吴统帅，这也说明看似忠厚老实的鲁肃委实有过人之处，堪当大任。现代企业家切莫被夸夸其谈者所迷惑，还得在老实人里面寻找鲁肃式的优秀人才才行。

2.达成共识何其难

办企业需要有投入，设备、原辅材料、水电、人工等都是办企业必不可少的成本投入。可是，也许有些人还没有意识到，这些刚性成本是一种显而易见的投入。另外还有一种成本则容易被人忽略不见，我们可以称之为柔性成本或隐性成本。这种成本也是办企业所需的巨大投入，它甚至对企业成败影响更大。柔性成本可分为四种：达成共识、重蹈覆辙、员工培训、机会成本。这里只谈一下达成共识。

刘备率大军入川，与刘璋闹翻了脸。军师庞统在落凤坡被刘璋部下射死，刘备大军陷入危险境地，刘备急调诸葛亮率大军入川增援自己。增援有水陆两条路可行。诸葛亮令张飞率一路兵马从陆地增援，自己则和智勇双全的赵云率一路兵马从水路进军增援，并与张飞约定，先到者为头功。出人意料的是这一

回张飞超常发挥了水平，义释严颜后一路势如破竹，夺得了头功。

当我在《三国演义》中读到这段精彩的故事后，产生疑问：赵云办事精细，文武双全，能够独当一面，非常适合率军从陆路率兵入川。诸葛亮和张飞则一文一武，是从水路进军的最佳组合。这应该是万无一失的两路并进方案，可是诸葛亮却让性格鲁莽、脾气暴躁、多次醉后"驾驶"的张飞单独率兵入川，这实在是一个让人一头雾水的决定。

我的理解是这样的：诸葛亮虽然贵为"总经理"，但张飞和"董事长"刘备关系极为特殊，张飞个性强悍、桀骜不驯，倘若诸葛亮把张飞带在身边，一旦意见相左，张飞恐难听令。诸葛亮的"尚方宝剑"用来吓唬一下人还凑合，但是真要在张飞这个太岁头上来动土谈何容易！一旦发生争执，又没有刘备在中间调和，诸葛军师要如何下台？诸葛亮为了避免发生这种冲突的可能，只有请张飞独当一面了。这样安排虽然旱路有危险的可能，水路却可以顺利进军。好在最后张飞超常发挥，皆大欢喜。

刘备三顾茅庐请了诸葛亮下山以后，关羽、张飞冷嘲热讽，颇不把卧龙先生当一回事。虽然诸葛亮火烧博望坡以后赢得了张飞的敬佩，使得张飞的态度发生了逆转，但作为"空降兵"的"职业高管"诸葛亮仍难免心有余悸，担心张飞老毛病复发，产生内部冲突，使得团队付出巨大的成本。

赤壁大战后，关羽主动请战，要去夺取长沙。诸葛亮好心告诫关羽：长沙城里有个老将黄忠，射箭百发百中，能够百步穿杨，有万夫不当之勇，因此要关羽多带兵马。可是刚刚在华容道上违背将令、犯了杀头之罪、放跑了曹操的关羽根本不把诸葛亮的苦心告诫当作一回事，只带了区区五百个小兵去取长沙。幸亏黄忠义气放了关羽一马，没有射杀关羽。事后也没有见关羽做个检讨或表示佩服诸葛军师先见之明的举动。关羽如此，谁又能保证张飞在这次关键行动中能够与诸葛亮达成共识，保持一致呢？而诸葛亮把赵云放在身边则可以

达成共识。因此，他宁愿用旱路的风险来规避水路可能产生的高成本。有经天纬地之才的诸葛军师尚且担心张飞难以驾驭，可见管理之难！一个企业的掌舵者确实难做！一个企业要形成合力也是一件十分不易的事！

3. 处变不乱与以静制动

姜维六伐中原时，因不明地脉，扎寨时误将左营扎于魏将邓艾早已事先掘好的地道之上。当夜二更，魏兵从地道冲至左营，内外夹击。蜀将王含、蒋斌率兵死战亦抵敌不住，只得弃寨而逃。姜维听得左寨大乱，料定有内应外合之兵，遂于中军帐传令："如有妄动者斩！便有敌兵到营边，休要问他，只管以弓弩射之"！并传示右营亦不许妄动。果然魏兵冲击十余次，皆被射回。邓艾无奈收兵回寨，叹曰："姜维深得孔明之法！兵在夜而不惊，将闻变而不乱，真将才也！"第二天，姜维安慰伏地请罪的王含、蒋斌二将说："此次战败并非你们的罪过，而是我不明地脉的缘故。"又拨军马于二将统领扎寨，并下战书向邓艾挑战。结果大破魏兵，连夺魏兵九寨，还几乎活捉邓艾。

在风云变幻，险象丛生的市场经济中，我们重温这个故事，可以得到很多有益的启示。

第一，决策者要有良好的心理素质，在突如其来的变化面前做到心中不乱，能冷静分析变化，迅速采取有效措施应付变乱，心定方能使得军定。如果决策者不知所措，朝令夕改就可能导致全线溃败。

第二，要有良好的管理方针和一支训练有素的队伍，这是平时努力建设的结果。否则，即使决策者下达了正确指令，亦无法贯彻执行。

第三，领导者要敢于承担责任，不可错怪战败将领。失败者未必失职，对于失败的将领要客观分析其失败原因。如果不是他们的过失，不仅不能怪罪，

还要适当安慰，并尽可能恢复他们的战斗力，这样，他们必然会受到感动。如果错怪了他们，则可能产生恶性循环，导致重复失败。

第四，胜不骄，败不馁。在失败面前要保持高度自信，有勇气主动挑战，迎接新胜利。胜败乃兵家常事，在山穷水尽的表象后面，进几步可能就是柳暗花明的春色。如果在失败面前灰心丧气，悲观失望，就不会走出困境，天上不会掉下馅饼来。

无独有偶，在《三国演义》第五十三回，魏将张辽在合淝城外大败孙权吴兵，并射死吴将宋谦，吴将太史慈为了报仇，派人混进合淝城内。此人与张辽手下养马后槽是兄弟，两兄弟约定半夜放火，制造兵乱，刺杀张辽，与太史慈城外兵马里应外合夺取合淝。岂知张辽胜而不骄，回城后犒劳三军后又传令严阵以待，"不许解甲宿睡"，结果半夜后寨火起，一片叫反声，但张辽镇定自若，以静制动，出帐上马，"唤亲从将校十数人，当道而立。左右曰'喊声甚急，可往观之。'辽曰'岂有一城皆反者？此是造反之人，故惊军士耳，如乱者先斩！'"结果合淝城内并未发生策反者事先料定的混乱，刺杀张辽的事更无从谈起，策反者很快就被魏将李典擒获，张辽在问清情况后立刻诛杀了策反者并将计就计，继续放火。"众皆叫反，大开城门，放下吊桥，太史慈见城内大叫，只道内变，挺枪纵马先入，城上一声炮响，乱箭射下，太史慈急退，身中数箭"，被人救回营寨后不治身亡。孙吴遭到了更大的挫折。

姜维和张辽都不愧是一流良将，姜维是败不馁，因而转败为胜，张辽则是胜不骄，结果胜而再胜，两人的共同点都是处变不乱，以静制动，在变乱中不自乱阵脚。"兵在夜而不惊，将闻变而不乱"，为我们应对突如其来的变乱树立了光辉典范。

4.安渡危机自有法，以退为进胜逞强

在《三国演义》第一百零七回，诸葛亮第四次出祁山的时候，蜀兵在卤城与魏兵相持日久。魏兵人多势众，又欺蜀军缺粮，一面与蜀军相持等其无粮自乱，一面分兵袭击蜀军后方剑阁以断其粮道。诸葛亮则调遣英勇善战的大将姜维、马岱各率一万军马守卫险要，迫使进攻剑阁的魏兵知难而退。此时诸葛亮只剩下八万兵马了，而出兵之初又与士兵有约，以一百天为期，轮流上前方打仗，而此时恰好一百天期满。诸葛亮吩咐按约定将四万兵马先行退回，同时准备迎接接班的四万兵马。此时长史杨仪突然来报告说，魏兵来了二十万增援人马去进攻剑阁，而魏军主帅司马懿则亲率大军奔袭卤城，形势十分紧急！建议诸葛亮将即将回蜀休整的四万兵马留下来对付司马懿，等轮班的蜀兵到达后再回蜀休整也不迟。

以当时的形势看，杨仪的话入情入理，并不过分。但诸葛亮则以诚信为本，体谅士兵及家属的相思之苦，宁可承受巨大的压力，甚至接受大难也不失信，坚持让这四万兵马按约定回蜀。结果这四万兵马听说此事后，说什么也不肯回家，坚决要与诸葛亮共挡大敌。诸葛亮于是顺势安排蜀军主力在城下扎寨，以逸待劳。魏军兵马一到，蜀兵即主动发起猛攻，杀得人困马乏的魏兵一败涂地，诸葛亮犒劳全军后，率兵安然返回蜀国。

2005年的时候，瓷砖销售不畅，化工原料、燃料价格一路上扬，不少陶瓷企业减产、停产，有些还被迫倒闭。而其中不少陶瓷厂在减产、停产的时候，为了安定人心总是千方百计找借口掩饰困境，谈什么修窑、检修、建煤气炉等，结果欲盖弥彰，人心更加恐慌，人们不知道情况到底有多严重，但是也有一家企业恰到好处地处理了这场危机。当时这家企业产品也严重积压，该厂有两组生产线，停了一组生产线好一段时间后，多年的库存积压仍降不下来，

于是决定全面停下来消化库存，这在当时无疑是一种危险的举措，因为供应商会感到恐慌来追讨货款，员工也会怕收不到工资找上门，但这家企业却举重若轻，安然渡过了危机。

他们是这样处理这件事的：在停产前一个半月公告停产计划，与员工约定开工日期并落实联系方式，发放员工回家车费，发足工资再放假；付给供应商应付货款，未付部分安排计划；通知客户紧急申报要货计划，直至停产前，该生产的安排生产后再停产。结果不仅没有供应商和员工闹事，反而因为客户纷纷申报要货计划并安排付款，停产计划推迟了两个月。停产后因库存充足，销售额并没有减少，供应商的应付款项如期而付。当产品库存下降到一定程度的时候，生产成本也明显下降后，这家企业又恢复了生产，正常运作起来。

退却往往是被迫的、痛苦的、危险的，退却的时候，可能给竞争对手提供可乘之机，内部容易产生混乱。而诸葛亮六出祁山，又率大军安然返回蜀国，即使在五丈原捐躯之后也巧作安排，令虎视眈眈的司马懿不敢贸然追击剧痛中的蜀兵。现代企业在当今残酷的市场竞争中也难免有进有退，在退却中也难免遇到一些棘手的问题，我们不仅应该学习诸葛亮的进取精神，也很有必要研究诸葛亮的退却艺术。

上述一古一今两个案例都是变被动为主动的典型。这两个案例虽然情况不一样，但又有一定的相似之处：一是知难而退、处变不惊；二是诚信为本、换位思考，不转移责任；三是士兵（员工）训练有素，知恩图报，部队（企业）素有凝聚力和良好的口碑，无形资产在关键时刻能强有力地化解危机。

5. 生日蛋糕随想

有一位厂长，仿效日本一些企业家给员工赠送生日蛋糕的做法，以联络员

工感情，增强企业凝聚力。遗憾的是，这一招根本未能感动员工，相当一部分员工根本没有按表填写本人正确的生日日期，而是填写了自己孩子的生日日期。结果这项活动只好不了了之。

大家都赞成学习外国先进的管理经验，问题是人家这样做效果挺好，而我们这样搞很可能行不通。其原因是我们学人家只学到了表皮，而没有学到人家的本质，貌似神非。就像司马懿看见诸葛亮用木牛流马运粮，奇效非凡，也"引进"几个加以仿造，造好后也大量投入运粮，谁知蜀兵冲来，将木牛流马舌头一转，魏兵就无法驱动木牛流马了，最后反被蜀兵缴去大量粮食，损失惨重。

赠送生日蛋糕在中国也未必行不通。有家旅社，凡旅客在其旅社过生日，旅社就会送上生日蛋糕并祝他生日快乐，旅客自然是既高兴又奇怪：旅社怎么会知道他过生日？服务员告诉他是从身份证上发现的，旅客自然更加感动！

送生日蛋糕只是一种形式，它的精神实质是老板心里要惦记着员工疾苦、喜怒哀乐。如果人家家里着了火、死了人你都不知道，你送生日蛋糕给人家又有什么意思？如果你同员工坐在一起都不认识，你送生日蛋糕给他，他又怎么会感动？根本就不会激发热情和干劲。如果你少发了一两个人的蛋糕，对不起，那还得找你的麻烦！如果你心里真正装有员工，关心他的喜怒哀乐、衣食住行，在他劳累时你只要捧上一杯热茶水、递上一条毛巾擦擦汗，或走在大街上你能主动热情打个招呼，人家心里都会热乎乎的。这比蛋糕和奖金的效果还强，不信你就试试看。

学习外国的先进东西，没有那么轻松容易，生搬硬套，不结合国情，不努力把握精神实质和运行规律，难免碰钉子，我们在"拿来"外国好东西的时候，是否能从中悟出些道理来呢？

6.粗人用妙计，多亏"传帮带"

张郃在阆中吃了张飞的败仗后，方知张飞的厉害。他依据山险，分兵扎三寨坚守，任凭张飞军士如何大骂挑战，张郃只是居高临下，坚守不出。张飞连续五十天攻不上山，只得在山前扎住大寨，天天饮酒，直至大醉，坐于山前辱骂。诸葛亮在成都听到这个消息后，即令魏延在成都押五十瓮美酒分三车装好送给张飞。并在车上各插黄旗，大书"军前公用美酒"。张飞受酒后将酒排列帐下，令军士大张旗鼓而饮，张郃闻报后在山顶观望，见张飞正坐于帐下饮酒，令二小卒于面前相扑为戏，不禁大怒道："张飞欺我太甚。"连夜下山劫寨，结果中了张飞埋伏，大败而逃，三寨俱失。

张飞为人莽撞，常因饮酒误事，曾因醉酒失徐州，把刘备的家小都丢在城里，在关羽的指责下，几乎惭愧自刎。他能够用此计谋大破张郃，除了自身的积极努力外，也和诸葛亮的"传帮带"是分不开的。诸葛亮用兵如神，投身刘备集团后，使刘备集团的处境发生了根本变化。关羽、张飞、赵子龙等勇猛无敌的将领无不对他佩服得五体投地，也因耳濡目染深受其影响。诸葛亮更是言传身教，致力于培养一个优秀的领导班子。先说"传"，诸葛亮在赤壁大战调兵遣将时就对诸位将领把具体情况、具体要求交代得明明白白。这其实就是教徒弟，对提高他们的素质很有意义。不识一字的大将王平也对马谡说过："吾累随丞相经阵，每到之处，丞相尽意指教。"由此可见诸葛亮对张飞的传授、教诲，更非一般。再说"帮"，诸葛亮一听说张飞天天在阵前饮酒，立即心领神会，大张旗鼓送去五十瓮美酒，终于激得张郃怒不可忍，自投罗网。如果是其他人为帅，很可能要给张飞调动工作，起码要下一道禁酒令。"带"就是指路，首先要放手让人家走路。不可不放手、又不能不关心。这次破张郃就是放手让张飞破的。在此之前从荆州入川增援刘备，也是放手让张飞独当一

面闯过去的。但放手不是撒手，不仅遇到具体问题要尽量去帮，还要把可能出现的问题和办法都认真想到。如张飞入川前，诸葛亮仔细叮咛他说："西川豪杰甚多，不可轻敌。于路戒约三军，勿得掳掠百姓，以失民心。所到之处，并宜存恤，勿得恣逞鞭挞士卒。"方方面面都考虑到了，张飞沿途果然也按他的交代去做了。结果大获成功。三方会师后，诸葛亮又热情祝贺鼓励张飞，这对于张飞的成长起到了很大作用。

一个好的企业，不仅要有一个好的产品，还要有一个好的领导班子。一个人浑身是铁也打不了几颗钉。一个优秀决策者，不仅自身要有高超的聪明才智，还要致力于培养一支高水平的干部队伍。不能用一成不变的眼光看人，如果你费尽心血去培养人才，去发挥人的潜能，搞技术的"书呆子"也可能成为供销高手，胆大鲁莽的勇士也可能成为精明细致的当家人。谁也不能指望有一个现成的、高素质的领导队伍。

7. 要让想干的人来干

三国时期，魏（晋）实力最强，蜀国国力最弱。然而，弱小的蜀国却连续讨伐魏国。孔明六出祁山，姜维九伐中原，搅得魏晋不得安宁。魏晋朝廷上下反而惧怕蜀国。后来，钟会独建伐蜀奇策，率大军讨伐西蜀，晋国大臣对此存有疑虑。晋主司马昭说："朝臣皆言蜀未可伐，是其心怯；若使强战，必败之道也。今钟会独建伐蜀之策，是其心不怯；心不怯，则破蜀毕矣……"后来，钟会果然大破蜀兵，收编了蜀军主力。

如今有些国有企业每况愈下，老是搞不好，要是分析其中的原因，谁都能说出几个道理来。但是恐怕有一条重要的原因易被大家所忽视，即这些企业的决策人物中有相当一部分就自认为这种企业是搞不好的。正如魏（晋）大臣那

样，认为"蜀未可伐"。这些决策人物又偏偏被强制性地安排在岗位上。用司马昭的观点去看："若使强战，必败之道也。"企业搞不好，也不足为奇了。

诚然，一些企业由于种种原因，问题成堆，要搞好它几乎是奇迹。因此人们才灰心丧气，坐以待毙，出现类似于满朝大臣皆以为"蜀未可伐"的景象。

是不是还有像钟会这样充满自信，独建伐蜀之策的人呢？

有！而且可能有三种人。

第一种人，就是公字号企业的领导者，曾经领导员工创造了该企业的辉煌，由于种种原因，退了下来，眼看自己用尽心血的企业一天天走下坡路，从感情上放不下来；或许还受到一些不公正的待遇，想再证明一下自己的价值和能力。就像战国时的老将廉颇，当时赵国文武大臣都惧怕秦国，唯独退休在家的老将廉颇不怕。他为了向赵王证明自己未老，一餐食一斗米、十斤肉，披甲上马。难道我们今天就没有廉颇吗？有人认为自己没有老，其实就是有一股子廉颇精神。

第二种人，就是原先在老单位工作时才华未得到充分发挥、壮志难酬的人。后来跳槽到其他单位了，或办起了自己的企业，干得红红火火，但旧情难忘，还老是想着要实现过去的理想。这些人年富力强，颇有实力，成功的可能性较大。

前面两种人分别是老年人、中年人，还有一种情况是青年人——初生牛犊不怕虎。这种人，未必没有。若没有，也是现在社会的悲哀。

想干，虽然不是干好的充分条件，但却是干好的必要条件，没有这个必要条件，失败是必定无疑的。曹操命令于禁率七军去抗击关羽，但于禁心怯，又不得不去。结果由明显的优势转为弱势，主动变成被动，还被关羽水淹七军，活捉而去。

也许有人说，很多同志都在努力拼搏。我以为这只是表象。其他不说，至

少自信心不足，甚至根本就没有信心。

也许有人说，这样的体制，这么多的历史包袱，这么多的现实问题，要搞好也是奇迹。

为何我们就不能创造奇迹？

岳飞痛击金兵、戚继光横扫倭寇、林则徐销毁鸦片，都是在腐败成风、士气低落中创造的振奋人心的奇迹。我们陶瓷行业的东莞市唯美陶瓷工业有限公司，能够起死回生并创造辉煌，熟知其历史和现状的人，也莫不称之为奇迹。

在想干的人里面才可能产生英雄，才可能创造奇迹。

能不能让出几个行将衰亡的企业来，挑选几个想干的人来试一试？如果能止住下滑，如果能有所回升，都是好事。奇迹，或许就会因此出现。

8. 将不宜广而宜精

自古以来，兵多将广都是有实力的表现。其实，在实际操作过程中，将广往往不顶事，甚至还会误事。

吕蒙正欲袭取荆州之际，孙权召吕蒙说："你与我弟孙皎同引大军前去如何？"吕蒙说："你以为我可用就请独用我，你认为孙皎可用请独用孙皎。过去周瑜、程普为左右都督，决策权虽在周瑜手里，然而程普却因资格老不甘居于周瑜之下，不能相互合作。后来见到周郎的英明才能，方始心悦诚服，与之合作。现在我的才能不如周瑜，而孙皎和你的亲近却胜于程普，我们同率大军未必能相济。"

孙权恍然大悟，遂拜吕蒙为大都督，总制江东军马，吕蒙方才得以大显身手，迅速夺取了荆州、公安、南郡等重要城池，把东吴的事业推到了巅峰。

吕蒙的用人原则是：办一件事情，在一个指挥部，只能有一个决策者。如

果有两个以上决策者，反而误事。这个原则，值得借鉴。

也许有人说，职权分明、统一指挥，多几名将领，怎么会误事呢？《水浒传》中智取生辰纲的故事对此作了生动形象的回答。故事中的老都管和两个虞候虽然都明确了归于杨志指挥，但到了一定的时候，他们就会倚老卖老，利用自己的地位抵制、拒绝杨志的正确指挥，甚至无情奚落杨志，揭他的"配军"老底，终于导致生辰纲被劫。如果杨志手下没有两位"钦定"的"中层干部"（虞候）和"副职领导"（老都管）的话，或者说杨志掌握他们的任免大权的话，生辰纲是不至于轻易被劫的。将广的弊端，由此可见一斑。

现在的机关和企事业单位副职过多的现象十分普遍，兵多将广和将多兵少现象并存，兵多将精现象实在少见。由于能上而不能下和谁提上来的特别听谁的话等原因，副职过多现象还有膨胀的趋势，这种现象确实是令人担忧的。由于将广，推脱扯皮成风，效率低下，人浮于事，甚至产生钩心斗角、争权夺利，造成忠诚老实的下属左右为难、无可适从的恶果。当年的程普、孙皎毕竟还是忠良之将，然而，最受孙权倚重的英明帅才周瑜、吕蒙尚且担心，受累于他们的辅佐。假如要我们的将帅队伍率兵去火烧赤壁、袭取荆州、押解生辰纲，其结局实在是不容乐观的。

一部精良的机器，一个健康的系统，总是要让尽量少的部件发挥尽可能多的职能作用，总是要竭力排斥一切可有可无的东西。特别是在比较重要的位置上，更是如此。三轮车比较稳当，但速度比自行车就慢多了。因为三个轮子比起两个轮子来，摩擦力要增加三分之一。将帅之间闹起摩擦来，可比车轮的摩擦厉害得多，它甚至可能导致车辆无法前进直至翻车。

清人郑板桥写文章、绘画均惜墨如金，主张以"以少少许胜多多许"。其实，这不仅是写文章、绘画之道，而且是用将之道。一个明智进取、立足长远的企业家、改革者，应该慎重提拔干部，大力削减各种副职。在使用干部中，多在

扩大干部内涵作用上下工夫，尽可能实行一科一长制。确实需要安排副职的，最好把任免权也下放在正职手上，真正做到用人不疑。从而，使我们的将帅队伍越来越精，创造一个兵多将精的兴旺局面，保证我们的事业顺利进行。

9. 至诚待人莫强留①

某国内先进建材企业，这两年因经营不善，造成生产持续滑坡，人才纷纷外流。厂长为了安定人心，留住人才，下令中专毕业生以上的人才一律不准调出。于是，人才冻结，一场人才外流的危机似乎过去了。

用行政命令制止人才外流的单位并不少见。

厂长的苦衷虽然可以得到人们的理解，但这种做法实在未必妥当。

徐庶对于刘备来说，是片刻离不开的得力助手。在徐庶辞别之际，刘备难舍难分，有着切肤之痛。然而，刘备并未强行挽留徐庶。徐庶也正是从心眼里感激刘备，才走马荐诸葛亮，并亲自登上卧龙岗，请诸葛亮出山辅佐刘备。刘备失徐庶而得诸葛亮，在事业上迅速走向了兴旺发达的道路。

现在有些领导，还不如刘备倚重徐庶那样倚重自己挽留的人才，处境也未必比刘备当年更困难，然而气度却远不如刘备。相比之下，不会感到一丝惭愧吗？

和刘备相反的是曹操，他虽然强行"得到"了徐庶，然而，徐庶却终生不为他设一谋。徐庶明明看穿了周瑜将火烧曹营，也不和曹操吭一声气，曹操留住了徐庶，不仅毫无益处，反而败坏了名声。我们今天的领导虽然没有曹操做得过分，但也应该从他身上吸取教训。

---

① 原载 1988 年 11 月 6 日《江西日报》。

俗话说，捺倒鸡婆也不会生蛋。违背客观规律做事总是要事与愿违的。挽留人才关键在至诚待人。刘备屡经危机，却没有经受过人才外流的危机。他曾在极其困难的处境下，劝告亲信将佐另寻明主，以求得一个好的前程，然而诸将佐皆坚决追随刘备，无一人弃之而去。可见刘备待人至诚，特别善于稳住人心。人家如果执意要走，你无妨也来个"赠袍相送"，虽然未必可以由此引出"诸葛亮"来，但也可能以后在"华容道"上或其他需要相帮的困境中相逢呢？

10. 闲人不可等闲视之

空城计虽说是在迫不得已的情况下的一次杰作，然而，毕竟诸葛亮用兵时喜欢能少就少，只要足以解决问题就不惜以虚对实的。他曾在曹真、司马懿率四十万大军讨伐蜀国的情况下，仅派张嶷、王平二将率一千兵马驻守陈仓古道，抵挡来犯的魏兵。二将皆苦求多派兵马，诸葛亮却说："吾欲多与，恐士卒辛苦耳。"又告诉他们："月内必有大雨，魏兵虽多亦不敢深入山险之地。"结果真如诸葛亮所言，大雨连下三十日，魏兵马无草料，死者无数，军士怨声不绝，未及交战，就不得不退！我们在欣赏诸葛亮艺高胆大之余，实在还应倍加推崇他体贴、爱护士卒的精神。因为在有些企事业单位中，人们往往不讲实效做些可做可不做的事情，反正有的是人去做这些事。孙子说："视卒如爱子，故可与之俱死。"孙子与诸葛亮都如此体贴、爱护士卒，今人岂可不珍惜下属的劳动？何况一切行动都是要付出代价的，因此，无益也就是有害。

可喜的是，随着改革的深入，岗位用人越来越精了，但随之而来的问题是劳动力过剩的问题也越来越突出了。其实，中国的问题是不合格的劳动力过剩，合格的、优秀的劳动力不足。在许多单位里，还有不少事没有人做。问题是如

何让没有事做的人去做没有人做的事。如此闲人怎么办？刘备也曾在新野城中闲得无聊，用牛尾"亲自结帽"作为消遣。在诸葛亮的正色告诫下，赶紧招募三千新野之民，由"孔明朝夕教演阵法"。后来，诸葛亮在渭滨斗阵法，用八卦阵全部活捉破阵的魏兵及将领，使司马懿饱受耻辱。姜维用一字长蛇阵围困邓艾，并几乎活捉邓艾。这显然都是与诸葛亮利用闲暇之际大力训练士卒分不开的。这就启发我们：应该利用闲暇之际，加紧培训职工，让不合格的劳动力变成合格的、优秀的劳动力，使之满足日益激烈竞争的需要。

11. 也要善于当外行

让内行当领导，领导要当内行。这是现代社会对领导干部的一条要求。如果要求领导者总是当内行，样样都当内行，实在不可能也并不必要。因为他不可能是万事通，他总是既有内行的一面，也有外行的一面。这就要既会当内行，也会当外行，否则便不能算是全面的领导者。

刘备在这个问题上，经历了一番"否定之否定"的过程。他原来东闯西荡，碰尽了钉子，这才觉察到自己在战略战术上都还是外行，于是三顾茅庐，师事孔明，自然如鱼得水；对庞统、法正等谋士也几乎言听计从，方才得以在事业上蓬勃发展，从无立足之地到天下三分有一。后来打了几场胜仗，自以为是内行了，对公认的内行——诸葛亮的话也听不进去了。开口是"朕用兵老矣"，闭口是"朕亦颇知兵法，何必又问丞相"，结果被陆逊一把火烧得全军覆没，方才后悔没有正确评价自己。于是白帝城托孤，使得诸葛亮的才能得到了充分发挥。这才使得乱军之际、危难之间的蜀汉政权化险为夷，并得到局部发展。

至今还有些领导，喜欢当"样样懂、万事通"式的领导，似乎非如此不能

显示水平。你讲比博士学位高的还有博士后，他就连连摇头：哪有什么博士后。等人家证明了确实有博士后时，他就以训导的口气说：博士后是博士的后备力量，他比硕士高半码，比博士还低半码呢！

这种人闹笑话毕竟是小事，关键是压制了人才，贻误了事业。由此我想到：善当内行不容易，善当外行同样也不容易。因为这不仅要求有放下架子甘当小学生的精神，而且要能够充分发挥五虎上将、卧龙凤雏的才干。这对事业的成败具有至关重要的作用。

12. 美猴王与分身法

孙悟空既勇于单枪匹马斗妖魔，又善于运用"分身法"，一个人难以办到的事情，他分解成若干人去完成，实在令人佩服羡慕极了。

当年的诸葛武侯，用兵如神、足智多谋，谁是敌手？然而，他却不会"分身法"，只得事事躬亲，以致汗流终日，食少忧多，结果是大业未成身累死！教训是极为深刻的。

也许有人会说：分身法是虚无缥缈的神话，你叫凡胎俗骨的诸葛武侯向谁去学？我却偏偏要说：就是应该学！就是应该向姓孙的学，当年的大军事家孙武就是很善于"分身法"的。那吴王阖闾曾给他出过一个怪题，他从宫中选出一百八十个宫女，让孙武把她们训练成战士。训练开始时，这些懒散惯了的宫女们嘻嘻哈哈根本不把孙武的命令当一回事。孙武在三令五申不管用后说："命令不下达清楚是我的过失，但是我已再三重新下达命令，大家还是不听号令，这是队长没有把队伍带好。"于是下令把两位美女队长推出去斩首，另选了两位美女当队长，重新下令训练。于是令行禁止，这些宫女最终成了敢于赴汤蹈火的勇士。

　　当年，追随诸葛武侯的基本上都是久经沙场的忠勇之将，而被孙武迅速训练成才的却是一批弱不禁风的宫女。显然，孙武的成功在很大程度上得益于"分身法"。他使美女队长成了自己的替身，把一个孙武化解成若干个孙武，于是才化繁为简，化难为易，得心应手地掌控了队伍，完成了培训重任。

　　你的才干比诸葛武侯如何？如果你不用"分身法"，到底能撑多久？

决策类

1. 隆中对的战略失误与恒洁卫浴的英明决策

刘备集团的战略失误是什么？在 20 世纪 80 年代有专家给出了权威的论断说：是关羽破坏了诸葛亮"北拒曹操，南和孙权"的战略思想，和孙权闹僵了关系，以致两面受敌，兵败麦城，丢失荆州，致使诸葛亮隆中对中，分别从荆州和益州两路出兵夺取中原的决策变成只从益州一路单向出兵，从而孤掌难鸣，大事难成！这个说法在学术界的较长时间里得到了认同。几年以后，又有了新的说法，说关羽在荆州时听说马超被降服，竟然写信给刘备要入川与马超比试武艺，诸葛亮为此则写了一封信给关羽，说关羽文武双全，马超等人与他不是一个层次的，因而关羽没有必要入川与马超比试武艺。关羽收到诸葛亮的信以后十分得意，让部下传阅此信，果然不再提要与马超比武了，因而刘备集团减少了一场内耗，但却助长了关羽的骄横气焰。因而大意失荆州，造成了刘备集团最大的战略失误。

这两个看法不无道理，又是专家之言，然而，我个人却不是很认同这种说法，因为上述说法是一个执行问题，并不是决策问题，至多不过是因为执行不力而导致了决策不能落实的问题。

佛山市彩蝶陶瓷有限公司总经理蔡翼文先生似乎还不知道上述两个说法，但他也是一位"三国通"，尤其擅长于将《三国演义》的故事用于指导自己的企业实践，借助《三国演义》来分析自己身边的事例。他对刘备集团的战略失误有一个独到的见解，即刘备集团不应该建都于成都，而应该建都于荆州。这也就是说诸葛亮的"隆中对"包含了重大的决策错误，因为"隆中对"说："天下有变，则命一上将将荆州之兵以向宛、洛，将军身率益州之众以出秦川，

百姓孰敢不箪食壶浆以迎将军者乎？"这里就暗含了今后刘备要建都于成都的思想。

按照蔡翼文先生的观点，当时华北是全国的政治、文化、经济的中心，人才济济，拥有全国最多的"高等学府"和"科研机构"。北方是最适合做大本营和"总部基地"的，但北方已被曹操所占有，没有选择的可能。然而荆州地区是仅次于华北的高明选择，这里也是人杰地灵、人才济济，卧龙凤雏等顶级人才都聚集在荆州及其周边，又是当时市场激烈争夺的焦点。其交通便利，信息灵通，在产品研发和推广方面有很大优势。当年刘、关、张桃园三结义，关羽相当于参加过"秋收起义"的"老革命"，后来又千里走单骑，经过了"二万五千里长征"的考验，在忠诚度方面显然没有问题。但他们心高气傲，"爱护士卒而傲于士大夫之间"。荆州人才虽多，关羽自以为深明春秋大义并不能团结和发挥他们的作用，但如果镇守成都乃至西南，他确实是一个令人放心的人选。而刘备建都荆州，亲自坐镇这块市场竞争最激烈的热土，则可以有效地保护荆州安全。就像明成祖朱棣把首都从南京迁到现在的北京一样，北方就平稳了，燕京也变成了北平。而刘备最善于招揽人才，刘备坐镇荆州有利于为刘备集团更多地聚集人才。建都荆州十分有利于刘备集团的品牌传播，有利于敏锐地把握市场商机，随时发动"市场攻势"，占领广阔的市场，至于对竞争对手的威慑是不言而喻的。现在一些在山东、江西、四川等地陶瓷厂在佛山注册公司、装修展厅，把总部放在佛山，其实是跟建都荆州一样，目的是为了传播品牌，提高市场地位，捕捉信息和商机，开发和推广产品，招揽人才，兴旺事业。

恒洁卫浴已经是一个响当当的卫浴名牌了。早在2003年，我想在江西某地找一个卫浴品牌做代理商，有精通卫浴行业的朋友就热心推荐我找恒洁卫浴洽谈一下。他告诉我恒洁卫浴是潮州生产的，经销商网络建设得很好，所有的

经销商效益都不错，忠诚度很高，在当地的品牌宣传和专卖店形象也不错，但恐怕你那个地方已经有人代理恒洁卫浴了，并打包票，与恒洁卫浴合作一定不会错。我听了这话很诧异，因为我对潮州产品特别是潮州卫浴产品很有成见：低档、质量没保证，每进一批货最后必定要扔掉一些残次品。虽然价格便宜，但前面赚了一些钱后面又赔掉了，所以我们卖潮州洁具虽然一度做得比较热闹，但后来一算账，根本没有意思，不如一心一意卖瓷砖了。听说潮州有这么好的卫浴品牌未免将信将疑，结果一调查，果然不是虚言，恒洁卫浴品牌确实做得好。我想代理的地方也早有专卖了，而且卖得不错。此后我继续观察恒洁卫浴，发现恒洁卫浴特别注意品质的稳定，特别在潮州产区是具有长期经营思想的企业，不是像一些潮州人那样卖一单算一单，不照顾经销商的长期利益。恒洁卫浴因而不断改进，注重培育网络，注重品牌建设，虽然有这么多宝贵优点但还是有不少业内人士和我一样因为他是潮州产品、潮州品牌，心里总有一点疙瘩的。虽然"士别三日，当刮目相看"，潮州也有越来越多的卫浴企业像恒洁卫浴一样，产品乃至品牌都越做越好了。

2005 年，恒洁卫浴在广东佛山三水乐平镇征地 300 亩建造卫浴陶瓷厂，这个厂投入以后，不仅进一步满足了恒洁卫浴的产能需求，更加使恒洁卫浴的品牌价值倍增。恒洁卫浴不仅在品质上和过去的潮州产品划清界线，而且通过南国陶都大佛山提升了品牌形象。恒洁卫浴的营销总部也设在佛山，这又拉动了恒洁卫浴的销售，提高了恒洁卫浴的知名度和美誉度。在佛山不仅有总部又有生产基地，对于恒洁卫浴的人才招揽和成长，产品的研发，更及时地掌握行业动态，更合理地采购原材料和设备等都带来了一系列的优势。2007 年佛山陶瓷企业大举外迁，提出了总部经济的理念，恒洁卫浴实施总部经济策略比同行业早了好几年。诸葛亮被称为智圣，隆中对是决策案例中的名篇，然而智者千虑也有一失，在定都城这个重大决策上显然没有恒洁卫

浴来得高明。

2. 外事不决问周瑜，内事不决问张昭

三国中的江东霸业开创者孙策豪爽坦荡、英勇无畏，人称"小霸王"。在他短暂的几年军旅生涯里几乎可用"攻之而无不克，战之而无不胜"来形容。就是这样一位争强好胜又"轻而无备"的英雄人物还有一双知人善任的慧眼。他在经过几番和太史慈的拼死相杀后，终于活捉太史慈并使太史慈甘愿投降；同时太史慈表示要立即回去招纳旧部，叫他们明天正中午都来归降孙策，孙策毫无戒心，一口答应。太史慈走后，孙策部下都说他将一去不回，唯独孙策对太史慈深信不疑，第二天"立竿于营门以候日影。恰将日中，太史慈引一千余众到寨，孙策大喜，众皆服孙策知人。"

可惜的是，孙策只活了26岁，他去世前当众果断地把大权交给弟弟孙权，并对孙权说："举江东之众，决机于两阵之间，与天下争衡，卿不如我；举贤任能，各尽其心，以保江东，我不如卿。"后来的事态发展证明孙策的说法是极有眼光和远见的，他对自己和孙权的长短优劣都看得清清楚楚，足可谓有自知之明和知人之智。孙策还对哭泣而不放心的母亲说："弟才胜儿十倍，足当大任。倘内事不决，可问张昭，外事不决，可问周瑜。"这不仅是安慰，也表现了孙策知人善任的大智慧，对今人颇有借鉴意义。

后来曹操率八十三万大军南下，要平灭江东，张昭等一大班高官均劝孙权投降曹操，唯有鲁肃一人力劝孙权联刘抗曹，孙权犹豫不决"寝食俱废"。其母吴国太适时地提醒孙权说："伯符（孙策）临终有言，内事不决问张昭，外事不决问周瑜，今何不请公瑾问之？"一句话使得孙权恍然大悟，立即请周瑜来议事，决定了联刘抗曹大计，演绎了赤壁大战的奇观，巩固并发展了东

吴霸业。

孙策的临终嘱咐精神就是当今专业人做专业事的精神。我们经常说没有完美的个人,只有完美的团队。大家都知道这话没错,但如何把这个理念落地就颇为犯难了。难处在哪里?难就难在对团队成员的专业水平、性格气质的把握和了解。决策者往往把团队成员的忠诚度、以往的业绩、特殊的才能当作用人决策的重要依据,因此往往张冠李戴,弄出差错。而孙策、孙权洞若观火,能力排众议,才能将专业人做专业事的精神真正落地。

孙策的临终嘱咐表面上看只涉及"外事""内事"问题,实质上还包含了层次问题,有些人虽然类别特征很明显,我们不会张冠李戴,但还要注意层次问题,不能小材大用,不能对小材寄托大期望。穷途潦倒的刘备在水镜山庄回答水镜先生"左右不得其人"的责难时说:"备虽不才,文有孙乾、糜竺、简雍之辈,武有关、张、赵云之流,竭忠辅相、颇赖其力。"在这里,刘备有类别概念,却不懂层次。幸亏水镜先生点拨他说:"关、张、赵云,皆万人敌,惜无善用之人。若孙乾、糜竺辈,乃白面书生,非经纶济世之才也。"并点拨刘备去求天下奇才伏龙、凤雏相助,刘备方才逐步走出迷途,先求得高人徐庶相助,大败曹军,后又三顾茅庐,求得伏龙诸葛亮为军师,言听计从,开创了基业。这说明识才颇为不容易,连善于识人的刘备都会当局者迷,我们就更要费心察人类别、知人层次,求得贵人相助。

现代企业仅仅依靠团队自身力量显然是远远不够的,还要借助外脑、外力,才能使团队高效运转。咨询策划公司、广告设计公司、培训公司等,许多的企业都离不开和这些形形色色的公司合作,然而真正能让双方满意的合作成果并不多。失望的、后悔的倒不少。这是什么原因?仍然是企业决策人缺少识才的慧眼,不知道自己什么时候、什么项目要与什么公司合作。现代商战激烈,企业接单不容易,一些咨询策划公司往往离开自己的核心长处,有单就接,有

钱就赚，结果接到单后也无力做好服务，因而甲方企业最后有种被忽悠的感觉。事实上，忽悠现象、灰色交易也是经常存在的，但另外一方面问题是，甲方企业不善于寻找合适的专业公司合作。比如我经常听到人们抱怨一些培训公司讲课质量太差，听了没用，后来我用心听了几位老师的课程，发现这些评论也不客观。不少培训公司有他们的优势课程，但是如果你不加以挑选就去听那就是自己的问题了，而这些培训公司又来者不拒，因此，从长远的角度来讲是两败俱伤。甲方企业会很快就不满意，乙方公司也难以为继，于是更容易乱接单，最后形成恶性循环。该谁怨谁呢？目前恐怕唯有甲方公司睁大眼睛，找好合作伙伴，提出具体要求，放弃不切实际的幻想才是出路。不要太在意他们过去的案例，不要太在意他们以前曾与什么公司合作过。冯谖、毛遂、曹刿、诸葛亮都是一举成名的，以前都没有过什么业绩和成就。我们实在没有把握的话也可以试一试新鲜的人才，或许会大爆冷门也未可知。

无论是团队成员还是外部合作伙伴，都要明白自己是擅长"外事"还是擅长"内事"。找准自己的定位，发挥自己的强项和特长，这样不仅轻松许多，还会长治久安，互利双赢。如果串岗错位，张冠李戴，像张昭一样拉拢一班善于"内事"的官员去决断外事，是会误大事的。而若像孙乾、糜竺、简雍之辈小材大用，把泥鳅拉得像鳝鱼一样长，则会费尽力气也做不好事情的。

3. 有理有据决自断

赤壁大战是《三国演义》里最重要的战役之一，决定赤壁大战胜利的最重要的因素是孙权决计破曹操。而这个决计非常难下，孙权为此纠结了很久，在投降派的围攻下犹豫不决。最后"外事不决问周瑜"，才下定决心破曹操。

孙权之所以难以下这个决心，主要因为曹军声势浩大，敌我悬殊太大。用投降派领袖张昭的话来说，"曹操拥百万之众，借天子之名，以征四方，拒之不顺"，即政治、军事曹操都占有压倒性优势。后来张昭听说孙权欲兴兵抗曹，又对孙权说："昭等闻主公将兴兵与曹操争锋。主公自思比袁绍若何？曹操向日兵微将寡，尚能一鼓克袁绍；何况今日拥有百万之众南征，岂可轻敌？"又说得孙权沉吟未决，可是投降与孙权的利益不符，想打又没有信心。鲁肃击中了孙权心病：投降对大家都没有坏处，仅对孙权有坏处。诸葛亮激活了孙权的雄心，可是孙权还是没有信心。而风流倜傥的周公瑾一番有理有据的分析就让孙权树立了强大的信心。分享这则故事，可以让我们更加体会到当今大数据的重要。

赤壁大战前的曹操"破黄巾、擒吕布、灭袁术、收袁绍，深入塞北，直抵辽东，纵横天下，颇不负大丈夫之志也"，兵下江南，拥有京襄九州之众的刘表之子刘琮又不战而降，一时间皆说曹操拥兵百万、战将千员，东吴投降派一时占了上风，孙权拿不定主意也是比较自然的事。经过鲁肃的点拨、诸葛亮的激将，孙权还是底气不足。周瑜从鄱阳赶到紫桑郡一见到孙权后就有的放矢说："操虽托名汉相，实为汉贼。将军以神武雄才，仗父兄余业，据有江东，兵精粮足，正当横行天下，为国家除残去暴，奈何降贼耶？且操今此来，多犯兵家之忌；北土未平，马腾、韩遂为其后患，而操久于南征，一忌也；北军不熟水战，操舍鞍马，仗舟楫，与东吴争衡，二忌也；又时值隆冬盛寒，马无藁草，三忌也；驱中国士卒，远涉江湖，不服水土，多生疾病，四忌也。操兵犯此数忌，虽多必败……"

周瑜这番话堪称高屋建瓴，从政治、外交、后勤、地理多方面分析了曹操致命的弱点，使得孙权精神振奋，矍然表示："孤与曹操，势不两立！"并拔剑砍面前奏案一角曰："诸官将有再言降操者，与此案同！"后来周瑜在诸葛亮的点拨下再一次向孙权分析说："瑜特为此来开解主公。主公因见操檄文，言

水陆大军百万，故怀疑惧，不复料其虚实。今以实较之：彼将中国之兵，不过十五六万，且已久疲；所得袁氏之众，亦止七八万耳，尚多怀疑未服。夫以久疲之卒，御狐疑之众，其数虽多，不足畏也。瑜得五万兵，自足破之。愿主公勿以为患。"

此前鲁肃联刘抗曹，主动请诸葛亮来东吴时在船上对诸葛亮说："先生见孙将军，切不可实言曹操兵多将广。"从今天的眼光来看，周瑜、鲁肃这两个家伙也是正面宣传为主，尽量报喜不报忧的，鲁肃的不可"实言"就说得明明白白了。而周瑜报给孙权的数字也做了减法，至少把刘表之子刘琮善于水战的荆州军马减去了。周瑜是从需要里去找数字的，同时这番话有理有据有水平，足以解开孙权心结。曹操至少把兵马数字吹大了三倍以上，而这些兵马确实也存在周瑜所说的问题，虽多而不足惧也是实情。总而言之，周瑜有强烈的数据意识，真正做到了胸中有数，所以他向孙权申请的兵马数量也很恰当，一张口就是五万。他知道太多了孙权也拿不出来，太少了孙权是没有信心的，像关羽取长沙一样只带五百步兵去，简直在开玩笑。结果"谈笑间樯橹灰飞烟灭"，意气风发的周瑜还是客观科学的，这种科学，离不开他对数据的把握。

《三国演义》中类似的例子不少，虽然有些没有直接说出数据，但我们不妨把它当作对数据的把握延伸。草船借箭是对气象的准确预测，但诸葛亮三天要"造"十万支箭，这无疑是个天文数字。诸葛亮对鲁肃说："望子敬借我二十只船，每船要军士三十人，船上皆用青布为幔，各束草千余个，分布两边……"又是一连串数据。借箭回来后孔明告诉鲁肃"每船上箭约五六千矣。不费江东半分之力，已得十万余箭"岂不都是胸中有数？后来曹真、司马懿率四十万兵马讨伐蜀国时，诸葛亮却料定"月内必有大雨"，仅派张嶷、王平二将率一千兵马去抵挡魏兵。结果魏兵在连续三十天大雨的浇淋下不战自退，这

也是诸葛亮对数据、对资讯的准确把握而造成的奇观。诸葛亮在写给曹真的信中说："窃谓夫为将者，能去能就，能柔能刚；能进能退，能弱能强。不动如山岳，难测如阴阳；无穷如天地，充实如太仓；浩渺如四海，眩曜如三光。预知天文之旱涝，先识地理之平康；察阵势之期会，揣敌人之短长。"可见古人对优秀将领素质的严格要求，也是包含数据意识的。

现代科学的大数据概念相当系统、丰富和完善。大数据离不开科学器材和资料，在今后的各种大大小小的决策中将发挥越来越重要的作用。但我们应该掌握最基本的数据并利用它，还要善于通过现代手段查找数据。如此这般，才有可能比周瑜、诸葛亮略高一筹。

4.《三国演义》的谋略与《陶瓷资讯》的战略定位

《三国演义》对于现代企业经营管理、科学决策的借鉴作用越来越多地受到了广大工商界人士的认可和热捧。《陶瓷资讯》报自 2007 年 4 月 6 日创办以来，受益于《三国演义》的启迪和熏陶，使得其成长之路更为精彩和顺利。在《陶瓷资讯》五周年生日之际，我们对《三国演义》的现代价值有更多的体会，在此仅就《陶瓷资讯》的战略定位与《三国演义》中的谋略两者之间联系略作分享。

（1）产品方向

《陶瓷资讯》创办之初，陶瓷行业的传媒已经十分发达。据说包括网媒在内有二十多家媒体，其中报纸就有五六家以上。随着《陶瓷资讯》的问世，紧接着又有几家报纸等媒体在陶瓷行业出现，其中不乏来势凶猛者。办报是个经营风险很大、营利能力很弱的行业。20 世纪美国有句名言：你想谁破产，你就劝谁去办报纸。在这种复杂的竞争环境下，《陶瓷资讯》如何定位、如何走出

自己的特色之路就是摆在我们面前的重大课题。如果我们随大流、盲目跟风，势必事倍功半，甚至演变成恶性竞争。

赤壁大战前夕，曹操率领八十三万大军南下，对孙权、刘备等诸侯造成了严重威胁和巨大震慑。鲁肃对孙权说："荆州与国邻接，江山险固，沃野万里，士民殷富，若据而有之，此帝王之资也。"孙权辖下的东吴，包括武昌、九江、合肥、南京等著名城市，早已是一片热土，几经征战，都为孙权所占有，而荆州、襄樊等大片沃土与孙权占有的东吴接壤。以前陶瓷行业媒体虽多，但都集中宣传报道墙地砖企业及其供应商。墙地砖属于建陶产品，而卫生陶瓷乃至卫浴产品与墙地砖息息相关，正是"与国邻接"。"江山险固，沃野万里士民殷富，若据而有之，此帝王之资也"，同样非常适合用到我们卫浴行业中来。而卫浴行业长期受到媒体冷遇，因此，我们从办报之初就决定开发"荆州"，占领"荆州"，把卫浴行业作为我们一个重点发展方向，一个特色化、差异化的发展方向。

我们一开始就与众不同地坚持专版发表卫浴行业文章，其中冉亚夫先生的长篇连载文章《行进在中国卫浴行业大地上》，备受读者欢迎并予珍藏，让我们赢得了一批读者。在办报还不到九个月的时候，我们就果断地在佛山石湾的鹰牌会所举办了第一届中国卫生洁具行业高峰论坛。卫浴行业的领袖人物谢岳荣、冯储、危五祥等都出席会议并作重点发言；卫浴行业二十几家重点企业东鹏、益高、华美嘉、歌纳、鹰卫浴，浙江帅博、纳米雪岚、欧波朗、派拉素、法恩莎、唐山惠达、艾尔斯等企业的老板一百多人出席了会议。一家专业做卫浴媒体的主编赞叹说："我们要办这样的活动都无法请到这些人过来！"这次活动为我们在卫浴行业的发展打下了良好基础。从此以后，我们每年一次的卫浴论坛越办越好，越办越大，两三年工夫就办成了卫浴行业规模最大、规格最高、范围最广、内容最精彩的盛会，成为行业活动标杆。与此同时，我们对卫

浴行业的报道和发行也逐渐到位，以致一些资深人士称《陶瓷资讯》是卫浴行业的主流媒体，是卫浴行业媒体的先行者。

《陶瓷资讯》在卫浴行业的成功，引起了一些媒体的仿效跟进，恰好证明了《陶瓷资讯》对卫浴行业的贡献。也再次印证了老子在其《道德经》中的名言："水善利万物而不与之争"。战国前期的秦穆公当年也是避开和中原强势诸侯的正面冲突，把主攻方向转向位于偏僻的西部散落戎族，以致"开地千里、并国二十、逐霸西戎"，为秦国后来统一中国打好了基础。无数实例证明了老子这句"唯其不争，故莫能与之争"名言。

（2）占人和

办报初始，我们不仅对同行的优势要有清醒认识，也要对自己的潜在优势和可发展空间心中有数。诸葛亮在隆中时对刘备说："将军欲成霸业，北让曹操占天时，南让孙权占地利，将军可占人和。"他的这番话给了我们宝贵的启示。我们在同行占领了天时地利的情况下，学习刘备"占人和"的做法。因此，在同行高呼办最好的行业报纸时，我们明确提出了"办最有公信力和建设性的行业媒体"的观点，建设性就是"占人和"的具体体现，公信力越高建设性也越强，这个理念也广受行业认可和嘉许。有了这个理念，我们办报的方向就十分明确了，既便于把握内容，也有利于栏目设计。哪怕是平时的采访沟通，我们也不忘为企业牵线搭桥，提供资讯和资源，热心为企业服务。我们大部分的活动都与企业保持着良好有效的沟通，有时还带来有效而具体的成果，为企业之间的供需合作，人才交流做出了贡献。在汶川地震、玉树地震这些举国震痛的自然灾害面前，我们既慷慨解囊，又热心开展募捐活动，为灾区人民送去温暖。《陶瓷资讯》的善举受到了陶瓷行业乃至佛山市民的广泛好评。"占人和"的理念和实践，使我们在行业广结人缘，赢得了口碑。因此，我们举办的仿古砖论坛和卫浴论坛都人气火爆，在行业中有口皆碑。

（3）两路发展

诸葛亮还在隆中时就劝刘备："先取荆州为家，后即取西川建基业，以成鼎足之势，然后可图中原也。"即建议刘备今后要从荆州和益州两路出兵，夺取中原。这段话让我们深受启发，新生的陶瓷行业媒体如果仅从建筑陶瓷这一个支流去发展的话，会势单力薄、孤掌难鸣、事倍功半、难成大气候。即使有些特殊优势，也会受到占有天时地利者的挤压。因而，我们分别在瓷砖和卫浴两个方向发展，瓷砖方面又以仿古砖为重点，其版面设计就有"瓷砖天地"和"卫浴世界"两大块。故格局更大，发展空间更大，既利用和发挥了我们在瓷砖行业的人脉优势，又可主动率先进入占领卫浴行业这片广阔的"蓝海"，从而也使得我们在办报前期发展速度更快。报纸的版面设计也引来了同行的效仿，说明"跨有荆、益，两路进兵"的思路是十分正确的。

（4）既承认同行的优势又要尽量合作

《三国演义》第二十九回中鲁肃对孙权说："肃窃料汉室不可复兴，操贼不可卒除。"这也是看到了曹操的强大和优势，认为不可贸然去与曹操来个你死我活的较量，而是要准备与曹操集团长期共同存在，我们把"汉室不可复兴"看作陶瓷行业是一个具有长久生命力的行业，而媒体的共存环境随着时代的发展也将会越来越宽松。因而陶瓷行业的媒体也会和行业一样长期共存。"操贼不可卒除"则是要和同行一起长期为陶瓷行业作贡献，推动陶瓷行业的发展进步。诸葛亮也说："今操已拥有百万之众，挟天子以令诸侯，此诚不可与争锋。孙权据有江东，已历三世，国险而民附，贤能为之用，此可用为援而不可图也。"这也是要正视同行的优势和共存的合理性，尽量采取合作的意思。这些思想指导了我们对同行的关系处理，修炼了我们的心态，我们不去与谁较劲，而是要跑出我们的节奏和水平来，走出自己的特色之路和差异化路线。

久而久之，大家意外地发现：年轻的《陶瓷资讯》没有跟着先行者走，反倒引领潮流，吸引了先行者的效仿。虽然《陶瓷资讯》还有许多需要提高的地方，但依然未来可期。

鲁肃说的"曹操不可卒除"给我们另外一个方面的启示是：《陶瓷资讯》的品牌不是短时间内就可以打造起来的，就像罗马不是一大建起来的一样。我们必须不断努力，加深行业对我们诚信、公益办报理念的理解，品牌之树才会根深叶茂，广大读者才会真正理解为什么弱小的力量却还能后来居上，同时也才会理解我们的艰辛、努力和执着。《陶瓷资讯》本来弱小且微不足道，它是在陶瓷行业一批又一批精英的精心扶植下才有今天，是陶瓷行业广大精英共同努力的产物。

《三国演义》对《陶瓷资讯》的创办之路影响有很多，即使在定位方面也是如此。比如刘备在当阳之败时，仍然与老百姓同生死、共患难，强调"举大事者当以人为本"。这也坚定了我们在汶川大地震时，虽然面临巨大经营压力，也毅然慷慨解囊，大力举办赈灾活动。读者们在这篇小文章里不难看出《三国演义》对《陶瓷资讯》成长和发展有着重要的影响。

5.红火诚可贵，后劲价更高

被司马昭称之为"吾之子房"的良将钟会在接受率兵伐蜀的重任后，却以伐吴为名，大张旗鼓地于五大州郡各造大船，还于东莱郡傍海处拘集海船，给人造成钟会将率兵乘船伐吴的假象，连顶头上司司马昭也不知其意，便问道："你从旱路收川伐蜀，为什么要造船呢？"钟会说："蜀若闻我兵大进，必求救于东吴也。故先布声势，作伐吴之状，吴必不敢妄动。一年之内，蜀已破，船已成，而伐吴，岂不顺乎？"司马昭闻言大笑。

丹东玻璃制品厂生产的仿玉杯碟，曾一度在国际市场上十分畅销。但是，他们在仿玉杯碟还十分旺销的时候，就已经提前试制它的代替产品——琥珀杯碟。果然，1980年仿玉杯碟在国际市场上滞销时，他们将早已准备好的琥珀杯碟立即上市，结果在广交会上成了外商争相订购的紧销货，但他们仍不满足已取得的成绩，在琥珀杯盏还是热门货时，又开始研究试制很有特点的奶白玻璃餐具等制品了。他们基本上做到了生产一个品种、储备一个品种、想着一个品种。正如一位优秀的厂长在介绍他的经营方针时说：嘴里吃着一个，手里拿着一个，眼睛盯着一个。不断推出新产品，尽量第一时间引导市场的风向，钟会伐蜀虑吴的策略与这位厂长的经营之道是有异曲同工之妙的。当时司马氏已窃取了曹魏掌控天下的大权，彻底取代曹魏政权只是时间问题。而吴、蜀两个敌国却逐渐在走下坡路，但是司马集团并未满足于这来之不易的巨大既得利益，一直在谋算伐蜀灭吴，实现持续发展。钟会的伐蜀灭吴之策就是司马集团的最佳选择。后来，由于钟会谋反被诛，这个计划才没有贯彻到底。但是，他的深谋远虑还是很值得人们称道的。钟会嘴里吃着魏国，手里拿着蜀国，眼睛盯着吴国。在决策时高瞻远瞩、系统安排，既防止了伐蜀时吴国出兵助蜀，又可以利用灭蜀的声威顺势灭吴，实属一石多鸟、事半功倍的英明决策。

一些企业决策者往往满足于一时的事业红火，甚至得过且过，不注重开发新产品，走一步、算一步，没有长远打算，因此企业缺少后劲，在市场上难以保持持续的竞争力。当他们看到别的产品市场火爆时，不反思自己未提前开发新产品，而是怨天尤人。只有做到深谋远虑，才可以既巩固已有的阵地，又能增强后劲，使事业持续发展。在操作中一举多得，减少重复劳动和浪费。这种战略值得决策者借鉴。

6. 学贾诩莫搞"一窝蜂"

曹操在安众大破张绣、刘表联军后，因袁绍欲兴兵犯许都，急令撤军回许都。张绣、刘表不顾谋士贾诩劝阻，率大军追击曹军，结果如贾诩所言，大败而归，后悔不迭。这时贾诩却又一反前态说："今可整兵再往追之。"在贾诩的竭力劝说下，只有张绣勉强引一军往追，刘表仍不肯同往，结果曹军果然大败，"军马辎重，连路散弃而走"。

贾诩的思维与众不同，不像张绣、刘表和今人，喜欢"一窝蜂"。大家都想追击的时候，善于用兵的曹操必然采取有力措施，防范追兵，两军相交强者胜，追兵必败就不足为奇了。而当追兵惨败，张绣、刘表和曹操囿于常识都不考虑追击和反追击时，岂料贾诩打破常规，出其不意，趁其无备，从而轻易大败曹军。

兵战之理同于商战。春秋末年有位叫计然的谋士，他提出的："旱则资舟，水则资车"的经营理论同贾诩的追击之道是有异曲同工之妙的。他不随大流，能充分认识到市场需求波浪式的变化规律："贵上极则反贱，贱下极则反贵"。因此他的投资方向总是和世俗相反，弃热门、取冷门，结果利益收效可观。

计然的经营理论在我国长期的商业实践中得到了丰富和发展。我国民间就有"赚钱的不要抢、失去声的不要丢"的说法，有"逢俏莫赶，逢滞莫丢"术，也有"人弃我取，人取我予"的理论。前几年又有人提出了"人无我有，人有我优，人优我廉，人廉我转"的商战原则。这些理论和计然的理论一脉相承，和贾诩的追击之道殊途同归，反映了我国有识之士对经济规律的深刻认识，对一哄而上赶热潮的现象持清醒否定态度。

我们拥有如此丰富宝贵的经验理论，都是建立在大量惨痛事实教训之上的。照理说前车之覆、后车之鉴，我们应该能避免重蹈覆辙，较好地把握经营

投资方向。遗憾的是，事实却远非如此，高明有识之士总是少数，而又往往困于左右时局。更多的人则是一窝哄、赶热潮，什么赚钱搞什么、什么热销搞什么。这几年来，陶瓷行业最大的教训就在于此。卫生洁具赚钱，大家都来搞卫生洁具；釉面砖热销，就都上釉面砖生产线；玻化砖红火了，于是又搞玻化砖；你打算跌价，大家都赶快跌到你前面，你跌 10 点，我就跌 15 点，甚至 20 点；你经销伪冒产品，我就经营伪劣产品。结果就是自相残杀，恶性竞争，路子越走越窄，搞得大家最后都干不下去了。可见近利的诱惑是多么的巨大。今天我们又一次饱尝了一哄而上的苦头之后，重温一下前人的经验做法，是不是有助于我们反思？有益于我们今后的实践呢？

7. 坚持下去找转机

近几年来，陶瓷行业持续不景气。一些陶瓷厂家被迫关门停产，还有一些陶瓷厂家处境十分艰难。决策者在减产、停产还是继续生产的抉择中举棋不定，他们的意志正在经受着严峻的考验。

曹操和袁绍在官渡对峙期间也遇到过类似的抉择。当时，袁绍兵多粮足，曹操兵力渐乏、粮草亦将枯竭，双方力量对比悬殊。曹操感到压力很大，快挺不住了，打算放弃官渡退回许昌。迟疑未决之际，特意写信向在许昌的高级谋士荀彧请教。在此紧要关头，荀彧回信精辟地分析了形势，指出曹操退则败，进则胜，希望曹操坚持下去，用奇谋取胜。曹操欣然采纳了荀彧的意见，不久就用奇谋击败了袁绍，取得了官渡决战的胜利，为统一北方打好了基础。

相似的情况在后面也出现过，曹仁在关羽的咄咄逼人的进攻下，亦欲弃樊城而逃，在谋士满宠的点拨下方知：一旦退却，"河南之地将不为国家所有"，改而固守城池。曹操亦欲弃许都而避关羽，在司马懿的劝阻下也改变了主意，

一面组织抵抗关羽，一面请孙权偷袭关羽后方，结果形势全面改观，关羽败走麦城。

当时，曹操、曹仁若未能采纳良言，咬紧牙关，挺住强敌，就会一失足成千古恨。今天的一些企业决策者面对逆境，如果不能自强不息，而是轻易停产、减产，也可能一蹶不振，后悔莫及。

停产将使员工情绪低落，造成人心涣散，影响职工队伍稳定，造成人才外流。这些人才一旦在外面尝到甜头，则将一去不返。停产以后，企业还将花费一定的开支，甚至承担职工的生活费，这些开支没有任何效益可言。随着停产时间逐步增加，这些开支也相应增加，绝不可轻视。同时工厂的机械设备也会腐蚀生锈、影响寿命，各种物资也容易散失变质，最终影响企业的形象和声誉，造成无形资产的损失。

一个人病重了，应该坚持活动，哪怕是在人家搀扶下走一走。如果一头躺在床上，恐怕就真要一病不起了。红军长征时和中国抗日远征军在缅甸的丛林里，许多将士都是拼尽全力，走一步算一步，咬紧牙关走下来，才走出了难关，迎来了胜利。而一些人，想歇歇脚，往往一躺下去就再也起不来了。企业也和人一样，生命在于运动。一旦停产，再想要恢复生产谈何容易！即使恢复生产，谁知又要付出什么样的代价呢？

坚持是困境中生存的基本准则，要尽快走出困境，还要在支持声中积极寻找机会，出奇制胜。

8.料"势"如神，企业家的必备素质

人们说诸葛亮料事如神，其实，这不过是艺术虚构的神话。在复杂多变、险象环生的军事战场要做到料事如神实在有些勉为其难，何况虚构出来的诸葛

亮也有失算的时候。

但是，要求一个政治家、军事家、乃至今天的企业家必须料"势"如神却并不为过。"事"是战术性的，"势"是战略性的。战术性的失误一般还可以想办法补偿，所谓胜败乃兵家常事就是这个道理；而战略性的失败则往往一失足而成千古恨，纵然不是一蹶不振，也往往元气大伤。

然而，今天的企业家还有相当一部分未能具备料"势"如神的素质。就拿佛山陶瓷行业来说：以前大上陶瓷生产线，现在的结局与当初投资者的预期目标相差何其远也！还有一些人建好了厂房，准备上四至八条生产线，后来见势不妙，只建二至三条生产线，损失何其重也！更有一些人大上耐磨砖生产线，使得附加值本来就低的耐磨砖价格大跌，有能力的只好忍痛转产，没有能力的则硬拖，油料一涨，纷纷"卧床不起"。投资耐磨砖、水晶砖、哑光砖、抛光砖、瓷片的都大有人在，却少有人投资彩釉马赛克。后来有些人发现彩釉马赛克销路较好、效益也不错后，又急忙改产彩釉马赛克。这些决策者信息何其不灵，决策何其不明！

我说料"势"如神是企业家的必备素质，但是，有些企业家目前就是形势不清、方向不明，怎么办？这也不必早早收场、回家吃老米。你看，那刘备当初也是东一锒头西一棒槌，千辛万苦，碰尽了钉子，及至万般无奈，才三顾茅庐，请出诸葛亮隆中决策，做了一个科学的"CI"设计。于是茅塞顿开，"如拨云雾而见青天"，至此对天下大势及发展战略胸有成竹，隆中决策亦成千古佳话。孙权初掌江东之时，对天下大势、发展战略也不甚了了，但他一开始就广纳贤士，遍求良策。得鲁肃后，即当师长而敬之，甚至"同榻抵足而卧"，直到半夜，还向鲁肃请教天下大计，听完鲁肃的"CI"策划后，孙权大喜过望"披衣起谢，次日厚赐鲁肃，并将衣服帏帐等物赐肃之母"。清代大学者毛宗岗也因此盛赞鲁肃："天下大势已了然胸中，其识见不在孔明之下。"鲁肃死后甚久，孙权还赞颂鲁肃：

"初见孤时，便及帝王大略。"可见鲁肃的战略策划对孙权影响之深。

识时务者为俊杰。能像曹操那样审时度势、把握时机、顺天应人者，诚为豪杰。没有那种见识，能像刘备、孙权那样，通过拜能人为师而掌握天下大势，确立发展战略，亦不失为英雄俊杰。现在的陶瓷行业，随着我国的市场经济日臻成熟，对决策者的见识、素质要求甚高，再也不像改革开放初期，仅凭大胆、投机和关系就可以发财了。没有对天下大势的充分了解和科学的发展战略，只能像吕布、袁术、刘璋一样逐渐被淘汰。仅凭实力也是难于幸免的，袁绍不是很好的例子吗？

9. 要敢于坦承决策的失误

常言道：胜败乃兵家之常事。这既有给兵家的安慰，也是符合客观实际的格言。同样，决策者也难免有对有错，这就为我们正确对待、正确理解成败得失提供了一个良好的思想方法。其实客观事物往往更为复杂，比如正确的决策却未必可能成功；而错误的决策也有可能取得一个好的结果。

在《三国演义》第三十三回，曹操欲东征乌桓，但曹洪等大将反对说：如果我们率兵远征，刘表、刘备乘虚袭击许都，我们来不及救应，就麻烦了。但曹操的心腹谋士郭嘉支持曹操远征乌桓。于是曹操统率大小三军，车数千辆，途经"黄沙漠漠，狂风四起，道路崎岖，人马难行"的沙漠等荒凉地带。曹操见难想退，但郭嘉又劝他轻兵速进，攻其不备。终于历尽千辛万苦，在白狼山与敌军相遇，依靠兵精将勇，奋力急攻，大胜而归。曹操回兵后当众检讨，说这次远征是一次侥幸的胜利，是不值得效仿的错误决策，而曹洪等人的反对意见才是安全稳妥的，请大家今后不要怕提反对意见。

文过饰非，以"一贯正确"自居的领导者我们并不陌生，这种领导者或许

可以一时保全面子，遮人耳目，但这种做法于事业不利，往往是错上加错，雪上加霜。曹操豁达大度、性情豪爽，具有成功者的胸怀，又有更大的追求，所以他能主动地检讨自己的决策失误，这当然是一种较高的境界。然而，如果能积极追求成功，又有胜败乃兵家常事的超然胸怀，坦承决策的失误，境界就会更高一些。

有一位陶瓷厂的老板，在内地陆续办了好几家陶瓷厂，在业内是颇有名气的成功人士，没人发现和想过他在投资方向和投资决策上会有什么错误。但后来我几次发现，他说到在某地投资时，都说这是一个错误的决策，虽然公司在这里赚了钱，收回了投资，产品也形成了品牌，相信至少今后几年仍有效益，但来这里投资依然是一个错误的决定。因为这个地方好像一个孤岛或者半岛，产品无法向四周辐射。原来有几家到这里来投资的陶瓷厂都失败了，甚至后来再来投资的陶瓷厂也失败了。我们之所以能站住脚，是因为产品有竞争力。当我们看清自己的处境时，我们有了后怕，今后再也不敢在这样的地方投资了，一定要找便于产品辐射的地方投资。

这位老板只是随意的聊天，他不在乎也不必在乎人家对他的评价，更没有刻意引导。

我想，这或许是一种更高的境界。

下面的案例则暴露了一种最糟糕的思想境界。

在《三国演义》第三十回里，袁绍发七十万大军讨伐曹操，他的谋士田丰在狱中上书劝他："今且宜静守以待天时，不可妄兴大兵，恐有不利。"这本来是正确的建议，但袁绍不仅不听，还说要"破了曹操，明正其罪"，于是"旌旗遍野，刀剑如林"地向曹操进军，结果被曹操杀得一败涂地，只引八百余骑，逃至黎阳北岸，招收残军败将。一天夜晚，袁绍听见远处军帐中有人哭泣，于是悄悄去偷听，原来是败军相聚，诉说丧兄失弟、弃伴亡亲之苦，各个捶胸大

哭。大家都说："若听田丰之言，我等怎遭此祸！"袁绍也十分后悔，觉得没有面子去见田丰，但第二天袁绍的另一个谋士逢纪挑唆说："丰在狱中闻主公兵败，抚掌大笑曰：'果不出吾之所料。'"袁绍听了谗言后说："竖儒怎敢笑我！我必杀之！"立即派使者先去冀州监狱杀了田丰。

袁绍一心想顾全面子，结果是掩耳盗铃，欲盖弥彰。本来他还有一定的实力，可以徐图东山再起，但杀了田丰之后，内耗加剧，不闻忠良之言，终于彻底失败。

袁绍的心理，田丰看得很清楚："若胜而喜，犹能赦我；今战败则羞，吾不望生矣。"早就做好了死的准备。

思想类

1.《三国演义》的赏罚思想

《三国演义》通过一系列惊心动魄军事斗争的故事深刻地揭示了战争的规律，饱含着丰富的赏罚思想，全面地整理和总结了运用赏罚的手段和治国领军的经验教训，有着一定的现实意义。

（1）经典案例

长篇小说《三国演义》为如何赏功罚过提供了至少有二十多个形形色色的案例故事。这对于用兵打仗、企业建设都有积极的意义和思想价值，下面我们先来剖析一则经典案例，其余案例，读者可以自行详细品味。

在《三国演义》第九十九回至一百回，先是曹真、司马懿率40万大军伐蜀，被连续一月的大雨所困，苦不堪言，被迫退兵。司马懿料定蜀兵必追，精心埋伏兵马，徐徐而退。诸葛亮原计划敌退我追，后也料定司马懿必有埋伏，因此拒绝采纳众将领追击建议，任其撤退。却令二班将领分兵出斜谷，会祁山，以袭魏兵。曹真、司马懿退兵十几天后，埋伏的将领亦退回大军。司马懿料定蜀军在祁山埋伏。曹真不信，两人分兵各守斜谷口和箕谷口。曹真漫不在意，司马懿精心埋伏。诸葛亮安排的一路军马二万余人在魏延、张嶷、陈式、杜琼的率领下向箕谷进发。忽报参谋邓芝到来，四将问其故，邓芝说："丞相有令：如出箕谷，提防魏兵埋伏，不可轻进。"陈式说："丞相用兵何多疑耶？吾料魏兵连遭大雨，衣甲皆毁，必然急归；安得又有埋伏？今吾兵倍道而进，可获大胜，如何又教休进？"邓芝反问道："丞相计无不中，谋无不成，汝安敢违令？"陈式笑着说："丞相若果多谋，不致街亭之失！"魏延想起孔明向日不听其计，也笑着说："丞相若听吾言，径出子午谷，此时休说长安，连洛

阳皆得矣！今执定要出祁山。有何益耶？既令进兵，今又教休进。何其号令不明！"陈式说："吾自有五千兵，径出箕谷，先到祁山下寨，看丞相羞也不羞！"邓芝再三劝阻，陈式不听，径自引五千兵出箕谷去了，邓芝只得飞报诸葛亮。

结果陈式违令果然中了埋伏，差点全军覆没。幸亏魏延率兵相救，方才率领四五百伤残人马突围。诸葛亮得知消息后，立即安排参谋邓芝再来箕谷抚慰陈式，"防其生变"。一直到从容大破曹真营寨后，才处理这场败仗，果断斩了陈式，却不杀对自己久有陈见，亦怨气冲天，助长陈式违令的魏延。诸葛亮目的很清楚，即欲留之以为后用也。后来魏延又为蜀汉立下了许多大功，最终却被诸葛亮留下遗计，让马岱斩了。

西方的赏罚思想强调"热炉法则"，即一旦违法即处罚，中国的兵法也要求"赏不逾时，罚不迁列"，都要求及时赏罚。而诸葛亮的处罚显然滞后，却也是恰当的。如果诸葛亮过早暴露了斩杀陈式的意向，陈式难免背叛投敌，甚至带走人马，给蜀汉造成新麻烦。所以诸葛亮不仅不暴露处罚意向，反而安排邓芝专程去安慰陈式，让陈式心存侥幸。等到大局已定再行处罚，万无一失。

诸葛亮对待魏延的态度是偏颇的，但他在自己顽固的陈见下，仍然注意发挥魏延的特长，不无可取之处。

这一案例的前半部分说明纵有孔明的智慧也难免朝令夕改，纵有诸葛亮的权威权力也难免有人不服。蜀国后期人力资源不足，虽然违令者也有"理由"，但主帅仍必须量罪而罚，不可心慈手软。

诸葛亮斩陈式的案例确实是有中国特色的：既有原则，更有技巧。忙而不乱，刚柔并济。细心品味这一案例后，我们对《三国演义》的赏罚思想不能不高山仰止！

（2）何以赏罚不明

有功不赏必然挫伤人才的积极性，如果给立功者以处罚则更是容易使人才背弃而去，所以，赏罚分明历来是兵家和管理者的一条重要原则。除了有些人出于私利，无功行赏、小功大赏；为泄私愤，无过处罚、小过大罚以外，为什么很多人实际上往往做不到这一点呢？细读《三国演义》，我们可以吸取以下三点教训。

一是纠缠老账，记人旧过，有功不赏。甘宁文武双全，是一个不可多得的人才，在保卫江夏的战斗中为黄祖立了大功，都督苏飞也屡次向黄祖推荐甘宁。可是昏庸的黄祖不仅不论功提拔重用甘宁，反而以甘宁做过强盗为由，不予重用。结果甘宁被其逼反，黄祖兵败身亡。黄祖既已收留了这位痛改前非的"劫江之贼"，就应当让他尽力效忠，将功补过。人非圣贤，孰能无过，成事者往往是不会对别人的旧事耿耿于怀的。

二是凭一时之怒滥行处罚，这种做法必然罚之过重。徐晃不听王平苦谏，背靠汉水讨战，结果在黄忠、赵云的夹攻下遭到惨败。徐晃死战得以逃脱后，不仅不反思自己的过失，反而责怪王平未率军相救，甚至要杀害王平。其实王平如救援徐晃，不仅无济于事，反而会白白丢失自己的营寨。徐晃在盛怒之下错怪王平，结果将其逼反，导致了更多的失败。

三是不能审时度势、准确妥当地把握赏罚尺度。如果不能审时度势，则无法正确地判断功过是非，也就无法公正地把握赏罚尺度。在西蜀已灭、东吴渐危的困难形势下，陆抗固守疆土，使晋兵不敢进犯，保卫了东吴的安全。十分明显，陆抗是一位不可多得的人才和功臣。可是吴主孙皓不能审时度势，反而听信逸言，好大喜功，居然异想天开，想灭掉晋国，实现统一。于是罢免了陆抗的兵权，降其官职，另派孙冀代领其军。结果东吴再也没有能人可以保卫疆土了，终遭亡国之祸。成事者看得准时代前进的方向，这是衡量功过是非的前

提，是赏罚分明的保证。

（3）使人见义勇为

论功行赏是鼓励下属行为的一种手段，而不仅仅是给立功者一种报酬，其目的是取得一种良好的效果。因此，只要能起到这个作用，小功也可以重赏，反之，有功亦可以不赏。掌握了这一点，才是真正掌握了奖赏行为的灵魂。

曹操之所以能在群雄纷争的局面下异军突起，"破黄巾、擒吕布、灭袁术、收袁绍，深入塞北、直抵辽东、纵横天下"，统一北方，并成为三国中的首强。这和他善于行赏，以至于部下任劳任怨、争相建功立业关系甚大。

首先，他重视奖励只求奉献不计奖赏、任劳任怨者。建功立业的精神诚然可嘉，然而，真正可贵的是做好事而受得起人们的误解，甚至为了大局而不惜牺牲自己的人。在第十六回里，夏侯惇的青州兵马下乡劫掠百姓，平虏校尉于禁率本部军马剿灭这些作乱的士兵，安抚百姓。这些青州兵跑到正被张绣追杀的曹操那里说于禁造反，曹操于是整顿兵马准备迎击于禁。于禁待曹操兵马到后，他不仅不向曹操分辩，而是一心杀退追击曹操的张绣大军，事后才向曹操辩解。曹操弄清情况后大为赞赏说："将军在匆忙之中，能整兵坚垒，任谤任劳，使反败为胜，虽古之名将，乃以加兹！"便赐以金器一副，封益寿亭侯。曹操对他的评价和奖赏，十分到位，令人折服。

其次，他注意奖励曲突徙薪者，"曲突徙薪无恩泽，焦头烂额为上客"，这是古往今来的一种常见现象，而曹操则与此相反，他特别注重奖励曲突徙薪者，体现了一个优秀领导者明智清醒的头脑和勇于认错的宽阔胸怀。他在北征乌桓之际，曹洪等将领据理反对远征，然而，曹洪的正确建议并未得到曹操的采纳。结果曹操的远征经过全军浴血奋战侥幸取得了成功。令人意外的是，曹操收军后，不是重奖那些浴血奋战的将士，而是重奖那些反对远征者。曹操对大家说："孤前者乘危远征、侥幸成功。虽得胜，天所佑也，不可以为法。

诸君之谏，乃万安之计，是以相赏。后勿难言。"他唯恐部下今后不敢提反对意见，不敢说出心里话。这种奖励一定程度上能使得部下知无不言，减少决策失误。

另外，注重奖励将功补过者。曹洪损兵折将，丢失潼关，犯了死罪，多亏"众官告免"，才免于处死。不久，曹操被马超杀得割须弃袍，多亏曹洪及时赶来拼死相救，才未死于马超之手。曹操归寨后感叹说："吾若杀了曹洪，今日必死于马超之手也！"遂唤曹洪，重加赏赐。曹操的奖励，不仅完全消除了曹洪的顾虑，显然还能激励部下勇于将功补过。

最后，对见利忘义者有功亦不赏，还适时地惩罚其负义行为。门下侍郎黄奎与马腾密谋诛杀曹操。谁知黄奎的妻弟苗泽为了达到与其妾李春香结婚的目的却向曹操告了密。曹操因此才免于一死，并乘机杀了心腹之患黄奎、马腾等。事情了结后，苗泽对曹操说："不愿加赏，只求李春香为妻。"曹操大笑说："你为了一妇人，害了你姐夫一家，留此不义之人何用！"竟连苗泽、李春香一起杀了。后来，曹操利用卖主求荣的杨松夺取了东川，也不但不奖励杨松，还将这个不忠不义之人押于市曹斩首示众。曹操的行为是否过分姑且不论，但对于杜绝奸佞作怪、打击见利忘义的小人这一方面，确实有着明显的积极作用。

由上可见，曹操的奖赏以是非为前提，注重人的心态和引导人们的行为。既遵循论功行赏原则而又能灵活多变地运用自如，效果甚佳，能够起到使部下生智生勇、见义勇为的目的。

（4）让人死而无怨

赏罚分明诚然可贵，然而，更为难能可贵的是罚得使人心服，让人死而无怨。

诸葛亮统兵征战二十七年，被他处罚的人不多，但受罚者大多数都心服口

服，受死无怨。诸葛亮去世的消息传出后，自以为才名宜为孔明之副而被孔明废为庶人的原长水校尉廖立，痛哭流涕地说："吾终为左衽矣！"险被孔明处斩而后被废为庶人的托孤重臣李严"大哭而病死"。至于斩马谡，大家都知道是"谡自缚于帐下"，甘愿伏法的。

古人说："给之于生道，而处之以死，虽死而无怨。"诸葛亮之所以处罚效果特别好，关键在于他对被罚者是"给之于生道"的。这主要表现在如下两个方面：第一，主罚人诸葛亮为被罚者不受处罚提供了一切必要条件，甚至于竭尽全力避免产生恶果。受罚者之所以受罚完全是由于主观错误造成的。例如街亭失守就是如此。第二，决不因罚废人，给了受罚者将功补过的机会，有机会凭借才干重新受到重用。对被处斩者，他像照顾自己的亲属一样照顾其亲属。所以，虽然廖立和李严受到孔明的严厉处罚，但他们也把重新受到重用的希望全部寄托在孔明身上。李严在被贬谪为庶人的同时，其子李丰被孔明重用为长史就是一个证明；执法如山斩马谡，又同时把马谡当作亲兄弟一样对待，无微不至地照顾其亲属则更为感人。

严以律己、勇于引咎自责，一视同仁不分亲疏贵贱，是诸葛亮使人心服口服的两大前提。

从上面分析可以看出，《三国演义》的赏罚思想可以概括为：赏要赏得使人见义勇为，罚要罚得让人死而无怨。如何达到这种效果，下面再分析它的一些具体的技巧和做法。

（5）赏罚技巧

第一，信赏必罚。这是维护法令尊严、取得下属信服的关键，法令应该像炉火一样不可触犯，像悬崖一样不可试步。商鞅说："天下不患无法而患无行之法。"执法不严有时比没有法令还糟，成事者是绝不会让执法时紧时松。曹操在二十岁担任洛阳北部尉时，"初到任，即设五色棒十余条于县之四门，

有犯禁者，不避权贵，皆责之。中常侍蹇硕之叔，提刀夜行，操巡夜拿住，就棒责之。由是，内外莫敢犯者，威名颇震。"管他什么豪门贵族，犯了罪即绳之以法，一下子就威行令肃，使人再也不敢触犯法律了。

第二，赏罚适时。兵法要求"赏不逾时，罚不迁例"，强调赏罚的及时性，这和《三国演义》的赏罚思想是完全一致的。前面提到曹操设五色棒就是一个例证。但在一定的情况下，也应该有灵活性，要讲究斗争艺术，否则可能形成祸害。以斩陈式为例，当诸葛亮一听到陈式损兵折将，退回谷中时，立即命令邓芝"再来箕谷抚慰陈式，防其生变"。这种措施有力地稳住了陈式的心，使得诸葛亮能够忙而不乱，大破魏兵之后再从容不迫地处理陈式的过失。

第三，审时度势。法令的宽严应该与时代相适应，应该根据现实情况而定，具有针对性。否则，赏则不足以知恩知荣。在法令松弛的情况下从重执法、不仅可以严肃法令，而且能使得奖赏加倍起作用，这就要善于审时度势才能处理好。诸葛亮治蜀，刑法颇重。法正以汉高祖约法三章之例劝诸葛亮"宽刑省法、以慰民望"，诸葛亮一针见血地说："君知其一、未知其二：秦用法暴虐，万民皆怨，故高祖以宽仁得之，今刘璋暗弱，德政不举，威刑不肃；君臣之道渐以陵替。宠之以位，位极则残；顺之以恩，恩竭则慢……为治之道，于斯著矣。"一番话说得法正拜服。的确，在当时的情况下如果宽刑省法，只能是错上加错，民怨更甚！

在《三国演义》第一百十四回，邓艾被姜维杀得大败而归，"逃回祁山寨内，上表请罪，自贬其职。司马昭见艾数有大功，不忍贬之，复加原赐"。过后"昭恐蜀兵又出，遂添兵五万，与艾守御"。

司马昭不仅没有机械地赏功罚过，反而对大败而归的邓艾大加赏赐，增添兵马。这不仅是因为邓艾"数有大功"，更是因为大敌当前，必须稳固军心，不可自乱阵脚。司马昭的做法使得邓艾感恩戴德，决心与蜀汉拼斗到底。于

是将司马昭的赏赐之物，"尽分给被害将士之家"，自然使得魏兵团结一致，众志成城。如司马昭机械地奖功罚过，难免使得邓艾、魏军丧失斗志，难以胜用。

第四，多赏慎罚。《三国演义》有一个有趣的现象，这就是曹操总是及时给部下物质和精神上的奖励（提升级别），而诸葛亮则善于处罚，罚得威行令肃。两人的成就比较显然是曹操大，但曹操的成功比起诸葛亮来，更多的是依靠部下群策群力而取得的，诸葛亮则主要依靠自己的智谋，对部下潜能的挖掘还不够，这也和诸葛亮奖励不足有很大关系。罚得好固然有约束作用，但不足以生智生勇，充分发掘部下的才能和潜能。因此，统帅应该注意对部下赏罚分明，尤其要注意处罚的局限和副效应。

第五，众所周知。一是法令要明示，要事先让人知道违犯了什么法令，为什么会受处罚。后文提到的吕蒙袭取荆州，斩其违纪的同乡就是如此。二是赏罚时要讲清楚原因。要在一定的范围内让大家知道他因为什么受了奖励或处罚。曹操的奖罚都是如此，斩首示众，号令三军就是为了众所周知，它能更广泛地起到惩戒和引导的作用。

第六，小题大做。吕蒙在袭取荆州之后，为了安定民心，稳定治安，立即下令全军"如有妄杀一人，妄取民间一物者，定按军法"。一天下大雨，吕蒙发现一位士兵取民间箬笠遮盖铠甲，当即喝令左右拿下审问，原来是吕蒙的一位老乡，该士兵哭泣求饶说：我恐怕下雨淋湿了官铠，不是为了私用，请将军念同乡之情免死。吕蒙依旧不为所动，坚决执行了军法。从此后"三军震肃"。这似乎是相当过分的，箬笠用一用可以原物奉还，即便百倍赔罚也值不了多少钱。吕蒙斩了这个士兵后，又将其"泣而葬之"。可见他们还是有一定感情的。但吕蒙为什么要如此小题大做呢？因为这是一个非常时期。荆州百姓对吴军很不了解，处在惊恐不安的状态中，吴军的一举一动对他们影响很大。此时如果

吴军不防微杜渐，秋毫无犯，不仅在百姓中容易造成不良影响，士兵也会得寸进尺、巧取豪夺，直至可能无法无天。所以吕蒙从一开始就下令不准妄取民间一物。号令既出，就必须坚决执行，否则军令就会失去权威，逐渐废弛。从这个故事我们可以看到：在特定情况下，从整体的全局利益出发，"小题大做"也是一种有效的管理方法。

在《三国演义》第一百回，魏蜀两军对峙祁山。司马懿安营扎寨，静等蜀军进入埋伏。"一偏将仰天而怨曰'大雨淋了许多时，不肯回去；今又在这里顿住，强要赌赛，却不苦了官军'"。司马懿听到此怨言后，马上升帐，以"敢出怨言，以慢军心"之名，斩了这位偏将，以致"众将悚然"，号令严明。几句怨言即招斩首，也有小题大做的性质。

第七，悦众与震惧。钟会率大军伐蜀后抵达南郑关，先锋许仪被蜀兵击退，钟会闻报后亲自率帐下甲士百余骑到关前察看战情，结果被严阵以待的蜀兵用诸葛亮留下的连弩一起射下，钟会抵挡不住，"会拨马便回，关上卢逊引五百军杀下来。会拍马过桥，桥上土塌，陷住马蹄，争些儿掀下马来。马挣不起，会弃马步行；跑下桥时，卢逊赶上，一枪刺来，——却被魏兵中荀恺回身一箭，射卢逊落马。"钟会因此转败为胜，大难不死，夺了山关以后，"即以荀恺为护军，以全副鞍马铠甲赐之。会唤许仪至帐下，责之曰：'汝为先锋，理合逢山开路，遇水叠桥，专一修理桥梁道路，以便行军。吾方才到桥上，陷住马蹄，几乎堕桥；若非荀恺，吾已被杀矣！汝既违军令，当按军法！'叱左右推出斩之。诸将告曰：'其父许褚有功于朝廷，望都督恕之。'会怒曰：'军法不明，何以令众？'遂令斩首示众。诸将无不骇然。"

钟会攻取南郑关以后，一赏一罚，赏罚分明，效果甚好。《六韬·龙韬》说："杀一人而三军震者，杀之；赏一人而万人悦者，赏之。"钟会奖荀恺，既有职务的提拔又有实物的奖励，荀恺凭一战之功，提拔到要害位置，并赏赐全副鞍

马铠甲，是一件很荣耀的事情，是炫耀的本钱。这种提拔和奖赏，很能振奋士气，鞭策将士尽心效力。而许仪乃是"虎痴"许褚之子，许褚声望极高，人人闻之而胆寒。虎父无犬子，许仪的勇力与威望自然不低，要不然也不可能担当先锋大将之职。然而许仪一战之过失，即被钟会力排众议，斩首示众，谁敢不惧不服？这钟会乃是敢打"老虎"的！钟会处理此事还有个妥当的地方，就是公布了理由。钟会处罚的过程和结果，会使众人弄清和做好自己该做的事情。

第八，却赏。诸葛亮首出祁山连破魏兵，斩将取城最后得而复失，被司马懿击退，对蜀汉、诸葛亮产生重大打击，诸葛亮退到汉中后，最后一路军马在赵云、邓芝率领下终于安全返回，"并不曾折一人一骑；辎重等器，亦无遗失"，诸葛亮喜出望外，亲自迎接，握着赵云的手说："各处兵将败损，惟子龙不折一人一骑，何也？"邓芝告曰："某引兵先行，子龙独自断后，斩将立功，敌人惊怕，因此军资什物，不曾遗弃。"诸葛亮于是"取金五十斤以赠赵云，又取绢一万匹赏云部卒"，赵云却说："三军无尺寸之功，某等俱各有罪；若反受赏，乃丞相赏罚不明也。"谢却了诸葛亮的赏赐，受到了诸葛亮的称赞。

赵云的却赏是以大局为重。大局失利，局部不宜受赏，即便有功，可以受到表扬，受到尊敬，或许还可以记功，如若大行赏赐，则就不合适了。

第九，自罚。《三国演义》中包含着浓厚的自我惩罚的思想，最醒目的是曹操割发代首和诸葛亮首出祁山，因无功而返，而自贬三级的故事。我们先讨论割发代首。

割发代首是一个有争议的故事，有人说曹操执法森严，有人说曹操奸诈，就连《三国演义》里都有诗说：

　　十万貔貅十万心，一人号令众难禁。

拔刀割发权为首，方见曹瞒诈术深。

如果从今人的眼光来看，这种割发代首实在是四两拨千斤，显得太假了！我们不能用现代人的眼光、现代法治的要求来评价曹操割发代首的故事。中国一直是人治社会，而曹操是法家，能做到以发代首已很不容易了。古人的头发是极重要的东西，一直到辛亥革命后，在大街上被革命党剪了辫子的人都痛不欲生。所以曹操下令"吾奉天子明诏，出兵讨逆，与民除害。方今麦熟之时，不得已而起兵，大小将校，凡过麦田，但有践踏者，并皆斩首"后，曹操乘坐的马却突然受到一只斑鸠惊吓，"窜入麦中，践坏了一大块麦田"，曹操当即唤行军主簿议罪，并挥剑欲自刎，幸得众人救住，又有郭嘉引《春秋》"法不加于尊"之义劝免，曹操沉吟良久后，方"割发权代首"，于是"三军悚然，无不懔遵军令"。

这里有两个问题要注意：一是曹操禁令禁的是有意破坏和无视麦田者；而曹操犯法完全是意外的，甚至属于"不可抗拒因素"。曹操可以由此为自己开脱，但曹操为了严明军令，严惩自己。二是割发代首效果良好，由此亦可见处罚之重。

再来看一下诸葛亮自贬三级的故事。

诸葛亮劳师动众，首出祁山，无功而返，丢了街亭，斩了马谡之后，"自作表文，令蒋琬申奏后主，请自贬丞相之职"，后主讨论后依费祎之议"诏贬孔明为右将军，行丞相事，照旧总督军马"。

这个故事和割发代首又有两个共同点值得今人注意：一是自罚的都是主帅，且坚持处罚自己，如不自罚也有一堆理由。二是诸葛亮自罚方式也是割发代首式的，"照旧总督军马"，这个很重要。自罚不能推脱责任，而是为了更好地担起责任。

自罚是执法者不可或缺的管理内容。

（6）结论

"能攻心则反侧自消，自古知兵非好战；不审势即宽严皆误，后来治蜀要深思。"成都武侯祠这副著名对联，道出了赏罚的关键，这就是要把赏罚立足点用在攻心上，即以此调节人的心态，引导人们的行为。"攻心"得当，具有不可估量的魔力。连孟获这样死硬的叛乱头子在孔明的攻心战术下都口服心服，永不反叛，确实值得后人深思和效仿。

总而言之，《三国演义》所表现出来的赏罚思想丰富完善，入情入理。既有各种情况下的具体经验教训，又通过这些具体经验教训体现了一些普遍性原则。它把儒家宽厚仁爱与法家铁面无私的精神糅合在一起，集中地、具体地、形象地表现了我国古代军事家的赏罚理论，并在前人基础上有所提高和发展，对后人有重要的借鉴启迪作用。

2.《三国演义》的决策观

品读《三国演义》，我们会发现它里面蕴含着丰富系统的决策思想。整理发掘这些思想，很有现实意义。本文试图就此作些粗浅的探讨。

（1）决策的形成和实施

① 决策的形成应该具有广泛性的特点。决策的广泛性就要以民主性作为基础。兼听则明，偏信则暗，一个人的聪明才智毕竟是有限度的。高明的决策者一定是善于发挥和采纳集体的智慧以弥补自身不足的。曹操多谋善断、用兵如神，然而他并没有自满自足，而是广开言路，虚心地向郭嘉、荀彧、程昱、荀攸等谋士乃至武将请教，并从中得到了许多良谋妙策，获益良多。他取得"挟天子以令诸侯"的巨大政治优势，是听计于荀彧；官渡烧粮的成功，是由于"跣

足而出"；"先拜于地"求教于许攸；兵不血刃定辽东，是多亏了郭嘉遗计；破马超，有赖于贾诩良谋。《三国演义》中，曹操向部下请教、听计、商议的事例有几十处之多。特别值得指出的是，他在官渡与袁绍相持期间，军力渐乏，粮草不济，意欲弃官渡退回许昌。因拿不定主意，还特意写信请专人赴许昌向荀彧问计。在荀彧的点拨下，曹操改变了主意，坚守官渡。结果战局果然如荀彧分析的一样发生了转机。曹操借机大破袁绍，官渡战役取得了统一北方的决定性胜利。由此可见，曹操在形成决策时是格外注意广泛听取意见的。"不识庐山真面目，只缘身在此山中"，在是非圈子里的人，往往囿于现实，一叶障目，而旁观者往往能透过现象看本质。孙权在形成决策时，也总是让部下充分发表意见然后择善而从的。他在曹操大军压境，该战还是该降拿不定主意的时候，也特意遣使星夜去柴桑郡请周瑜来商议，最后采纳了周瑜的高见，联刘抗曹，才大败曹操，形成了天下三分的局面。

② 决策的实施应该具有坚定性的特点。坚定性也可称为排他性，这是和广泛性相对的。高明的决策者应该善于择善而从，而不能择多而从。当一项英明的决策还远未形成事实的时候，它往往不被人们理解，甚至遭到坚决的反对。高明的决策者决不能因此而左右摇摆，甚至放弃实施这项决策。他应该观察反对者是不是出于私心杂念？有没有过硬的理由？反对的人多，并不代表理由充分。而且决策一旦形成就应该义无反顾。孙权有患得患失的缺点，但他能在形成决策后表现出异乎寻常的坚定性。比如他在决定了联刘破曹的大政方针后，就拔出宝剑斩断奏案一角说："诸官将有再言降曹者，与此案同！"这不仅震慑了投降派，还有迫使他们一心抗曹的作用，从而保证了联刘抗曹决策的顺利实施。张辽在合淝保卫战中，更是表现了决策的实施应该具有坚定性的原则。当孙权率四十万大军攻克皖城进逼合淝的危急时刻，张辽决定率兵出城迎击孙权。可是，他的副将李典和乐进出于私情和怯敌心理，都反对他的决策。张辽

并未因此而动摇，反而更加坚定了出城迎敌的决心。再三劝说下，终于感动了李典、乐进，三人同心协力，取得了威震逍遥津的重大胜利，还几乎活捉了孙权，扭转了战局。由此可见，决策者的信念坚定与否确实关系到决策目标是否能够实现。

③ 决策的实施要具有原则性和灵活性的特点。原则性指决策的基本精神不能违背，它不等同于坚定性。没有原则性，无论决策自身如何英明合理，也达不到应有结果，甚至妨碍大局，起到反作用。没有灵活性，往往就会因小失大，决策也难以贯彻下去。关羽由于无视隆中决策中的外结孙权的原则性方针，与孙权结怨深重，结果兵败麦城，使蓬勃发展的蜀汉事业急转直下，隆中决策的目标成为泡影。这就是决策的实施违背了原则性方针的恶果。曹魏和后来的西晋政权可以统一北方，乃至兼并天下，这就是坚持贯彻了先弱后强、逐个击破的战略决策的结果。

诸葛亮是灵活实施决策的楷模。他的隆中决策既有外结孙权，又有先取荆州为家这两条方针，这两条方针都是具有原则性的。当孙权、周瑜也要占据荆州的时候，这两条原则出现了冲突、不相容性。然而，诸葛亮却巧妙地以"借"荆州的方式，兼顾了矛盾的双方。当曹操攻取了东川，势将进取西川，"西川百姓，一日数惊"的时候，诸葛亮为了巩固刚刚建立的西川政权，又主动在荆襄九郡中，割让不甚重要的长沙、江夏、桂阳三郡给孙权，使得孙权发兵进攻合淝，刘备集团从而轻易地渡过了难关，保住了大局，体现了原则性与灵活性的辩证统一。

（2）英明决策的特征

纵观《三国演义》，可以发现：一项英明的决策，应该基本具备以下几个特征。

① 系统性。也可以称之为整体性、全局性。系统性特征是英明决策的最重

要特征。这是审时度势、顾及全局、高瞻远瞩的产物。隆中决策就是最能体现系统性的决策。它的主要内容包括：先取荆州，再夺益州；内修政治、外结孙权；西和诸戎、南抚彝越；一旦有机会，两路出兵、夺取中原、统一全国。在这里，敌、我、友，时间、空间、目标、方针等要素融洽为一个和谐的有机整体，不得不使人叹服。

某单一行动的决策，不可能同时具备以上诸要素，但要格外注意它要符合整体利益。如果能得益于一时，而在整体上是无益的决策，那是不可取的，甚至可能是有害的。陆逊就很懂得这个道理，所以能在大获全胜之际放弃追歼刘备，班师回吴，从而挫败了曹丕三路大军灭吴的计划，保卫了东吴的安全。相比之下，吕布在这方面错误最多，他做事没有整体观念和大局观念，见利忘义、反复无常。尽管英勇无敌，打败过许多对手，结果却是一事无成、兵败身亡。

② 风险性。一项决策，无论多么完美，如果不具有风险性，只要循规蹈矩即可实现目标，则不足以称之为英明决策，至多只能称之为合理化决策。英明决策是要承担风险的，是容易引起非议的，是普通人往往不敢想、不敢为的。不具备风险性的决策难以用最小的代价创造出最大化的效益。钟会就讥讽嘲笑邓艾偷渡阴平的计划，甚至想看他的笑话。然而，正是由于邓艾坚定地执行了这项风险性的计划，才得以仅用两千士兵迅速地进攻蜀汉腹地，进而攻克成都，灭亡了蜀汉政权，取得钟会几十万大军都望尘莫及的巨大战果，在军事史上写下了精彩的一页。草船借箭、空城退敌等策略，也都属于风险性决策的成功。

虑事周全、精通常规的决策者，应该警惕自己囿于学识、怯于风险，从而使得大功难成。诸葛亮拒绝接受魏延出兵斜谷的奇谋，从而六出祁山，师劳功微，遗恨千秋。这对于循规蹈矩者就是个极好的教训。

③ 可行性。可行性和风险性是同时相对的。英明的决策是风险性和可行性的辩证统一。没有可行性的决策是愚昧无知的蛮干，势必招致风险和导致失败。高超的风险性决策似险非险、有惊无险。诸葛亮在赤壁大战前夕，在周瑜身边协助他破灭曹操，刘备担心诸葛亮被周瑜暗害，诸葛亮信心百倍地宽慰他说："亮虽居虎口，安如泰山。"这正是风险性与可行性辩证统一的形象写照。他敢于用二十只船逼近曹军水寨，击鼓呐喊、饮酒取乐，就是算定了曹操"惧怕埋伏，必不敢出兵"。因而顺利完成了三天造十万支箭的艰巨任务，使得周瑜自叹不如。由此也可以看出这种风险决策又是有把握的可行性决策。

如果决策由于出现了意外情况，使得原有的可行性消失，决策者切忌惊慌失措，这时应该根据新情况灵活地选择新的目标和方案。曹操谋杀董卓失利便推说献刀而保全了性命；空城退敌也是随机应变的产物。由此可见，灵活性和可行性是有紧密联系的。

④ 及时性。一切英明的决策都是及时形成，及时付诸行动实施的。良机总是千载难逢又稍纵即逝的，决策者倘若不及时把握住机会，往往会遗恨千秋。袁绍有很多缺点，其最大的缺点就是多谋少决，不善于择善而从、及时作出决策。即使谋士已献出良谋妙策，并据理力争，他也无法分清是非好歹。结果一次又一次错失良机，终于被曹操所取代。决策时效性的教训，在曹丕身上也有着极其深刻的体现。他虽然清醒地看到了刘备和孙权的自相残杀，为他各个击破提供了条件，但他在刘备屡战屡胜、吴兵屡战屡败的大好时机面前不趁机伐吴，却要等到吴兵反败为胜、大破刘备时才出兵伐吴。他侥幸地认为吴兵会远追刘备，国内空虚，结果被严阵以待的吴兵杀得大败而归。

⑤ 进取性。一切英明决策都具有进取性的特性。风险性和进取性往往是相伴而行的。进取是要付出代价的，是要有牺牲精神的。成事者的决策犹如逆水行舟，不进则退。如果苟且偷安、不思进取，早晚要错失良机，被时代淘汰。

孙权被人誉为"聪明、仁慈、雄略"之主，虽然不无道理，但"雄"气还不足，缺少充分的进取精神和风险承受能力。他划江自守、偏安一隅、患得患失、功业有限。而孙策比孙权更有进取精神，他在吴地没兵、寄身袁术之际，毅然作出决策，将父亲遗留下来的传国玉玺作为抵押品，向袁术借兵三千，进军江东，攻州夺府，招贤纳士，迅速扫平了江东，割据势力，独霸一方，为东吴立国奠定了基础。他表现了不求虚名、不贪富贵、锐意进取、勇于拼搏的精神。这种进取精神正是他取得巨大成就的前提。

（3）决策失误的基本原因

而决策失误的基本原因有以下几点。

① 感情用事，一意孤行。最突出的例子是刘备伐吴。他不顾及整体利益，违背了系统性要求。

② 求稳怕乱，循规蹈矩。表现为不敢承担风险。如前文提到的诸葛亮不用魏延之计，出兵斜谷，还明确地说自己"依法进兵，何忧不胜"，结果大事未成。

③ 侥幸取胜，急于求成。即违背了决策的可行性特征，缺少科学性。例如，曹操放弃先弱后强、各个击破的方针，在后方未平、军心未稳之际过早地进攻孙权、刘备。导致赤壁一战中惨败。

④ 优柔寡断，多谋少决。考虑过多而当断不断，患得患失，违背了决策的及时性要求。一项决策，即便有误，如果你能大胆灵活地应付意外情况，仍有可能争取补救机会，从而化险为夷，变不利为有利的，但机会一过往往就追悔莫及了。

⑤ 胸无大志，苟且偷安。即违背了进取性特征。刘备劝刘表乘曹操远征乌桓之机袭取许昌时，刘表就说："吾坐居九镇足矣，岂可别图？"充分表现了他"座谈之客"的形象。袁绍因儿子生疥疮而甘愿放弃袭取许昌的良机，实质上

还是胸无大志，曹操说他"干大事而惜身"，就有这种意思。

决策失误的具体原因较多，不仅仅止于以上五点。比如生搬硬套、脱离实际会造成决策失误，它也违背了可行性的要求。例如，徐晃在汉水仿效韩信背水作战，结果被黄忠、赵云夹击而大败。马谡失街亭更不用多谈。如果能按英明决策的五个特征把握决策，基本上就可以避免决策失误。本文不一一列出决策失误事例的具体原因，这对于有心者是多余的。

3. 从《三国演义》谈人才之失

我国古典名著《三国演义》通过一系列惊心动魄的政治、军事斗争故事，生动形象地揭示了一条真理：人才的得失决定了事业的兴衰成败。该书在第二十九回就直接通过周瑜的口说："得人者昌，失人者亡。"有关得人之道，人们已关注、谈论较多，因此本文主要侧重于谈谈失人才之道。

综观《三国演义》可以发现，每个政治集团的衰亡都是和失却人才联系在一起的，然而，一个政治军事统帅失却人才的具体原因究竟有哪些呢？《三国演义》对此提供了生动的答案，本文试图对此作系统的归纳分析，以期引史为鉴。

（1）胸无大志

胸无大志者，即使事业有了较好的基础，拥有一定的优秀人才，也会使人才消极失望，以致背弃而去。这是因为人才总是渴望干一番事业，一旦意识到不能在现有的岗位上有一番作为，难免另寻高就。请看以下几个例子。

有极其优越的政治、军事优势的袁绍，由于"干大事而惜身"，文有荀彧弃他而去，后来成了曹操的第一流谋士；武有赵云不辞而别，尽管袁绍再三请他回来，而赵云宁可流落飘荡，也不回心转意，后来成了刘备的五虎上将之一。

甘宁主动结束了"劫江之贼"的生活，希望能有个奔头而投靠了"座谈之客"刘表。"见表不能成事"，即另寻出路，后来成了东吴名将。

徐晃本是忠于杨奉的良将，在满宠的点拨下说："我固知奉、暹非立业之人"。遂弃之而去，成了曹操的爱将。

肩负重任就要胸怀大志。否则不如让贤。胸无大志不仅使人才弃之而去，甚至可能葬送已有的基业。张松、法正、孟达深知追随"守户之犬"刘璋没有出路，于是另寻明主，为西川易主拉开了序幕。假如后来不是刘备夺取了西川，而是曹操夺取了西川，刘璋还能苟活下去吗？

"驽马恋栈豆"的曹爽，在司马懿突然发动兵变的形势下，虽有智囊桓范、杨综的良言力谏而不用，梦想放弃兵权，保全荣华富贵，结果祸灭九族。

（2）唯我独尊

如果把个人利益看得高于一切，即使是一位很有见识的人，即便是爱才、重才的决策者，也难免会失去人才。这一点，在曹操身上表现得十分突出。曹操的第一流谋士、被曹操称之为"吾之子房"的荀彧，仅仅因为反对曹操封魏公、加九锡就被曹操逼死。由于类似原因，为曹操立过汗马功劳的重要谋士荀攸、崔琰又先后死在曹操手中。而不惜弃官舍命救曹操、最后宁死也不肯归顺曹操的陈宫之死，更是发人深省。

（3）作恶多端

人才大多数都具有正义感、同情心且爱憎分明。如果决策者作恶多端，则难免使人才背弃而去，甚至反目成仇。韩玄欲杀黄忠，反被魏延所诛；吴主孙皓杀死万彧、留平、楼云等四十余人才，终遭亡国之祸；忠于董卓而且为其立下汗马功劳的李肃，当看到董卓"罪恶满盈、人神共愤"时，亲自引诱董卓离开郿坞老巢，使得王允、吕布等人顺利实现了刺杀董卓的计划，李肃还亲手砍下了这个恶棍的首级；李傕失去心腹良才贾诩的例子，也说明这个问题。

（4）任人唯亲

人才是在众人之中广泛挑选出来的优秀分子，在狭小的范围内选拔足够的人才是十分艰难的。任人唯亲者，即使已经拥有人才，也不能较好地发挥人才的作用，甚至会失去人才。袁绍在对曹操占有压倒优势的情况下，郭嘉认定曹操必胜，袁绍必败。其中有一个原因就是："绍外宽内忌，所任多亲戚，公外简内明，用人惟才，此度胜也。"袁曹两军在官渡相持的关键时刻，许攸向袁绍献计袭取许昌，两路进击曹操。这本来是一条绝妙可行的好计策。可是袁绍却在审配来信的挑唆下竟怒叱许攸说：你是曹操的老朋友，想必你现在一定是受了他们的财贿，为他做奸细，来欺骗我，我今天暂时不杀你，今后你再不许见我了！许攸被逼得走投无路，只好投奔了曹操，并为其献计迅速打败了袁绍。有诗叹曰：若使许攸谋见用，山河争得属曹家？袁绍不用许攸计谋，主要原因之一就是过于计较许攸与曹操的故旧关系，实质也就是以亲划线，终于逼走了人才，招致惨败。

（5）赏罚不明

有功不赏必然挫伤人才的积极性。如果给有功者以处罚更是容易使人才痛弃而去。这在《三国演义》中有三种情形：一是纠缠老账，记人旧过，有功不赏。甘宁文武双全，在保卫江夏的战斗中为黄祖立下了大功。都督苏飞也屡次向黄祖推荐甘宁。可是昏庸的黄祖不仅不论功行赏，不提拔重用甘宁，反而说甘宁在长江上做过强盗，不能重用，结果甘宁被其逼反，黄祖兵败身亡。

二是凭一时之怒滥用处罚。这种做法必然罚之过重，容易招致恶果。徐晃不听王平苦谏，背靠汉水讨战，惨败后责怪王平，甚至要杀害他。结果将其逼反，这就是恼羞成怒的恶果。曹操斩蔡瑁、张允，更是一怒之下的恶果。

三是不能审时度势，准确妥当地把握赏罚尺度。在西蜀已灭、东吴势危的形势下，陆抗固守疆土，使晋兵不敢进犯，保卫了东吴的安全。十分明显，陆

抗是一位不可多得的人才和功臣，应该得到奖赏重用。可是吴主孙皓不能审时度势，好大喜功，居然异想天开去灭除晋国，实现统一。于是罢免了陆抗的兵权，结果东吴再也没有人可以保卫疆土，终遭亡国之祸。

（6）不识贤愚

不识贤愚是指矛盾已经暴露，形势十分险峻，人才已经力谏良言，陈述利害，而决策者却不能择善而从。因此，它的结果不仅是失去人才，甚至会丧权失地，招致杀身之祸。汉家江山之所以变成军阀割据的局面，其导因就在于国舅何进不听陈琳、曹操的良言力谏，招董卓进京，引起天下大乱。刘表之子刘琮率全部人马和荆州等地投降了曹操后，刘琮部将王威曾密告他说："将军既降，玄德又走，曹操必懈弛而无备。愿将军奋整奇兵，设于险处击之，操可获矣。获操则威震天下，中原虽广，可传檄而定。此难遇之机，不可失也。"可惜刘琮却不能用此妙计，结果全家都死在曹操手里，王威也在保卫刘琮及其家小时丧生。

忠臣贤士具有刚直无畏的气概，因而这种人才往往失去就是死别。例如王累劝阻刘璋迎接刘备入川，最后从城门上"自割断其绳索，撞死于地"。以死来劝阻刘璋引狼入室的愚蠢行为。这种不计较个人得失，不顾个人安危直言进谏的行为，正是忠臣的特征。王累之死，很值得后人深思。

（7）以"貌"取人

本文的"貌"是一种宽泛的说法，即表象的意思，包括容貌、年龄、地位、资历、表现等外在因素。在《三国演义》中，有不少以"貌"取人导致失去人才，遭受挫折的例子。曹操不嫌张松丑陋，刘备安取西川？刘繇不小看太史慈年轻，孙策难以独占江东！关羽曾因身份低下欲出战华雄而受到袁氏兄弟的斥骂，可是他后来地位高了，却看不起身份较低的老将黄忠，说什么"大丈夫终不与老卒为伍。"这些具有讽刺性的事实，说明"貌"的影响是难以估量的。出身寒微、年纪轻轻、容貌丑陋的人才自古并不少见，可是这种人想要做番事业，往往总

是要受到人们的误解和疑虑，总是要经过一番艰难曲折的过程。这是值得决策者引以为戒的。

人才投奔他人时，往往貌似狂妄，不曲意逢迎，不喜欢利用社会关系引起对方器重。只有看到对方诚意后，才倾心相报。他们深信：只要对方有礼贤下士的气度和识别贤愚的慧眼，他们的才华就足以打动对方，引起对方对自己的器重，反之就没有必要引起对方的兴趣。这是因为如果一开始就迎合对方，今后要直抒胸臆、尽情发挥才干时就要受到阻碍。万一开始碰壁，还有机会投奔他处。孙权不用庞统，刘备拜之为军师；孟德乱棒打走张松，玄德却捧之为上宾，就最能说明问题。

以貌取人具有直接、迅速、省力的特点，颇为顺着人的惰性，所以人们常常不自觉地用这种方法评判人，来决定对人才的取舍，这种结论又比较容易被社会接受。事实上，大智者，往往若愚；大才者，常常不堪小用。要想准确客观评价一个人，不但要多费气力，还要作长期考察。

（8）用人过度

不重用人才，固然会埋没人才，失去人才，但对于人才用之不当，用之过度，也会丧失人才。爱才，理当重用人才，但也少不了对人才的全面了解和关怀体贴。只有对人才内在的素质——德、识、才、学、体全面了解，才够得上爱才、重才，才能避免用人过度。

用人过度有两种情形。

一是操劳过度。郭嘉、周瑜、诸葛亮分别是魏、吴、蜀三国最杰出人才。他们在战场上屡建奇功而未死于刀箭之下，却由于操劳过度，未得到适当调养而过早夭亡。郭嘉亡年三十八岁，周瑜死时三十六岁，诸葛亮去世时也不过五十四岁。都正是为国承担重任时辞世。郭嘉、诸葛亮操劳过度的情形比较明显。周瑜也是如此，他性情急躁，在赤壁大战前夕，猛然想到火烧曹军没有

东南风相助时，便口吐鲜血，昏倒在地，不省人事。在和曹仁的较量中又负伤吐血，送了半条命。假如孙权能劝慰周瑜从长计议夺取荆州，不与刘备、诸葛亮争一日之长短，并妥善安置周瑜调养身体，东吴是不会过早失去这位杰出人才的。

二是人才错位。兵对兵，将对将；小才对小才，英雄对豪杰。在你死我活的军事战场，如果把小才委之以大用，或在用人时张冠李戴，造成人才错位，无异于推其下水。马谡作为谋士，够得上是个人才，可是孔明忽视了其言过其实的毛病和不能独当一面的局限，委以重用，结果街亭失守，全军被动，马谡本人也只好走上了断头台。

（9）中离间计

在刀光剑影的军事战场，许多忠心耿耿而又所向无敌的高级将领往往被自己的统帅或盟友逼走或残杀。中离间计有的是由于生活作风上的弱点，例如"好色之徒"董卓和吕布被人以女色离间。但更主要的是担心将佐或盟友反叛，如马遵等逼走姜维，张鲁逼走马超、庞德，曹操错杀蔡瑁、张允，马超和韩遂从盟友走向对立。

要避免中离间计，就要在平时格外注意对重要将领和盟友的观察了解。一经任用或合作就应该做到用人不疑。不少人只要你待之以诚，他们必然报之以忠。反复无常、见利忘义者毕竟还是少数。如果发现可疑现象和举报，要注意冷静和理智，切忌轻开杀戒，上了人家的当，造成无可挽回的恶果。如果一时无法准确判断下属是否背叛，可以结合形势加以考察。如曹睿罢免司马懿官职，当时司马懿尚无功于国，羽毛未丰，此时背叛则人心不服，远未具备造反条件。其实曹睿深知司马懿老谋深算，就不难推断其此时不会背叛。

（10）同僚相残

堡垒是最容易从内部攻破的，一个政治集团内部成员如果钩心斗角，互相

倾轧，其结果是使光明磊落、一心对外的忠臣贤士大受其害，集团将大伤元气，甚至于衰亡。同僚相残造成失却人才主要有两种情况。

心胸狭窄，唯恐别人立功受奖胜过自己。例如于禁妒庞德，致使一再错失良机，放过了关羽。结果七军被淹，于禁被擒，庞德被诛，转胜为败。

互不买账，不择手段要压倒同僚。两虎相斗，必有一伤。荀彧在分析袁绍集团内部矛盾时说：许攸、审配、逄纪、田丰等各谋士各不相容，久必生变。后来在关键时刻，审配诬告许攸，逄纪陷害田丰，致使袁绍集团实力大耗，不断地失去人才。整个袁绍集团的衰亡与同僚相残、大搞窝里斗是分不开的。

《三国演义》所揭示的失人之道，具有很强的系统性和很高的借鉴价值，值得我们好好学习。

4. 科学的预言，精辟的概括——试析郭嘉的"十胜十败"论

《三国演义》中的郭嘉是曹操最优秀的谋士。他短暂的一生为曹魏政治集团立下了汗马功劳，表现出了卓越的政治军事才能。郭嘉死后，曹操放声痛哭并对身边众官说："诸君年齿，皆孤等辈，惟奉孝（郭嘉的字）最少，吾欲托以后事，不期中年夭折，使吾心肠崩裂矣！"他在赤壁惨败逃回南郡后，又放声痛哭说："若奉孝在，决不使吾有此大失也！"足见曹操对他极度倚重。郭嘉不仅多次为曹操出谋划策，表现了杰出的才干，更重要也最为人称道的是，在袁绍具有明显的政治、军事优势，曹操势单力薄而受到袁绍威胁的严峻形势下，郭嘉就透过重重迷雾，科学地预见曹操必将战胜袁绍。他信心百倍地对一向敢作敢为、一心想击败袁绍又感到没有把握的曹操说："刘、项之不敌，公所知也。高祖惟智胜，项羽虽强，终为所擒。今绍有十败，公有十胜，绍兵虽盛，不足惧也：绍繁礼多仪，公体任自然，此道胜也；绍以逆动，公以顺率，

此义胜也；恒、灵以来，政失于宽，绍以宽济，公以猛纠，此治胜也；绍外宽内忌，所任多亲戚，公外简内明，用人惟才，此度胜也；绍多谋少决，公得策辄行，此谋胜也；绍专收名誉，公以至诚待人，此德胜也；绍恤近忽远，公虑无不周，此仁胜也；绍听谗惑乱，公浸润不行，此明胜也；绍是非混淆，公法度严明，此文胜也；绍好为虚势，不知兵要，公以少克众，用兵如神，此武胜也。公有此十胜，于以败绍无难矣。"

这一番话使得曹操坚定了打败袁绍的信心，也引起后人广泛注意并大量引用。遗憾的是，人们注意的是这段话对曹操起到的重要作用，而对其内容却缺少具体细致的剖析，更没有注重这段话的思想价值，本文试图对此作些粗浅的分析。

郭嘉这段话一反世俗眼光，从决策者的素质对比来预见对立双方的兴衰成败，表现了一位优秀政治家清醒冷静的头脑和远见卓识。这段话和曹操煮酒论英雄的一番宏论在本质上有异曲同工之妙。更妙的是这段话恰好在激烈的军事斗争环境下被提出，明确指出一个政治集团的最高决策者应该具备的基本素质。尽管这里不过是从正反两个方面提出了十个要点，然而，这十个要点却可以从《三国演义》和大量的历史事实中得到充分证明。逐一分析理解这段话所包含的思想含义，对人才的自我完善、发现和鉴别人才以及决策者如何从政，仍然具有现实意义。

首先，他从刘邦以弱胜强，最终击败项羽的历史典故入手，以无可辩驳的历史事实说明：军事实力未必足以决定战争的胜负，而决策者的素质（智）却可以决定事业的成败，并具体分析了袁、曹的素质进行对比：

第一，"绍繁礼多仪，公体任自然，此道胜也"。此处的"道"含有规律、方法的意思。这就是说曹操在顺应规律、方法使用方面胜于袁绍。这从温酒斩华雄的故事中可以得到证明。当时华雄连斩十八路诸侯的四员大将，只有关羽

挺身而出欲斩华雄。可是当人们知道关羽职位低下，只不过是县令手下的马弓手时，立即引起了一场争论，"袁术大喝曰：'汝欺吾众诸侯无大将耶？量一弓手，安敢乱言！与我打出！'曹操急止之曰：'公路息怒。此人既出大言，必有勇略；试教出马，如其不胜，责之未迟。'袁绍曰：'使一弓手出战，必被华雄所笑。'"在曹操的坚持下，关羽方才得以出战斩了华雄。由此可见，出身于四世三公的袁绍兄弟被儒家的繁文缛节束缚深重，以致坑人误事。而曹操处事则能顺其自然，从而赢得成功。人为的规矩应该适应客观规律，才有益于事业的成功，否则应及时破除。兵对兵、将对将，这是考虑到兵不是将的对手。如果我的将不是敌将的对手，而我的兵可以胜得过敌将，为什么不让我的兵去对敌将呢？关羽勇斩华雄后，袁绍不仅不封赏关羽，还助其弟袁术用等级观念斥责关羽兄弟。十八路诸侯讨伐董卓的失败，袁绍政治集团的溃亡，曹操事业的兴盛，在这里不是预见得很清楚了吗？

第二，"绍以逆动，公以顺率，此义胜也"。义指道义。这个问题包括道德问题和能否审时度势的问题。曹操不顾个人安危，从刺杀董卓到率先起兵讨伐董卓，都是符合国家利益和人民愿望的，所以得到了广泛响应。他统一北方，在客观上也有益人民生活安定和休养生息。曹操说袁绍："干大事而惜身，见小利而忘命"，这与郭嘉指责他倒行逆施是相通的。一个高层决策者同时兼有了这两方面的特征，怎能不倒行逆施、深失众望？袁绍作为十八路诸侯的盟主讨伐董卓，居然连一员骁勇的上将也不带，这与即使倾家荡产也在所不惜的曹操刚好是一个鲜明的对照。可是袁绍为了霸占冀州，却不惜背信弃义，要尽阴谋，失信于天下。

得道多助，失道寡助，识时务者为俊杰。做大事者应顺应民心民意，顺应历史潮流，否则是不会有出路的。

第三，"恒、灵以来，政失于宽，绍以宽济，公以猛纠，此治胜

指治理、管理国家行政事务方面曹操胜于袁绍。宽与猛不仅是性格问题，也反映了决策者能否审时度势的问题。曹操初入仕途，担任洛阳北部尉时，就用五色棒严惩违法乱纪者，不避豪贵，很快令行禁止，威名大震。其后他针对法治松弛的时弊，一直严于执法，使得他统辖范围之内的人民能够安居乐业。特别是在征伐"民皆怨之"的袁绍时下令："如有下乡杀人家鸡犬者，如杀人之罪！"于是军民皆服。这为他迅速取代袁绍奠定了基础。

第四，"绍外宽内忌，所任多亲戚，公外简内明，用人惟才，此度胜也"。袁绍由于历史的原因，部下能人极多，然而他本人度量有限，对本来忠于他的部下在关键时却放心不下，持猜忌态度。不但不发挥他们的智慧，反而将他们逼反、囚禁甚至杀害。后面讲到的"听谗惑乱"就和"内忌"是紧紧相连的，致使自己可以信任依靠的范围越来越小。他对待外部的态度却恰恰相反。关羽接连斩了他的爱将颜良、文丑，他居然还厚待刘备，甚至还当刘备的面一再斥责沮授、郭图、审配这些举报者，淋漓尽致地扮演了一个外宽内忌者的角色。而曹操则与袁绍相反，他唯才是举、爱才如命，对外大量招揽吸引人才，即使是有仇有怨者，他也能以事业为重，豁达大度，尽释前嫌，使自己的力量不断壮大。曹操对内知人善任，较好地发挥了下属的才干，极少因此失误。

第五，"绍多谋少决，公得策辄行，此谋胜也"。谋指计谋、主意。有了好的主意要当机立断，这是高明决策者的必备素质之一。袁绍属于优柔寡断型的决策者，他因此而屡失良机，终于一步一步由优势走向劣势直至溃亡。"夫功者难成而易败，时机难得而易失；时夫时，不再来！"（司马迁《史记·淮阴侯列传》），优柔寡断型决策者在激烈的竞争形势下是必将被淘汰的。在《三国演义》第四回，袁绍与董卓翻脸而去，伍琼就对董卓说："袁绍好谋无断，不足为虑。"看出了袁绍致命的弱点，认定他不能成就事业。而曹操不仅足智多谋

和善于发扬民主精神，又勇担风险、敢作敢为，极善于当机立断。如此两种人发生争战，不是早就可以断定他们的胜负吗？

第六，"绍专收名誉，公以至诚待人，此德胜也"。这是说曹操在道德品行上胜于袁绍。

讲曹操至诚待人恐怕有人不能完全接受。但不管如何，这一条对决策者来讲确实是很重要的。曹操在这方面不仅胜于袁绍，而且还有许多人所难以企及的地方，他若不是对关羽至诚至爱，关羽岂会在华容道上拼死放他一马。张郃、高览率本部军马投降曹操时，夏侯惇就告诫曹操说："张、高二人来降，未知虚实。"曹操说："吾以恩遇之，虽有异心，亦可变矣。"后来张、高二人都成了忠于曹操的勇将。曹操的"以恩遇之"就是以诚待人。精诚所至、金石为开。决策者以诚待人方能吸引人、感化人，汇百溪为江海，不断发展壮大自己的力量。袁绍手下能人虽多，但只能为其装装门面而已，不能真正发挥才干。袁绍收容刘备，绝不会真正任用刘备，只不过捞取一点"好贤"的名声罢了。结果只是误了自己，袁、曹的消长趋势，由此也可以一目了然。

第七，"绍恤近忽远，公虑无不周，此仁胜也"。说曹操虑无不周有些夸张。这对于日理万机的决策者来说也几乎是不可能的事，但曹操确属善于统筹全局、高瞻远瞩的决策者。他能够牺牲眼前利益来追求长远利益。然而袁绍却在"曹操东征刘玄德，许昌空虚，若以义兵乘虚而入，上可以保天子，下可以救万民"的千载难逢的良机面前，因为最心爱的幼子生病，不顾谋士田丰和刘备来使孙乾的请求，拒绝发兵袭击许昌，增援刘备。结果曹操打败了刘备，扩大了地盘，壮大了实力，袁绍悔之不及。袁绍这种妇人之仁者怎么能让他处理好天下大事呢？又怎么能照顾到后代的长远利益呢？

第八，"绍听谗惑乱，公浸润不行，此明胜也"。"浸润"的意思是时时利用说坏话进行挑拨倾轧活动，以渐进的方式进行，就像水浸泡物体，使听者不

易察觉。"不行"意为行不通。"明胜"指眼光正确，对事物现象看得清楚。"听谗惑乱"即俗话说耳朵根软，因此谗言四起，是非颠倒，忠良遭谤遭殃。平民百姓耳朵根软点儿问题还不大，大权在握者耳朵根软必定会造成问题成堆、内耗迭起，最终贻误大业。袁绍由于听信谗言，逼反许攸，成为官渡决战惨败的开端。在决战高潮时，又拒绝接受张郃、高览的正确意见，听取郭图的错误意见，从根本上失去了主动权。失败后，袁绍还不醒悟，反而还听信文过饰非、推卸罪责的郭图的诬告，逼反了张郃、高览，在官渡决战中陷入了彻底的崩溃。战役结束后，袁绍的士兵都在背后痛哭说：当初如果袁绍听取了谋士田丰的忠良之言，如何会招致大败！袁绍闻此言亦心中后悔不迭，可是他在谋士逢纪的谗言下，又怒杀了田丰。在这种专门听信小人之言的决策者门下，忠良之臣怎么能发挥才干？哪里有半点儿安全感？而曹操则与他相反，有奸必察、见奸必除，使自己置身于一个群策群力的环境中。双方的成败兴亡，岂不明耶？

第九，"绍是非混淆，公法度严明，此文胜也"。"文胜"广义上指非军事才能以外的才能胜于袁绍。袁、曹各自作为代表一方的政治、军事最高统帅，又处在战乱之际，应该具有文能治国、武能安邦的才能，前文说到的治胜、度胜、仁胜、明胜等亦属于或部分属于文胜。郭嘉在这里主要是讲曹操善于依法治国。这从前文所提到的五色棒故事也可以得到证明。而袁绍根本不能明辨是非，不可能处理好国家的事务。不仅如此，他还连自己兄弟之间及子女的事情也无法处理好，致使内耗迭起，骨肉相残，岂能不败于曹操？

第十，"绍好为虚势，不知兵要，公以少克众，用兵如神，此武胜也"。武胜指军事才能胜于袁绍。这从现代人的眼光来看是专业知识问题。两个对立的军事集团兵刃相见，双方统帅的军事才能直接关系到战争的结局。曹操在军事理论上颇有造诣，在实践上也确实是善于以少克众，用兵如神，打了不少漂亮

的仗。连诸葛亮也在后《出师表》中高度评价他："曹操智计，殊绝于人，其用兵也，仿佛孙、吴"，而袁绍不仅自己根本不懂用兵作战的道理，又不善吸收下属的智慧，这样的军事统帅怎么能在天下纷争、群雄并起的形势下站得住脚呢？

郭嘉的胜败思想和《孙子兵法》的胜败思想是一脉相承的。《孙子兵法·计篇》说："主孰有道？将孰有能？天地孰得？法令孰行？兵众孰强？士卒孰练？赏罚孰明？吾以此知胜负矣。"在以上七个方面中，除"天地孰得""兵众孰强""士卒孰练"郭嘉没有对比分析外，其余四个方面都包含在他的"十胜十败"论中。郭嘉最后信心百倍地对曹操下结论说："公有此十胜，于以败绍无难矣。"事实上，一叶可以知秋至，睿智者总是善于见微知著，察端知末，著名的"见象箸而怖"的故事就是一个典型的例子。在郭嘉分析的这十个方面中，只要通过其中的一个方面都有可能准确地预测到他们的兴亡成败。而从十个方面都得出了一个共同的结论，这个结论还怕有什么不可靠吗？

从时代背景理解领会"十胜十败"论，我们更能感觉到郭嘉胆识过人、高瞻远瞩。当时，不仅曹操缺少必胜的信念，天下人也普遍认为曹操无力和袁绍争衡。后来，在袁绍大军压境的情况下，尽管郭嘉已作了上述透彻精辟的分析，以才学闻名的孔融仍然专门来劝曹操说："袁绍势大，不可与战，只可与和。"当曹操在官渡大破袁绍之后，在缴获的袁绍的图书中检出书信一束，"皆许都及军中诸人与绍暗通之书。左右曰：'可逐一点对姓名，收而杀之。'操曰：'当绍之强，孤亦不能自保，况他人乎？'"一些人不仅是畏惧袁绍，毫无信心，甚至冒险暗中勾结袁绍，连曹操也有自身难保的感觉，这就更可以使人认识到郭嘉的见识过人了。人们常说要透过现象看本质，可是真正能像郭嘉这种不为迷雾所惑的人毕竟很少。

特别值得一提的是，"十胜十败"论的思想在历史上并不是出自郭嘉，而

是出自被曹操称之为"吾之子房"的荀彧。郭嘉和荀彧都是先事袁绍，见绍不能成事后主动投奔曹操的，他们都是善于"择主而事"的贤臣，也都是最适合对袁绍、曹操作对比分析的人。作者在这里运用移花接木的手法把荀彧的原话加工演绎成了郭嘉的话，这大概是为了适应虚构荀彧被曹操逼死的结局，以求整体上的和谐完整。据《三国志·荀彧传》载："绍既并河朔，天下畏其强……彧曰：'古之成败者，诚有其才，虽弱必强，苟非其人，虽强易弱，刘、项之存亡，足以观矣。今与公争天下者，唯袁绍耳。绍貌外宽而内忌，任人而疑其心，公明达不拘，唯才所宜，此度胜也。绍迟重少决，失在后机，公能断大事，应变无方，此谋胜也。绍御军宽缓，法令不立，士卒虽众，其实难用，公法令既明，赏罚必行，士卒虽寡，皆争致死，此武胜也。绍凭世资，从容饰智，以收名誉，故士之寡能好问者多归之，公以至仁待人，推诚心不为虚美，行己谨俭，而与有功者无所吝惜，故天下忠正效实之士咸愿为用，此德胜也。夫以四胜辅天子，扶义征伐，谁敢不从？绍之强其何能为！'太祖悦。"这就是"十胜十败"论的原型。尽管在这里只不过进行了四个方面的对比，语言等亦不如郭嘉的"十胜十败"论精当，但两者的精神是完全一致的。郭嘉的言论是由荀彧的言论推衍出来的。从"十胜十败"论中，作者不仅生动塑造了袁绍和曹操的艺术形象，还将他心目中的决策者和从政观呈现出来。

5. 马谡和陆逊的素质比较

《三国演义》中的马谡和陆逊同是书生，皆为谋士，年龄、资历亦相差不大。马谡曾献离间之计，为孔明首出祁山的顺利进军扫除了障碍；陆逊曾出骄兵之法，为吕蒙袭取荆州创造了条件。先前两人均没有独立指挥过作战，后来都在紧要关头出兵挂帅，打的又都是保卫战。结果却是马谡兵败街亭，导致蜀

汉全局失利，遗恨千秋；陆逊却火烧连营，使得东吴转危为安，功垂万代。提起马谡，人们往往要把书生、空谈、教条主义一起联想，唯恐这种人走上决策者岗位；谈到陆逊，大家常常把知识、踏实、雄才大略连为一体，只恨其不能重生再世、出人头地。然而，马谡和陆逊在素质上究竟有什么差别呢？

陆逊在素质上的主要特点，就是忍让。请先看看他的作为：首先，在大有亡国之祸的危机面前，陆逊能够沉得住气而藏才不露。当时刘备亲率七十五万大军伐吴，连胜数十阵；东吴损兵折将、孙权举止失措，在大有亡国之祸的危机面前，他能够沉得住气而不露声色。及至孙权召见并任命他"总督军马，以破刘备"时，陆逊还再三推辞说："臣年幼无才，安能制之？"其后又说："倘文武不服，何如？"一直到孙权将自己佩带的宝剑赐给他，并对他说："如有不听号令者，先斩后奏"，他还未肯接受。而要等到孙权连夜筑坛，大会百官，请陆逊登坛，拜为大都督、右护军镇西将军，赐以宝剑印绶时，方肯接受重托，率兵抗击刘备。

在此之前，东吴是迫切需要能人自告奋勇出兵挂帅的。然而，陆逊却似乎始终无动于衷，这是不是陆逊对国家大事毫不关心、麻木不仁呢？否！当年吕蒙准备袭取荆州而又束手无策，只得托病不出的时候，陆逊就主动为孙权拨开迷雾，并为吕蒙献上了破敌之法。可见陆逊不仅极为关切国事，而且洞察力很强，甚至能看透主帅的心底机密。为什么最具帅才的陆逊不仅不自告奋勇，反而还再三谦让呢？一是自己年轻。中国是极重视资历的国度，年轻人在长辈面前似乎总是矮一截子。一个青年人仅仅凭借才干一跃而成为三军统帅，那是难以得心应手处理军机大事的，这连名高天下的卧龙先生也不能例外。二是因为自己是个书生。自古以来人们对读书人似乎特别看得起，把读书人放在四民之首（士、农、工、商），但实际上又有"百无一用是书生"的说法。读书人在人们心目中是写文章、讲空话的料，不能够处理复杂多变的事情。在陆逊

一人身上，同时存在两样不利因素，实"不堪重任"，这就决定了人们绝不会轻易服从他的领导。因此，陆逊不得不一让再让，以求得机会来创造条件弥补他自身的"不足"。

"阚泽出班奏曰'……现有陆伯言在荆州。此人名虽儒生，实有雄才大略，以臣论之，不在周郎之下；前破关公，其谋皆出于伯言。主上若能用之，破蜀必矣。如或有失，臣愿与同罪'，权曰：'非德润（指阚泽）之言，孤几误大事。'张昭曰：'陆逊乃一书生耳，非刘备敌手，恐不可用。'顾雍亦曰：'陆逊年幼望轻，恐诸公不服，若不服则生祸乱，必误大事'。步骘亦曰：'逊才堪治郡耳；若托以大事，非其宜也。'阚泽大呼曰：'若不用陆伯言，则东吴休矣！臣愿以全家保之！'权曰：'孤亦素知陆伯言乃奇才也！孤意已决，卿等勿言。'"

在以沉着机智而著称的阚泽"愿与之同罪"的竭力保荐下，在最高决策者已经表态的情况下，在没有竞争对手的前提下，仍然有一帮颇有影响力的人出面反对、劝阻起用有识有谋的陆逊，而反对的理由仅仅因为陆逊是一介书生，年幼望轻。直到孙权隆重任命陆逊掌管六郡八十一州兼荆襄诸路军马后，韩当、周泰等一班武将还大吃一惊说："'主上如何以一书生总兵耶？'比及逊至，众皆不服。"他们对青年人、读书人的轻蔑到了何等严重的程度！假如陆逊是自告奋勇的，这些人的反对态度必然会更加强烈。

其次，陆逊的忍让还表现在能正确对待部下的不服情绪。陆逊初到军中，升帐议事，众将领只是勉强前来参贺，随即"众皆默然"。等到周泰请求救援孙桓被陆逊好言拒绝后，"众皆暗笑而退，韩当谓周泰曰：'命此孺子为将，东吴休矣——公见彼所行乎？'泰曰：'吾聊以言试之，早无一计——安能破蜀也！'"以陆逊之聪明，岂会对众将领的不满和奚落没有察知？只不过忍让罢了。可惜他的好心丝毫未被人们理解。第二天，众将领又笑话陆逊懦弱，不肯遵奉号令，坚守关隘。直至陆逊三令五申，当众告诫："违令者皆斩"，这才保证了

战略计划未被打乱。

此后，陆逊又在阵地前沿耐心具体地为请求出阵的韩当分析敌情，告诫韩当："但宜奖励将士，广布守御之策，以观其变。"陆逊对部下的大度忍让，不仅确保了战略计划的实施，而且最大限度地保护了广大将士的士气和热情，这在当时的处境下是很难做到的，一不小心就会顾此失彼。

不难看出，陆逊对部下的忍让，是有原则的忍让。他可以被误解、被讥笑甚至被鄙弃，但他决不能容忍别人破坏他的战略计划。陆逊可谓是能刚能柔，既有原则性又有灵活性。

陆逊的忍让更表现在敌人面前能够忍辱负重，始终保持着冷静清醒的头脑。他对部下的忍让已经多少包含了这种精神，但这种精神更突出表现在敌人面前。苏轼在《留侯论》一文中说："古之所谓豪杰之士者，必有过人之节。人情有所不能忍者，匹夫见辱，拔剑而起，挺身而斗，此不足为勇也。天下有大勇者，卒然临之而不惊，无故加之而不怒，此其所挟持者甚大，而其志甚远也。"陆逊正是苏轼所说挟持甚大的大勇者。韩当、周泰、徐盛、丁奉等东吴名将在刘备兵马的引诱辱骂之下，皆以为"欺我太甚"，要求与刘备决一死战。东吴兵马一旦出战，则恰中了刘备之计，其局面恐怕会一发不可收拾。而陆逊在敌人的辱骂面前，不仅不恼不怒，还命令部下"塞耳休听"，不许出战；又"亲自遍历诸关隘口，抚慰将士，皆令坚守。"当他得知刘备移营就凉的消息时，心中大喜，亲自引兵来观看动静。经过认真观察，终于看穿了刘备的诱战把戏，得出了与众不同的答案，表现了踏实细致的作风，清醒冷静的头脑。当刘备的先锋吴班再次引兵到关前挑战，"耀武扬威，辱骂不绝；多有解衣卸甲，赤身裸体，或睡或坐"时，陆逊依旧不理睬这些目中无人的蜀兵，谈笑风生地劝慰怒气冲冲的将领，表现了胸怀豁达、指挥若定的良将风度。

陆逊的忍耐，不仅表现在危机面前，而且表现在胜利面前。陆逊在忍受半

年多的挑战和辱骂后，刘备终于依傍山林下寨，把队伍带入了绝境。这时，陆逊终于可以大显身手了。然而，陆逊在这种情况下又一次表现了异乎寻常的忍耐。他还命令末将淳于丹率五千人马去截取蜀军江南第四营，结果淳于丹折兵大半、带箭败回。从表面上看来，这是白白叫士兵去送死，但实质上这是一种必要的牺牲。陆逊看见淳于丹负伤大败而回后，就高兴地说："非汝之过也——吾欲试敌人虚实耳。破蜀之计，吾已定矣。"通过这场战斗，最终确定了火烧连营的大计，以保证这场关系到国家生死存亡的战役万无一失。此外，这场战斗还有麻痹敌人的作用，有利于下一步重要作战计划的顺利实施。例如，刘备的部下程畿在大战前感觉到有不祥的预兆，他对刘备说："今夜莫非吴兵来劫营？"刘备却说："昨夜杀尽，安敢再来？"可见这一场战斗使得将骄兵疲的刘备大军进一步卸下了思想武装，所以即使看到吴兵采取了军事行动，还以为是疑兵之计，才导致了最终的一触即溃。陆逊之所以不用韩当、周泰等勇猛善战且又自告奋勇的将领，而偏偏独唤阶下一个末将去取江南第四营，这一步就有麻痹敌军的企图。

当刘备兵败势穷，困守白帝城，东吴将士希望乘胜进击，活捉刘备的时候，陆逊却出人意料地下令班师回吴。他对部下解释说："吾非惧石阵（指孔明的八阵图）而退；吾料魏主曹丕，其奸诈与父无异，今知吾追赶蜀兵，必乘虚来袭。吾若深入西川，急难退矣。"结果班师回吴不到两天，曹魏三路大军就进逼吴境，企图趁东吴大军远攻刘备之机，一举灭吴。结果三路大军均被以逸待劳的吴兵杀得大败而逃，曹魏浑水摸鱼的计划彻底破产。

陆逊命班师回吴表现了其对欲望的克制能力和修养，表现了他进不求功、退不避罪、见好而收的良将风度，确实是成功面前头脑不发热，不利令智昏，又一次表现了他比知进不知退的刘备略高一筹的智谋。周瑜在赤壁大战时，一心和曹仁混战，忽略了背后借刀杀人的诸葛亮，结果师劳无功，由此相比较，

陆逊竟比周瑜还略高一筹。

　　陆逊虽然是个儒生，但深受道家思想的影响，是个儒道合一的人物。他非常善于处弱守下，以柔克刚，能而示之不能。他在彝陵大战期间，在职务面前谦让，在部下面前忍让，在敌人面前也是守让，不怕被人耻笑。他不仅在行为上可以做得到，在言辞上也可以说得出来。他在代替吕蒙守陆口时，"即修书一封，具名马，异锦、酒礼等物，遣使赍赴樊城见关公"，"来使伏地告曰：'陆将军呈书备礼：一来与君侯作贺，二来求两家和好，幸乞笑留。'公拆书视之，书词极其卑谨，关公览毕，仰面大笑，令左右收了礼物，发付使者回去。"陆逊的言行，使得关羽更加心高气傲、目空一切，从此走上了败亡之路。陆逊的策略是典型的道家手法。他善于蓄势，不强求成功，追求瓜熟蒂落，水到渠成，他的道家手法，和司马懿有所相似。

　　和陆逊在猇亭之战中表现出来的忍耐克制、重视强敌、忍辱负重、踏实细致、后发制人相反，马谡在街亭之战中表现出来的却是心骄气浮、目空一切、出言伤人、生搬硬套、弄巧成拙。当诸葛亮算定："今司马懿出关，必取街亭，断吾咽喉之路"，并问道："谁敢引兵守街亭"时，马谡立即应声而出曰："某愿往。"未得准许，又说："某自幼熟读兵书，颇知兵法，岂一街亭不能守耶？"最后竟然说："若有差失，乞斩全家。"这样争了三次才出兵挂帅，恰好和陆逊让了三次才出兵挂帅形成鲜明对照。自告奋勇的精神是很值得嘉许的，但自告奋勇是不是妥当，应该视具体环境而论。前面就分析了陆逊不宜自告奋勇，而应再三谦让。而周瑜在赤壁大战前就决不能谦让，否则投降派就会支配孙权，所以周瑜表现出来的信心百倍的态度是十分适合当时的处境的。再如关羽斩华雄，更是典型的自告奋勇，这是极为值得称道的。因为这是一对一的速战速决之战，一般不存在部下的服从配合问题。何况关羽还是在连折四将，诸侯无人敢敌华雄的情况下要求出战的，这就更难能可贵。马谡在当时是否合适自告

奋勇？其实也没有什么不合适，问题是他表现出了一种心骄气浮的狂妄态度！甚至还说："休道司马懿、张郃，便是曹睿亲来，有何惧哉！"这和陆逊对刘备的长处有着清醒的认识又是一个对比，陆逊说刘备："乃世之枭雄，更多智谋，其兵始集，法度精专"。实际上，在用兵打仗方面，司马懿是远远胜于刘备的。然而马谡、陆逊对待这两人的态度和评价却相差极大！马谡在首出祁山之前，针对诸葛亮深虑司马懿的心态献计说："某有一计，使司马懿自死于曹睿之手"，他献计后又下结论说："使曹睿心疑，必然杀此人也。"结果曹睿虽然中计夺了司马懿兵权，但并未杀司马懿。这里就体现出言过其实、轻视敌手的毛病。陆逊在反攻前大笑说："吾这条计，但瞒不过诸葛亮耳。天幸此人不在，使我成大功也。"陆逊看到了自己能够成功的条件，这其中甚至有侥幸的成分。而不是像马谡那样认为自己会无往而不胜，过分自信。

马谡和王平率兵到街亭后，察看了地势，马谡就得意地笑着说："丞相何故多心也？量此山僻之处，魏兵如何敢来！"他心骄气浮、轻敌大意的危险情绪是何等明显，和陆逊在上阵时的慎重态度又是一个鲜明对照。事实上，不到一会儿，"山中居民，成群结队，飞奔而来，报说魏兵已到。"这是对马谡的主观臆断的第一个打击，是一次严厉的警告。至此，会失守街亭已经是明显的事了。

诸葛亮的得意门生、平生谨慎的副将王平，根据街亭地势提出在五路总口下寨的正确建议，并提醒马谡，不能屯兵于山上，否则魏兵四面包围，街亭就无法守御，马谡居然大笑王平说："汝真女子之见！兵法云：'凭高视下，势如劈竹。'若魏兵到来，吾教他片甲不回！"这一段话，不仅暴露了马谡机械套用的思维等问题，而且又一次表现了和陆逊领导作风的互相对立，他居然在大敌当前的形势下，嘲笑打击自己的主要助手，这和陆逊的忍辱负重、委曲求全、奖励将士的精神恰恰相反。各人的见解可以不同，但怎么能在这样的情况下说王平"真女子之见"呢？这是很容易伤害别人的自尊心、破坏情绪、打击士气、

酿成内耗、危害大局的做法。其次，"若魏兵到来，吾教他片甲不回"的大话，又一次暴露了马谡言过其实的毛病。纵然他可以取胜，又怎么能叫人家片甲不回呢？真是头脑发热、大言不惭！陆逊在稳操胜券的情况下，也只是说："必破蜀矣"，很有分寸。

正如陆逊的忍让克制、实事求是的精神一再随着形势的变化，符合逻辑地发展一样，马谡的心骄气浮、生搬硬套也随着形势的变化一再符合逻辑地发展着。又如："吾素读兵书，丞相诸事尚问于我，汝奈何相阻耶！"敌人还未见面，就对王平说："待吾破了魏兵，到丞相面前须分不得功！"这样一个求功心切的人，我们很难想象，他如果在陆逊的位置上，在大获全胜的时刻，会不会放弃追击刘备，适时退兵？

马谡在街亭保卫战中，大致经过了"大笑""大怒""大败"三个阶段；陆逊在猇亭保卫战中，大致经过"谦让""忍让""大胜"三个阶段，恰恰又是一系列鲜明对比。

刘备在生前察觉到诸葛亮青睐马谡，预感到诸葛亮可能重用此人，心中对此有所忧虑。但他在世时还可以控制人事，但临终前还对此耿耿于怀，放心不下。"先主以目遍视，只见马良之弟马谡在傍，先主令且退。谡退出，先主谓孔明曰：'丞相观马谡之才何如？'孔明曰：'此人亦当世之英才也。'先主曰：'不然。朕观此人，言过其实，不可大用。丞相宜深察之。'分付毕，传旨召诸臣入殿，取纸笔写了遗诏。"刘备在弥留之际还特意着重交代此事，可见他内心深处的忧虑。刘备的论据只是马谡"言过其实"，即得出"不可大用"的结论，这是很有根据的，因为曾经纸上谈兵的赵括就是典型的例子。

陆逊的成功告诉我们：谦让未必无能，忍让未必懦弱。青年知识分子不仅可以独当重任，而且可以干得极为出色。马谡的悲剧告诉我们，有识有谋有功、有地位有资历者，并不等于内在素质已经过关。他也许可以在某个岗位上称职，

却未必可以担当重任。马谡和陆逊是形同实异的。

罗贯中是一位"有志图王者",而且生平颇不得志。历史上的陆逊,是孙、刘交战之初就出兵挂帅的,而不是在东吴连败十余阵,无人可挡刘备,才在阚泽的竭力保荐下出兵挂帅的。历史上的马谡,也不是自告奋勇,争挑重担的,而是诸葛亮违背众人意愿径自任命马谡担当重任的。作者在这里着意对史实进行了改动,表现了他丰富的想象力和高度的对比艺术技巧,也反映了他对人才及人才环境极其深刻的认识,还可能寄托了他本人怀才不遇的悲愤以及对一些人才的同情,寄托了他对伯乐的期望。他对马谡的刻画,体现了他对纸上谈兵者的鄙弃,另一方面又描写了马谡兵败后甘愿认罚的可爱一面,表现了他对人才的辩证态度。正是这种辩证求实的态度,使得马谡成了一个不朽的艺术形象。

6. 庞德悲剧的社会性

在新中国成立以后至20世纪70年代末的30年里,国内外对《三国演义》的研究相当冷淡,发表论著的数量不及《红楼梦》的十分之一,不及《水浒传》的六分之一。

1982年以后,《三国演义》的研究终于逐渐升温以至火热,进入高潮。九十年代以后有关《三国演义》方方面面、可圈可点之处几乎都有人无孔不入地加以研究。在人物方面,不仅曹操、刘备、孙权、卧龙、凤雏、五虎上将等一流人物有大量的研究论述,就是貂蝉、孙夫人、周仓、阿斗、华雄、吕伯奢、蒋干、张松等二三线人物、小人物也有大量的研究论述出现。然而笔者发现,有一个智勇双全、勇不可当的人物却久久被忽视,即使偶尔涉及也是一笔带过,未有专题讨论,现在是研究讨论这个人物的时候了。

这个人物是庞德，原是西凉马超的大将，后来被迫跟了东川太首张鲁，不久后被曹操收服，最后被关羽水淹七军而擒杀。

（1）庞德的本事

庞德是个智勇双全的人，有识、有谋、更兼勇不可当，不逊于五虎上将。我们先看《三国演义》中庞德是如何出现在读者面前的。

① 庞德的识。却说马超在凉州，夜感一梦：梦见身卧雪地，群虎来咬。惊惧而觉，心中疑惑，聚帐下将佐，告说梦中之事。帐下一人应声曰："此梦乃不祥之兆也。"众视其人，乃帐前心腹校尉，姓庞，名德，字令明。超问："令明所见若何？"德曰："雪地遇虎，梦兆殊恶。莫非老将军在许昌有事否？"言未毕，一人踉跄而入，哭拜于地曰："叔父与弟皆死矣！"超视之，乃马岱也。超惊问何为。岱曰："叔父与侍郎黄奎同谋杀操，不幸事泄，皆被斩于市，二弟亦遇害。惟岱扮作客商，星夜走脱。"超闻言，哭倒于地。众将救起。

从这段庞德出场的故事可以看出几点问题，第一是庞德职务不高；第二是庞德直言不讳；第三是马超心神不安，日夜牵挂担心父亲安全，预感到父亲凶多吉少，因心理特别紧张而有此梦。而庞德能道破此梦，正表明庞德与马超心心相连，也是日夜牵挂马腾的安全，表现了一种忠诚；第四庞德说："雪地遇虎，梦兆殊恶"，则表现了一种见识，庞德一言未了，马岱即入门报凶信，证实了庞德的判断，所以庞德给人的第一印象是不错、值得信任的。

② 庞德的谋。《三国演义》接下来就写马超兴兵为父亲马腾报仇，联合韩遂引大军围攻长安，然而兵马虽强大，可是"长安乃西汉建都之处，城郭坚固，壕堑险深，急切攻打不下。一连围了十日，不能攻破"。虽然马超勇不可当，韩遂经验丰富，也奈何不了长安守军。结果还是庞德献计，解决了难题。庞德进计曰："长安城中土硬水碱，甚不堪食，更兼无柴。今围十日，军民饥荒，不如暂且收军，只须如此如此，长安唾手可得。"马超曰："此计大妙！"即时

差"令"字旗传与各部，尽教退军，马超亲自断后。各部军马渐渐退去。钟繇次日登城看时，军皆退了，只恐有计；令人哨探，果然远去，方才放心。纵令军民出城打柴取水，大开城门，放人出入。至第五日，人报马超兵又到，军民竞奔入城，钟繇仍复闭城坚守。

却说钟繇弟钟进，守把西门，约近三更，城门里一把火起。钟进急来救时，城边转过一人，举刀纵马大喝曰："庞德在此！"钟进措手不及，被庞德一刀斩于马下，杀散军校，斩关断锁，放马超、韩遂军马入城。

庞德的计谋确实巧妙，而且庞德对长安的民土风情相当了解，才有可能想出这种妙计，这种对长安透彻的了解正体现了一个良将的综合素质。

关于庞德的谋和识《三国演义》着墨不多，但这两个案例也足以证明庞德是一个文武双全、智勇兼备的将领了。

③ 庞德的勇。《三国演义》关于庞德的勇武有大量精彩的描写。在第五十八回，首次与曹操对阵"马超、庞德、马岱引百余骑，直入中军来捉曹操"，弄得曹操割须弃袍，狼狈不堪，几乎丧命。后来庞德按韩遂、马超谋划，与韩遂同率五万大军直抵渭北，中了曹操埋伏，庞德人马俱陷落于陷马坑内，情形危急，按常规凶多吉少，九死一生。然而突然陷入困境中的庞德却"踊身一跳，跃出土坑，立于平地，立杀数人，步行砍出重围。韩遂已困在垓心，庞德步行救之。正遇着曹仁部将曹永，被庞德一刀砍于马下，夺其马，杀开一条血路救出韩遂"。毛宗岗父子读到此处不禁点评道："写庞德声势为后文战关公伏笔。"又说："庞德失马、夺马，许褚跳船、撑船，其勇相似。"十分明显，庞德出场的第一回，一个文武双全，勇不可当的将军形象已经跃然纸上，什么"武圣"，什么"虎痴"最多也不过与其棋逢敌手而已。

在马超与曹操于渭河相争相斗的阶段，庞德又多次大逞英豪，为西凉建功立业。《三国演义》第五十八回的末尾与第五十九回的开头都有庞德的英姿，

且以胜利者的姿态出现。而在第五十九回，马超与许褚恶斗，两人弃刀断枪乱打一通，曹操恐许褚有失，遂令大将夏侯渊、曹洪齐出夹攻马超，这边庞德、马岱见曹将齐出，也"麾两翼铁骑，横冲直撞，混杀将来"。曹军素以人才济济、勇将如林著称，却被庞德、马岱杀得"操兵大乱，许褚臂中两箭，诸将慌退入寨，马超直杀到壕边，操兵折伤大半"。可惜后来马超、韩遂误中曹操反间计，自相残杀，西凉兵以大败告终。

马超兵败以后，庞德随马超投靠了东川张鲁，后来马超归顺刘备，庞德却因病留在张鲁军中。曹操率军取东川，张鲁命庞德点一万军马迎敌曹操，曹操在渭桥时，深知庞德之勇，乃嘱诸将曰："庞德乃西凉勇将，原属马超……吾欲得此人。汝等须皆与缓斗，使其力乏，然后擒之。"张郃先出，战了数合便退。夏侯渊也战数合退了。徐晃又战三五回合也退了。临后许褚战五十余回合亦退。庞德力战四将，并无惧怯。各将皆于操前夸庞德好武艺。后来曹操设计收服了庞德。这段故事再度表现了庞德武艺高强。庞德归顺曹操后不久，曹操与孙权在濡须口混战，双方各有胜负，庞德在此期间，斩杀孙权大将陈武，令孙权"哀痛至切"，为曹操立下了大功。

最能表现庞德个性与勇武的在《三国演义》第七十四回，当时关羽取了襄阳，围攻樊城，威震华夏，对曹操集团造成了很大的震动与威胁。曹操指令跟随自己三十年，能征惯战的大将于禁率军迎敌，但于禁胆怯，请求曹操委派先锋大将一起去抵抗关羽，在众将士畏惧关羽的时候，庞德主动请缨，自告奋勇为先锋大将。庞德在此次与关羽的生死较量中，大战一百多个回合，"精神倍长"，勇武半点也不逊于关羽，关羽回寨后也对关平说："庞德刀法惯熟，真吾敌手。"第二天两将再次交战，庞德设计用箭射中关羽，关羽被关平救回，庞德本来要借势杀入关羽大营，却被于禁鸣金收兵，庞德丢失了"挫关某三十年之声价"的大好时机。后来关羽准备用大水来淹没于禁、庞德率领的七军，被

曹军督将成何察觉，告知于禁，反遭于禁斥责，致使成何羞惭而退。成何后来
又把意见告诉庞德，庞德说："汝所见甚当，于将军不肯移兵，吾明日自移军
屯于他处。"可惜关羽连夜下手，庞德来不及移营避让了。虽然如此，这里还
是表现了他的识与谋比于禁略高一筹。

在这最后关头，于禁率部分士兵投降关羽，关羽则率兵擒拿庞德，"时庞
德并二董及成何，与步卒五百人，皆无衣甲，立在堤上。见关公来，庞德全无
惧怯，奋然前来接战。关公将船四面围定，军士一齐放箭，射死魏兵大半。董
衡、董超见势已危，乃告庞德曰：'军士折伤大半，四下无路，不如投降。'庞
德大怒曰：'吾受魏王厚恩，岂肯屈节于人！'遂亲斩董衡、董超于前，厉声曰：
'再说降者，以此二人为例！'于是众皆奋力御敌。自平明战至日中，勇力倍增。
关公催四面急攻，矢石如雨。德令军士用短兵接战。德回顾成何曰：'吾闻"勇
将不怯死以苟免，壮士不毁节而求生"。今日乃我死日也。汝可努力死战。'成
何依令向前，被关公一箭射落水中。众军皆降，止有庞德一人力战。正遇荆州
数十人，驾小船近堤来，德提刀飞身一跃，早上小船，立杀十余人，余皆弃船
赴水逃命。庞德一手提刀，一手使短棹，欲向樊城而走。只见上流头，一将撑
大筏而至，将小船撞翻，庞德落于水中。船上那将跳下水去，生擒庞德上船。
众视之，擒庞德者，乃周仓也。"最后一次表现了庞德的勇武无敌。

关羽擒拿于禁、庞德后升帐而坐，开堂审理，于禁跪地求饶，庞德则"睁
眉怒目，立而不跪"，面对关羽的劝降，庞德大怒说："吾宁死于刀下，岂降汝
耶！"结果被关羽斩首。

不难看出，庞德的武艺与勇气绝对可以进入一流将领的行列，他的智谋和素
质也完全可以列入优秀将领的行列，庞德无疑是一个智能兼备、文武双全的人才。

（2）庞德的忠义问题——庞德为什么得不到重视和好评

当关羽擒于禁、斩庞德、水淹七军的消息传到许都以后，曹操对众将感慨

地说："于禁从孤三十年，何期临危反不如庞德也"，从正面看这句话有对庞德的肯定，从侧面看也说明了庞德在曹操心目中的地位原本不高，至少不如于禁。无论庞德如何骁勇善战，他也只是一个配角，没有机会独担大任。庞德的死是极其悲壮的，但他死后曹操并无其他表示，与对典韦、郭嘉的态度相差甚远，庞德即使成功，也不大可能在曹操集团中进入到许褚、张辽、夏侯渊等人的位置，无论是曹操集团还是后来的研究者都不大可能给予庞德更高的地位。

庞德在《三国演义》中占的篇幅不多，这会影响到读者对他的关注，但庞德却是个性鲜明、跃然纸上的悲壮人物。人们对他缺少评论研究，有深刻的社会心理因素，亦不知不觉地受到《三国演义》尊刘抑曹倾向的影响，有意无意之中把庞德当作了一个不忠不义的人物，或者对此不予深究，不了了之。

庞德是个不忠不义的人物吗？

庞德最先追随马腾，马腾被曹操杀害后自然效忠于马超，他对马腾、马超原本是忠心耿耿的，他为马超解梦也说明他心系马腾，从内心深处十分关心马腾的安全。后来直至马超兵败亦忠心追随马超，并和极少数残兵败将一起依顺马超投奔张鲁。后来马超为了报答张鲁，也为了有个进见之礼，主动向张鲁请战，"愿领一军去攻葭萌关，生擒刘备。务要刘璋割二十州奉还主公。"张鲁闻言大喜，点兵二万与马超进攻刘备，"此时庞德卧病不能行，留于汉中"。马超与弟弟马岱选日起程。

结果马超与庞德一别各西东，都走到自己相反的方向和位置上去了。马超原本要打刘备，结果打了几仗之后走投无路，反倒投降了刘备，帮助刘备取了成都。而庞德为了报答张鲁，率兵抵挡来犯的老冤家曹操，曹操却不计前嫌，诚心想得到庞德，刻意离间张鲁与庞德，致使张鲁当众责骂庞德，甚至要斩庞德，弄得庞德十分难受。但他仍然拼命与曹军交战，甚至幻想捉拿曹操，结果被曹操活捉，以礼相待，劝其归降，"庞德寻思张鲁不仁，情愿

拜降"。

马超投降刘备，被人们视为弃暗投明，而庞德投降曹操，似乎有些不忠不义了。

至少我们从过程上考虑，这种看法是不公道的。

马腾与刘备、董承等人结为同盟，共谋曹操，结果马腾被曹操所害，马超被迫投奔张鲁，这都情有可原。但他在张鲁处主动提出率兵攻打刘备就有些不仗义了，难怪毛宗岗父子也指责他"忘了董承义状"。而庞德归顺曹操不仅属于无奈，也是张鲁有错在先，甚至要斩了庞德。而曹操又对庞德不计前嫌，以礼相待，以诚相待、从过程上看庞德归顺曹操是可以理解的。

庞德任七军先锋后，即有人密告曹操，说庞德故主马超在刘备处任五虎上将，其兄也在益州为官，任庞德为先锋是泼油浇火。因此曹操令庞德"纳下先锋印"。以致庞德"免冠顿首，流血满面告曰：'某自汉中投降大王，每感厚恩，虽肝脑涂地……惟大王察之。'"

庞德的话应该可以理解，但毛宗岗说他："杀嫂绝兄，是为无亲"，"背主从操，是为无君"，这种评论是苛刻过分的。马超没有安排好庞德的归属，不能责怪庞德背主。毛宗岗还说关平骂庞德"背主之贼"。"背主"两字骂得切当，又说于禁忌庞德，是庞德背马超的报应，这就不能说没有偏见了。

庞德在水淹七军、大势已去，蜀军发起四面围攻的最后关头对部将成何说："吾闻'勇将不怯死以苟免，壮士不毁节而求生。'今日乃我死日也。汝可努力死战。"而后又奋展神威，力突重围，不幸被周仓撑大筏撞落水中被俘，可见庞德勇不惧死，这种人一般是不会不忠不义的。所谓庞德不忠不义是受《三国演义》尊刘贬曹倾向影响太深，毛宗岗在评论庞德这句话时就评论说："此一句在被擒于曹操时何不说之。"

其实《三国演义》在讲到庞德被曹操擒拿时讲得很明白，张鲁受杨松挑唆，

欲斩庞德，对庞德失去信任，他太不了解庞德，只是由于偶然的原因收留了庞德而已，庞德在张鲁面前受尽了委屈，被曹操擒拿时曹操亲释其缚，而庞德在率七军出征前被激发了满腔激情，曹操对他也确实信任，所以他最后效死曹操前面背弃张鲁是不难理解的。

马超疑韩遂而自伤手足错在马超，也有愧于父亲，是不义之举；为张鲁而与刘备争夺既有负于父亲还有愧于汉室，是不忠不孝之事，但他仅仅因为最后归随了刘备，所以人们对马超非议很少，这都是奇怪的逻辑。姜维、夏侯霸被迫背魏降汉都无可非议，但《三国演义》的研究和评论对于庞德和魏延是有失公道的。

（3）庞德悲剧的社会性

鲁迅说："悲剧将有价值的东西毁灭给人看。"刘再复认为：鲁迅的悲剧意义是非常科学的，而这个科学性就体现在鲁迅笔下的悲剧是有社会性的，是有深厚社会基础的。

庞德的命运是悲剧性命运，庞德的生命是有价值的，不亚于五虎上将、姜维之类的人物，但是我们看到了他的价值被毁灭，而且这种毁灭有着一定的必然性。比如庞德和关羽对阵，上司于禁居然在庞德射伤了关羽的有利关头鸣金收兵，错失了良机。后来于禁因为妒忌又拒绝了庞德发动进攻的正确建议。虽然庞德多次要求出击，于禁也不允许，这种悲剧的必然性就可想而知了。而更为可悲的是，聪明的庞德却没有发现于禁的妒意，对自己的危险处境也没有察觉。我们且不说庞德是个忠义之士，但他身上至少具备了忠义之士的一些特征。他一心建功立业，一心想为本集团多做点事，却不懂得防范小人，保护自己，这种悲剧的社会性是有广泛基础的。

诸葛亮在《出师表》中说："臣本布衣，躬耕于南阳，苟全性命于乱世，不求闻达于诸侯。先帝不以臣卑鄙，猥自枉屈，三顾臣于草庐之中，咨臣以当

世之事，由是感激，遂许先帝以驱驰。"原来诸葛亮也深感自己地位低下，以至于一个实力弱小但自称皇叔的人三次去拜访邀请他下山，就感激得终生卖命了。这种卖命和庞德的拼死求战虽然有所不同，但都有一定的悲剧性，都有一种最终求得赏识的努力和感激。

像庞德这种出身平凡之人，无论如何有才华和贡献，也难以心安理得地在上层社会容身，只能被人利用而已，利用完了就容易被人遗忘，这也是研究者对其缺少研究的深层心理因素。研究者们承认他的大智大勇，但又在心理深处有点不喜欢他，所以就用忽略和遗忘来对待这位悲剧性的英雄人物。庞德是个英雄性的人物，他的悲剧表面上看也是英雄的悲剧，而不是祥林嫂、闰土等社会底层的小人物悲剧。庞德是英雄阵营中的小人物，他的性格、武艺、才能、价值都是英雄型的，但他在上流社会中还是人们心目中的小人物，这也是构成他悲剧结局的本质性因素，所以庞德的悲剧也是平民的悲剧。庞德做先锋拼死不要命的深层心理因素是要博得上流社会的认可，但这种努力一般是徒劳的，反倒会促成他的悲剧命运。像庞德这种英雄阵营中的小人物不止他一个人，而是一批人，有点儿一个社会阶层的味道。关羽要与庞德决斗，关平先是说："父亲不可以泰山之重，与顽石争高下"；后来又说："父亲纵然斩了此人，只是西羌一小卒耳。"骨子里就把本事未必亚于关羽的庞德，看轻了一大截，这绝不是关平一个人的看法，也绝不是对庞德一个人的看法。刘备拜关羽、张飞、赵云、马超、黄忠五人为五虎上将时，关羽闻之大怒说：益德吾弟也，孟起世代名家，子龙久随吾兄，即吾弟也；位与吾并列，可也。黄忠何等人，敢与吾同列？大丈夫终不与老卒为伍！居然不肯接受将印，幸亏费诗说破大义，关羽才接受五虎上将将印。从关羽的话可以看出他如何小瞧老将黄忠，关羽也不是不知道黄忠的厉害，但他的标准并不是才能和贡献，而是社会地位与亲疏，所以他对马超就没有意见。平民出身，曾经受过上层人物文气的关羽、关平的等级

思想都如此严重，至于豪门贵族的董卓、袁绍、袁术之流，把人物分成三六九等就再正常也不过了。

　　一个规模型的决策人，用好庞德式的人才应该是一件投入小、见效大、便于管理的美事，而庞德式的人才更容易感恩知足。若要用好关羽式的人才则麻烦多、危险大，当然也值得决策人想办法用好他。更重要的是，决策人应该抛弃成见、偏见，让更多的庞德式人才脱颖而出。

7. 企业集团衰败的历史借鉴——试析十八路诸侯讨伐董卓失败的现实意义

　　东汉末年，天下大乱，董卓专权，欺君害民，天下人皆欲除之。曹操在刺杀董卓未遂后，回乡招集义兵，并发檄文于天下诸侯，共伐董卓。天下十八路诸侯纷纷起兵响应，诸侯共推四世三公的汉朝名相之裔，兵多将广、实力雄厚的渤海太守袁绍为盟主。众诸侯歃血而盟，约定共听袁绍调遣，"同扶国家"。出兵后先后与董卓部下华雄、吕布交战，虽遇挫折，但终归斩华雄、败吕布，迫使董卓"迁都"于长安以避其锋。如果众诸侯合力追击董卓，董卓败局已定，"此天亡之时也，一战而天下定矣"。然而袁绍却按兵不动。尽管曹操说破利害，袁绍和众诸侯皆言不可妄动，曹操被迫引本部军马追击董卓，和董卓军交战后，终因势单力薄，被吕布等击败，因此十八路诸侯各怀异心，逐渐离散。

　　本来，十八路诸侯以顺讨逆，名正言顺，在政治上和军事实力上又占有明显的优势。在讨伐董卓的过程中，孙坚击败华雄、关羽斩华雄、三英战吕布，先后达到三次高潮，诛灭董卓，本是顺理成章之事。结果反而以曹操先败、诸侯离散，大失天下所望而告终！分析其中失败的原因，可以为今人搞好企业集团提供有益的借鉴。

十八路诸侯结盟犹如形成了一个庞大的"企业集团"，而盟主袁绍是这个"企业集团"的"董事长"兼"总经理"。作为"董事长"的袁绍实力雄厚，占的"股份"大，声望高，无形资产也十分可观，可以说是比较合适的人选。但他作为"总经理"来说，要具体处理"企业集团"的日常工作，应付瞬息万变的"市场"竞争，素质上过不了关，屡屡丧失良机，最终导致了"企业集团"的溃散。今人喜欢将董事长、总经理两副重担一肩挑，其实是不必一概如此的。董事长按股份多分点红是应该的，重要的决策和人事调配也可以顺带管一管。日常具体工作可以另交总经理处理。如果十八路诸侯挑选曹操任"总经理"的话，那显然将击败他们的"市场"竞争对手董卓。

袁绍在"企业集团"任职后，"次日筑台三层，遍列五方旗帜，上建白旄黄钺，兵符将印"，诸侯郑重其事地请袁绍登坛宣读盟词。盟词痛斥董卓作乱，表明了众诸侯同赴国难，共讨董卓的决心。众诸侯见袁绍辞气慷慨，都禁不住"涕泗横流"。这犹如今人大做"广告"，痛陈假冒伪劣产品倾销市场，危害广大消费者利益，决心用正宗优质产品驱逐假冒伪劣产品，满足广大消费者的愿望。这个"广告"应该说还是做得成功的，不仅受到"消费者"的欢迎，还激发了各个"企业"的生产积极性。

在第一次"董事会"上，曹操、袁绍和各位"董事"纷纷作了必要的发言。大家纷纷表明愿意同扶国家，赏功罚过，听从指挥，达成了共识，这说明大道理一般并不难懂，光看表态没有用，主要还是看行动。

诸"董事"达成共识后，"董事长"便开始人事分工，首先安排其亲弟袁术为"后勤部长"，"总督粮草，应付诸营，无使有缺"。兵马未动，粮草先行，这粮草官是个肥缺，是个极重要的岗位，应该选择一个责任心强、办事公道、德高望重的人担任。北海太守孔融是圣人之后，四岁就让梨知礼，本来是个比较合适的人选；徐州刺使陶谦、西凉太守马腾为人忠义，本来也不错，可袁绍

一掌权就任人唯亲，安排其无才无德的弟弟担此要职，为该集团后来的离心离德埋下了祸根。

袁绍任命其弟担任要职后，即选任另一个重要职务：先锋大将。这个职务既重要，又危险。袁绍却采用"招标"制，长沙太守孙坚"投标"，愿为先锋大将。孙坚素有"江东猛虎"之称，勇猛善战，部下人才甚多。结果"中标"上任，杀赴战场。这也表明了拥有"拳头产品"的骨干企业占领市场的渴望。

"董事会"内有个济北相鲍信，唯恐孙坚夺了头功，"暗拨其弟鲍忠，先将马步军三千，径抄小路，直到关下搦战。"结果被华雄一刀斩于马下，活捉其将校极多，致使十八路诸侯初战失利，助长了董卓、华雄的嚣张气焰。这说明企业集团内部，应该协调一致、互让互利，该是谁的市场就是谁的市场，谁搅乱了市场就要受到应有的处罚。

孙坚在鲍忠被斩的不利形势下，仍主动向华雄挑战，斩杀其副将华轸，并乘胜攻汜水关，被华雄兵马凭关挡住。孙坚一面报捷，一面向袁术催粮。然而袁术却听从小人之言，唯恐孙坚打破洛阳，杀了董卓，成了气候，遂故意不发粮草，致使孙坚部下军心涣散，被华雄趁机袭寨，大败孙坚兵马，杀其大将祖茂。这就说明了袁绍任人唯亲的危害，而袁术作为"董事""副总经理"办事不公，唯恐本集团的其他子公司胜过自己的企业，不惜助长竞争对手，导致转胜为败，这实在是值得今人引以为戒。今人对此应该是防有措施，罚有条律的。

华雄斩杀祖茂后，乘胜向诸侯挑战，又连斩俞涉、潘凤两将，致使诸侯失色，袁绍也只能叹气说："可惜吾上将颜良、文丑未至！得一人在此，何惧华雄！"从袁绍的话可以看出：在同强大的市场竞争对手竞争中，应该把技术尖子、业务尖子都用上来，好钢要用在刀刃上。企业负责人不要认为竞争是集团大家庭的事，小家庭可以留一手，这会致使集团一开始就无竞争力，导致失败。

此时，幸亏关羽挺身而出，愿意去斩华雄之头献于诸侯。可是，袁术一见关羽地位低下，即怒斥关羽欺诸侯无大将，要将关羽赶出去，袁绍也说让一个马弓手出战会让华雄看笑话。多亏曹操力排众议，关羽坚持出战，方才得以斩华雄。由此可以看出，一些集团的负责人虽然身居高位，却毫无远见，只知道论资排辈，不懂得破格选拔人才。在这种情况下，人才不能自卑，不能消极等上级分配工作，而应该积极主动挑重担。而各位董事，更应该向曹操学习，为了集团的利益，大力选拔人才，哪怕并不是本企业内部的人才。

关羽斩杀华雄后，张飞大叫要乘胜追击，杀进关去，活捉董卓。然而袁术还是执迷不悟，怒斥张飞为"县令手下小卒，安敢在此耀武扬威！"甚至说："都与赶出帐去！"虽然曹操强调论功行赏，不要计较贵贱。袁术还是执意不听，甚至以"退股"相威胁，结果搞得大家不欢而散，曹操也只好暗中使人犒劳抚慰刘、关、张三人。如果不是曹操如此搞些"小动作"安慰他们，恐怕就没有今后三英战吕布的好戏了。

本来张飞的建议是完全正确的，这也确实是进攻董卓的一次好机遇，然而身居高位的袁术却思想僵化，无可救药。袁绍和其他董事也目光短浅，不能仗义执言。结果打了胜仗还不开心。只有曹操既能当众主持公道，又能为集团的合作搞些"小动作"，真是既有原则性又有灵活性，由此亦可见曹操能成气候的必然性。

华雄被杀后，董卓、吕布率大军同诸侯对阵，吕布武艺高强，连败诸侯几阵，幸亏刘、关、张三英战吕布，奋不顾身、竭尽全力，方才扭转战局，杀得吕布、董卓大败而逃。这说明企业集团在残酷激烈的市场竞争中，如果一个或一类拳头产品还不足以击败对手，应该设法用系列优秀产品参与竞争，以期在市场上彻底压垮对手。

董卓、吕布逃入虎牢关后，据关死守。袁绍令孙坚进兵，孙坚则带程普、

黄盖二将至袁术寨中相见，孙坚义正词严地说："董卓与我，本无仇隙。今我奋不顾身，亲冒矢石，来决死战者，上为国家讨贼，下为将军家门之私；而将军却听谗言，不发粮草，致坚败绩，将军何安？"袁术无言以对，只好命令斩进谗之人，向孙坚赔罪。孙坚这样做，不仅是出了一口气，也打击了奸佞小人。他能带动人们不畏权势、仗义执言，这有利于集团内部树立正气，压倒邪气。

董卓败退关内后，又派心腹将领李傕来收买孙坚。李傕对孙坚说："丞相所敬者，惟将军耳。今特使傕来结亲：丞相有女，欲配将军之子。"孙坚闻言大怒，据理痛斥董卓、李傕，吓得李傕抱头鼠窜。董卓一伙无奈，只得迁都洛阳，以避诸侯之锋。从这里可以看出，企业集团之间在竞争中，可能用各种手段互相收买对方骨干，这些骨干应该以大义为重，坚定维护自身集团的利益，绝不可朝秦暮楚，见利忘义。孙坚立场坚定，态度鲜明，堪为今人表率，他的态度是导致董卓迁都的关键。如果后来诸侯都奋起追击，则可大功告成。

董卓迁都后，孙坚和诸侯先后驱兵入关，本当乘胜追击。袁绍却和诸侯按兵不动。尽管曹操挑明利害，指出董卓焚烧宫室、劫迁天子，是天亡之时，力主追击，袁绍和众诸侯还是说不可轻动。曹操只得引本部军马追击，结果中了董卓的埋伏，曹军势单力薄，被杀得大败而归。

曹操的意见和动机本来都是良好的，可惜袁绍和众诸侯未能响应，使得一场本来可以大获全胜的战役发生了转折，以失败而告终。曹操以大局为重，虽败犹荣。袁绍和众诸侯后来在竞争中逐渐被淘汰的结局，从这里就可以看得很清楚了。今天的一些企业集团在与生产假冒伪劣产品的企业较量时，如果在法律上、道义上、市场上占了上风，还要众志成城、一鼓作气，置对方于死地；不可让对方苟延残喘，有休养生息的机会，重新搅乱市场。如果只让个别企业与对手较量，孤军作战，很容易造成失败，影响大局。

孙坚在率兵救灭宫中余火时，偶然得到传国玉玺，以为有当皇帝的福分，于是藏匿下来，第二天向袁绍"托疾辞归"。不料却被人向袁绍告密，当众对证，弄得孙坚和袁绍几乎相杀，结果孙坚强行率军回长沙。曹操回来后，以诸侯的行为为耻，引本部军马投扬州去了。公孙瓒等诸侯也逐渐离散，各回旧地。一个声势浩大的"企业集团"就此瓦解。

孙坚本来是这个"企业集团"中最积极、最活跃的"董事"，奋不顾身，身先诸侯，立下了汗马功劳。可是却经不住传国玉玺的诱惑，为"企业集团"的瓦解拉开了导火索，也为自己埋下了祸根，令人有点儿意外。这当然说明了各位董事始终要以大局为重，要经得起名和利的考验。但是，我们也不能一味指责孙坚，也应该看到，孙坚的行为是在对本集团丧失信心后产生的。时势造英雄，也可以造就其他人物，我们应该致力于造就一个一致对外的良好气氛。在这样一个好的气氛下，孙坚就会发挥虎将的作用，如果大家都打小算盘，也难怪孙坚会产生私心杂念。

常言道："得人才者得天下。"这要看怎样理解。十八路诸侯几乎云集了天下英才，后来瓜分天下的曹操、刘备、孙坚（及其子弟）都率将佐聚集在这里，这三方面的人马确实也竭尽全力，然而不但未得到天下，反而以失败告终。正应了"一个中国人是条龙，三个中国人是一条虫"的老话。其原因何在？原因在于主要领导人袁绍、袁术优柔寡断，私心颇重。可见企业家的素质很大程度上决定企业的命运。

人们说："得人心者得天下。"这也要看怎样理解。十八路诸侯讨伐董卓正是顺天应人，民心所望。然而不但未得到天下，反而以失败告终。其原因何在？原因在于他们在大的行动决策时是顺乎民心民意的，而在许多具体行为上却大失民望：袁绍不带上将颜良、文丑参加这次大行动；鲍信破坏军纪欲抢头功；袁术扣发孙坚粮草；袁术、袁绍先是压制关羽，后又不论功行赏，在取得重大

胜利后又不团结一心，乘胜追击。后来连孙坚也藏匿玉玺，托病回江东。这一系列的具体行为都是不得人心的，是与总的行动决策相背离的，它使得总的行动决策无法贯彻下去，只能以失败告终。

十八路诸侯结成同盟是一个松散型的"企业集团"，他们为了一个共同的目标聚集在一起。虽说是统一指挥，但相对来说各部军马有很大的独立性。他们高兴则合在一起，不高兴则离散而去。哪位董事做了有害大局的事，也没有处罚措施；哪个企业为集团公司立了功劳，也得不到奖赏。这都是值得今天的企业集团引以为戒的现象。如果各个企业的利益不能和集团公司的利益紧密结合在一起，如果集团公司对下属企业的行为只能听之任之，而无力引导调配，集团公司的规模优势只能是空话。集团公司的机构也只能是摆设，那么最后集团公司的离散衰亡也是不可避免的。

8.《三国演义》以人为本思想兼及现实意义

现在不少企业都强调要以人为本，把以人为本作为企业文化的重要内容，这无疑是正确的且有必要的。但是，人们对以人为本的思想内容还缺少具体的，甚至是基本的阐述，这就难以把以人为本的思想内容贯彻落实下去。《三国演义》包含着十分丰富的以人为本的思想，整理发掘这些思想，对于企业的文化建设，对于建立健康的企业精神、企业理念，提高企业效益都有着一定的现实意义。本文就对《三国演义》中的以人为本的思想结合实际进行探讨，以供借鉴。

诸葛亮在隆中决策时对刘备说："将军欲成霸业，北让曹操占天时，南让孙权占地利，将军可占人和。""占人和"的思想就是以人为本的思想，诸葛亮把它放到"欲成霸业"这个根本大计的高度，可见他对以人为本思想的极

度重视。刘备尽管此前还没有这种宏观上的明确认识，但他以人为本的思想一向是浓厚的、坚定的、常人所难以企及的。在第四十一回，刘备在曹操几十万大军的进逼下，放弃樊城往襄阳而走。新野、樊城两县百姓宁死也要跟着刘备走，以至"扶老携幼，将男带女，滚滚渡河，两岸哭声不绝。"到了襄阳，蔡瑁、张允不准刘备军民入城。尽管魏延砍死守门将士，开了城门，放下吊桥，招呼刘备入城，刘备却恐在战乱中伤了百姓，投江陵而去。路上哨马奔来说，曹操大军即将渡江赶来，众将领都对刘备说："江陵要地，足可拒守，今拥民众数万，日行十余里，似此几时得至江陵？倘曹兵至，如何迎敌？不如暂弃百姓，先行为上。"刘备哭泣说："举大事者必以人为本，今人归我，奈何弃之？"

在当时提这种思想，真是时穷节乃现，在生死存亡关头，在诸将佐众口一词地劝说下，刘备仍然念念不忘以人为本，与百姓共患难，确实是难能可贵的。毛宗岗父子在点评《三国演义》，读到这一回时，六次说刘备"处处以百姓为重"，两次说"此之谓人和"，极赞刘备难能可贵的以人为本的言行。现在一些国有企业效益不好，一些员工被迫下岗，基本生活都成问题，日子过得很艰难，可是这些厂长和领导们不但不关心员工的疾苦，还照样在山吃海吃，跳舞唱歌，其乐融融，没有半点以人为本的思想，这样的企业，焉有不垮之理？

刘备不仅在困境中坚守以人为本的思想，在顺境中也坚守以人为本的思想，不利令智昏、见利忘义。他刚入西川时，庞统、法正二人都力劝他趁机在酒席上杀掉刘璋，一举夺了西川。刘备却说："吾初入蜀中，恩信未立，此事决不可行。"无论二人再怎么劝说，也不答应。他约束军士，广施恩惠，以收人心，在赢得了百姓的理解和欢迎后，才与刘璋翻脸。庞统又为他设三计，供其选用："只今便选精兵，昼夜兼道径袭成都：此为上计。杨怀、高沛乃蜀国

211

名将，各仗强兵据守关隘；今主公佯以回荆州为名，二将闻知，必来相送；就送行处，擒而杀之，夺了关隘，先取涪城，然后却向成都：此中计也。退还白帝，连夜回荆州，徐图进取：此为下计……"刘备认为上计太急促，下计太慢，中计则不急不慢，遂采纳了中计。

庞统的上计，是军事上的上计，在政治上是下计。他虽然可以得逞，但是会引起西川士民的反感厌恶，伤害他们的感情。刘备从人心向背出发，否定了这条上计，而采纳了中计。结果夺取西川的过程虽然多费了些时间和周折，但在治理西川、享受胜利成果方面却比较理想。他又使西川一大批人才为其所用，事实证明，庞统的中计是政治上的上计。刘备之所以采用这条计谋，主要是因为他始终有强烈的人本思想。

现在一些人，只顾眼前利益，只要能获得一时的利润，就不惜伤害广大消费者的利益，根本不顾自身的形象。他们虽然能得逞于一时，却缺少后劲，无法获得长足的发展。等到他们省悟过来想重塑形象时，往往悔之已晚，即使花数倍的代价，也难以挽回影响。而一流的企业家和刘备一样深谋远虑，都努力创造一个良好的社会形象，使事业可以得到持续健康的发展。

刘备以人为本的思想还一再表现在唾手可得的利益面前，三让徐州就是一例。尽管当时他急需一块地盘，陶谦又真心相让，他亦执意不受，唯恐背上不义之名声，而袁绍则"见小利而忘命"背信弃义、夺取冀州。实际上能够达到刘备这种境界的人实在太少。一些企业难以持续发展，其原因之一就是像袁绍这样只顾眼前利益的人太多了。

刘备以人为本的思想，核心是以"人心"为本。他不过于计较在形式上是否得到了人才，而是以得到人心为原则。徐庶受曹操要挟，不得不辞别刘备，去曹营投老母。孙乾密谓刘备曰："元直天下奇才，久在新野，尽知我军中虚实。今若使归曹操，必然重用，我其危矣。主公宜苦留之，切勿放去。操见元直不去，必斩其母，元直知母死，必为报仇，力攻操也。"玄德曰："不可，使人杀其母，而重用其子，不仁也；留之不使去，以绝其子母之道，不义也。吾宁死，不为不仁不义之事。"众皆感叹于刘备的言行，他不仅赢得了徐庶的心，也赢得了下属的心，增强了整个集团的凝聚力。

刘备至死也念念不忘人本思想。他在临终遗言还谆谆告诫后人说："勿以善小而不为，勿以恶小而为之。"这其实是对他一生政治经验的高度概括和总结。可见他极为重视人心向背，努力树立一个良好的社会形象。他把人本思想作为整个战略思想的根本。

除了刘备以外，以人为本的思想在诸葛亮身上也得到了充分体现。在人才方面，刘备已树立了典范，吸引凝聚了一大批优秀人才，一起开创了新局面。而诸葛亮则主要表现在"传帮带"方面，比如对猛将张飞，诸葛亮放手让他单独入川，使他有机会成长，但诸葛亮放手而不撒手，言传身教，仔细叮咛他沿途注意事项，才使张飞顺利入川，立下了汗马功劳。后来张飞和张郃在宕渠山对峙，张飞终日饮酒诈醉诱张郃出战，诸葛亮又及时派魏延送去五十瓮好酒给张飞，终于使张飞妙计得逞，王平也对马谡说过："吾屡随丞相经阵，每到之处，丞相尽意指教。"可见诸葛亮十分用心培养一支优秀的领导队伍。

诸葛亮不仅刻意培养将领，还十分注意培训士卒。他在新野城就曾正色告诫刘备，要刘备赶快招募民兵，由他亲自训练。刘备招来新兵后，"孔明朝夕教演阵法"。后来刘备、诸葛亮的兵马虽少，却训练有素、能征惯战、处变不乱。诸葛亮和司马懿斗阵法，姜维和邓艾斗阵法，都大败魏兵，使魏国丢尽了脸面，这与诸葛亮重视培训士卒是分不开的。

在今人看来，企业家的素质决定企业的命运。刘备死后，诸葛亮作为蜀汉政权事实上的一把手，十分留心选拔接班人。他首出祁山，发现魏将姜维文武

双全，十分难得，就费尽心机降伏姜维，当姜维表示愿降后，"孔明慌忙下车而迎，执维手曰：'吾自出茅庐以来，遍求贤者，欲传授平生之学，恨未得其人。今遇伯约，吾愿足矣。'"此后又尽心将学业传授给姜维，诸葛亮死后，姜维担负起了蜀汉军事重任，诸葛亮临死时又嘱托杨仪要重用马岱、王平等将领，并告诉李福：蒋琬、费祎可相继接替丞相职务。从方方面面都可见诸葛亮在选拔人才方面是深思熟虑、费尽心思的。

诸葛亮以人为本的思想，还表现在信赏必罚，说话算话方面。他五出祁山时，将士兵分为两班，每两班一百日为期，轮流讨伐魏国。后来孔明与司马懿在卤城相遇，司马懿得到雍凉兵马助战，亲率大军来攻卤城。而诸葛亮只有八万人马，还有四万兵马已到换班期限，形势危急，"蜀兵无不惊骇"，"杨仪入告孔明曰：'魏兵来得甚急，丞相可将换班军且留下退敌，待新来兵到，然后换之。'孔明曰：'不可。吾用兵命将，以信为本；既有令在先，岂可失信？且蜀兵应去者，皆准备归计，其父母妻子倚扉而望；吾今便有大难，决不留他。'即传令教应去之兵，当日便行。众军闻之，皆大呼曰：'丞相如此施恩于众，我等愿且不回，各舍一命，大杀魏兵，以报丞相！'"结果群情激奋，万众一心，大破魏兵。诸葛亮以信为本，实质上就是以人为本。人无信不立，不能取信于人，人家必不为你尽心，即便是兵多将广，也可能貌合神离，沦为乌合之众。以信为本不能仅仅表现在口头上，而更应该表现在行动上，特别是表现在危难面前，人家才会真正信服，舍命相报。而今天不少企业家往往只许愿而不还愿，按协议规定的货款和工程款，往往能拖就拖、能赖就赖。不要说在困难面前和危机面前，即使是取得了成果之后，独吞果实，克扣工资和奖金现象屡见不鲜，甚至无故加罚员工。在这样的企业里，员工怎么可能尽心尽力为企业工作？这样的企业家又怎么能有大作为？

七擒七纵的故事也体现了诸葛亮以人为本的思想，诸葛亮能够做到七擒七

纵，除了他有高超的军事指挥艺术外，首先是他有明确的、坚定的以收服南人人心为目标的思想。开战之初，他向马谡求教，马谡对他说："愚有片言，望丞相察之：南蛮恃其地远山险，不服久矣；虽今日破之，明日复叛。丞相大军到彼，必然平服；但班师之日，必用北伐曹丕；蛮兵若知内虚，其反必速，夫用兵之道：'攻心为上，攻城为下；心战为上，兵战为下。'愿丞相但服其心足矣。"孔明叹曰："幼常足知我肺腑也！"遂令马谡为参军，即统大兵前进。如果诸葛亮没有这样深刻的人本思想，是无法一劳永逸使得南人不复反叛的。诸葛亮深知强制力的局限性，人心才是根本，所以才不厌其烦地捉捉放放，直至心服为止。

以人为本的思想，不仅在刘备集团十分深厚，在孙权身上也有鲜明体现。孙权求教周瑜，如何才能保全江东，周瑜说："自古得人者昌，失人者亡。为今之计，须求高明远见之人为辅，然后江东可定也。"对于这种以人为本的思想，孙权深以为是。因此，东吴人才济济，事业长盛不衰。孙权不仅吸引了大批人才，而且还妥善周全地处理了他们的关系，使他们齐心协力，一致对外。甘宁在黄祖部下为将时，射死了凌统父亲凌操，甘宁归降孙权后，凌统欲报杀父之仇，欲杀甘宁，被孙权阻止和力劝后，凌统亦恨气难消，孙权为了避免内耗，特意安排甘宁往当口镇守"以避凌统"。后来凌统仍有相杀之意，在孙权的再三劝阻下，终于避免了自相残杀。后来孙权又用甘宁放箭救凌统一事，终于使得凌统尽释前嫌，同甘宁结为生死之交，变"窝里斗"为"将相和"，解决了内部矛盾。这种戏剧性的变化，与孙权以人为本的思想是分不开的。如果不是他刻意保护甘宁，爱护甘宁，绕开矛盾冲突，适时解决矛盾，结局必然会两虎相斗，必有一亡，甚至两败俱伤。他们两人的关系本来势同水火，结果却能结成兄弟，这种手段也是很值得当今决策者学习借鉴的。不少企业中，内耗严重，原因有很多，但一般决策者往往具有不可推卸的责任。以人为本的思想

没有贯彻好就是根本问题之一。

尽管尊刘贬曹的思想贯穿《三国演义》始终，作者把曹操刻画成一个奸雄的形象。但是不可否认，曹操同样有着深厚的以人为本的思想和意识，他举义兵讨伐董卓即是顺应民意。他平时总是对部下给予奖励和高度评价，充分激发了下属的积极性。即使在权术狡诈之中，他也体现了一种人本思想。无论是"挟天子以令诸侯"，还是借黄祖之手杀祢衡，甚至借粮官王垕之头以安军心，都有这种成分在里面。更典型的是曹操在夺取冀州后，追击袁谭到南皮，"时天气寒肃，河道尽冻，粮船不能行动。操令本处百姓敲冰拽船，百姓闻令而逃。操大怒，欲捕斩之。百姓闻得，乃亲往营中投首。操曰：'若不杀汝等，则吾号令不行；若杀汝等，吾又不忍。汝等快往山中藏避，休被我军士擒获。'百姓皆垂泪而去。"这里虽然是写曹操的奸诈虚伪，但假心假意却显得比无情无义又要好得多，起码他还能做做表面文章。而董卓、吕布、孙皓心中根本没有民心民意，没有以人为本的思想，这是他们败亡的根本原因之一。曹操的权术奸诈也体现了以人为本思想的丰富性、复杂性和多样性。在这一点上，刘备掷阿斗等权术也和曹操有所相似。

曹操以人为本的思想，毕竟也有有益于民众的一面，他在向冀州进兵时，号令三军"如有下乡杀人家犬者，如杀人之罪"，于是军民心服口服，操亦心中暗喜。在讨伐张绣时，"行军之次，见一路麦已熟，民因兵至，逃避在外，不敢刈麦。操使人远近遍谕村人父老，及各处守境官吏曰：'吾奉天子明诏，出兵讨逆，与民除害。方今麦熟之时，不得已而起兵，大小将校，凡过麦田，但有践踏者，并皆斩首。军法甚严，尔民勿得惊疑。'百姓闻谕，无不欢喜称颂，望尘遮道而拜。"这两个故事都体现了曹操以人为本的思想，而这些行为又都是利国利民的。至于他割发代首是否虚伪奸诈，那是另外一回事。

曹操以人为本的思想也表现在善于放弃眼前利益，注重长期行为。他一向

视刘备为最危险的对手，必欲除之而后快。但是，当刘备被吕布逼得走投无路而投靠曹操时，曹操却待之以上宾之礼，被曹操称之为"吾之子房"的高级谋士荀彧密见曹操说："刘备，英雄也。今不早图，后必为患。"程昱也说："刘备终不为人之下，不如早图之。"而郭嘉却说："不可。今主公兴义兵，为百姓除暴，惟仗信义以招俊杰，犹惧其不来也；今玄德素有英雄之名，以困穷而来投，若杀之，是害贤也。天下智谋之士，闻而自疑，将裹足不前，主公谁与定天下乎？夫除一人之患，以阻四海之望：安危之机不可不察。"结果曹操还"以兵三千、粮万斛送与玄德，使往豫州到任，进兵屯小沛，招集原散之兵，攻吕布。"从荀彧和程昱的言论，从曹操对刘备的态度和对此次事情的处理，可见曹操是多么注重人心向背。今天一些企业陷入困境了，没有钱支付货款了，就用低劣产品高价充货款打发债主，趁机宰"黄世仁"一刀。用伤害协作单位的利益，以换取一些短期效益，致使合作公司有如履薄冰的感觉，感到有随时被坑害、被出卖的危险，这和曹操的远大眼光相差多远？

以人为本在战术上也有具体作用。司马师专权废主，扬州都督毌丘俭同文钦率淮南兵马讨伐司马师。司马师"乃请太尉王肃商议，肃曰'昔关云长威震华夏，孙权令吕蒙袭取荆州，抚恤将士家属，因此关公军势瓦解，今淮南将士家属，皆在中原，可急抚恤，更以兵断其归路，必有土崩之势矣。'"在这里，王肃以吕蒙袭荆州时，对荆州将士家属的抚恤致使荆州将士斗志瓦解的例子，提出了仿而效之，瓦解淮南兵马军心的策略，司马师听从其言，很快就击垮了淮南兵马。这也是以人为本的思想在战术上的成功运用。

在《三国演义》的最后一回，晋军统帅羊祜和吴军统帅陆抗在边境对峙，两人棋逢敌手，将遇良才，竟然礼尚往来，和平共处，均以服人心为宗旨，希望不战而使人服之。结果羊祜深得军民之心，亦得主上深信不疑，而陆抗虽才能不逊于羊祜，但吴主孙皓却不识贤愚，撤换了陆抗。结果吴国在晋国

的进攻下土崩瓦解，三国归于一统。晋国的统一，也可以看作是以人为本思想的胜利。

《三国演义》以人为本的思想，包含着以人心为本、以人才为本、以信誉为本等内容。它既从战略上反映了这种思想的伟大，又从战术上体现了这种思想的神效；它既从正面反映了这种思想的成功，又从反面揭示了背离这种思想的必败性。而从曹操、刘备身上则反映了应用这种思想有着多种多样的复杂情形。

9. "三国"与对联

《三国演义》、三国戏曲、三国历史故事和民间传说对我国一种特有的文学形式——对联，有着相当深远的影响。事实上，以此为基础，早已形成了一套专门对联，即三国对联。三国对联数量多，至少在一千副以上，几乎全国各省、自治区、直辖市都有，在日本、马来西亚也有发现。这些对联内容丰富、思想深刻、风格多样，几乎各种对联专集都将它收录了进去。在此，本文拟对三国对联的内容分类、艺术成就、联苑中的地位等进行一些整理分析。

（1）三国对联的内容分类

第一类是政治对联。鲁迅先生曾经高度赞扬《三国演义》："讲的是国家大事，鼓励的是智慧和勇敢。"三国对联继承了《三国演义》这一优良传统，政治性对联在三国对联中占有最突出的地位。这些对联通过概括性地叙述三国故事，议论风生，揭示了成败得失的原因，表达了人们对忠义正直、机智勇敢品质的称赞和敬佩，反映了封建时代的价值观和道德观，抒发了胸中的感慨，是三国对联中价值最高、成就最大的一大类。其中最著名的莫过于清朝云南白族诗人赵藩题成都武侯祠联：

能攻心则反侧自消，自古知兵非好战；

不审势即宽严皆误，后来治蜀要深思。

这副对联不事雕琢，辞浅意深，在工整对仗、艺术技巧方面未必见佳。然而，它却落地有声、动人心魄，与陈子昂的《登幽州台歌》"前不见古人，后不见来者。念天地之悠悠，独怆然而涕下"一样，引起人们的共鸣，特别是由于其深刻揭示了安邦治国的至理，发人深省。谭洛菲的《三国演义谋略·领导艺术》一书中提到："一九五八年成都会议期间，毛泽东主席参观武侯祠时，在这副对联前凝目深思，久久推敲其中蕴含的哲理。后来一位新上任的省委书记向毛泽东同志辞行时，他告诫说，要想治理四川，到成都应首先要去看看这副对联。一九八八年新加坡李光耀总理来我国访问时，也在这副对联前流连忘返，认为对治理国家很有教益。"

第二类是戏曲对联，亦可称为专业对联、广告对联。元代后三国杂剧逐渐走向繁荣，持续时间又很长，明清时期是对联发展的鼎盛时期。因此，三国戏曲和对联自然逐渐结合在一起形成戏曲对联。这类对联有简单介绍剧情和广告的作用，便于传诵，亦有助于理解和记忆剧情，语言通俗，适合普通百姓口味。如单刀会戏台联：

请某岂无因，若提起荆襄，开腔话等周仓说；

谅他原有意，倘埋藏刀斧，挡箭牌拿鲁肃当。

这副对联不仅简要介绍了若干剧情，而且点明了关羽的心理活动，交代了关羽的心计，刻画了智勇之将关羽的形象，弥补了戏台上的某些不足。其意味很值得今人细细体会。

第三类是学术对联，亦可称哲理对联。在三国对联中，有些对联言之有理，

立之有据，不乏真知灼见，甚至充满学术争鸣的气氛。如清人朱兰坡题湖北黄冈赤壁联：

> 胜地别嘉鱼，何须订异箴讹，但借江山摅感慨；
>
> 豪情传梦鹤，偶尔吟风弄月，勿将赋咏概平生。

湖北省有三处赤壁，苏东坡作"大江东去"的黄冈赤壁称武赤壁。长期以来，有些论者认为苏东坡作"大江东去"是弄错了地方，因而烦琐考证，争论不休。这副对联反驳引经据典的考证者说：你们何必订异箴讹呢，苏轼只不过借地抒怀罢了，岂不知此地不是破曹之地？如果你们根据这首词"弄错"了地方来评价苏东坡的学识，那就大错特错了。这真是辞意兼胜，深得艺术三昧。

第四类是游戏对联。在三国对联中，有些对联似乎没有实际意义，只是文字游戏之作。但构思奇巧，语言幽默、诙谐，极富娱乐作用，又能开阔、启发人的思路。由于它是建立在三国文化知识的基础之上的，需要高超的文字驾驭能力，能给人们带来美的享受，绝不能把它视为只能博人一笑的雕虫小技，而是一种反映了人民群众聪明和才智的结晶，是一种有益于健康和启发智慧的高雅文娱活动。试看四川内江三元塔一游戏联：

> 身居宝塔，眼望孔明，怨江围实难旅步；
>
> 鸟在笼中，心思槽巢，恨关羽不得张飞。

此联在民间广为流行，其借用双关谐音的手法写鸟，在联中嵌入孔明、姜维（江围）、吕布（旅步）、曹操（槽巢）、关羽、张飞六人的姓名，构思奇巧，读来犹品香茗，回味悠长。其意可解为，鸟儿被困在宝塔之内，眼望孔中的亮光，只怨江堤困围，难以出去旅行；被囚笼中，心思归巢，只恨被关着双翅，难以展翅飞翔。

（2）《三国演义》与对联

《三国演义》对对联影响甚大。《三国演义》共一百二十回，其每一个回目都是一副工整的对联。通过这副对联，人们就能知道这一回的主要内容。不仅如此，其每一回的结尾也用一副对联，这副对联或设置悬念，或评论人物及事件得失，或揭示成败因果等，与回目相呼应，使之联成一气，读来欲罢不能，扣人心弦。如第三回回目是："议温明董卓叱丁原，馈金珠李肃说吕布"。其末尾是："丁原仗义身先丧，袁绍争锋势又危。毕竟袁绍性命如何，且听下文分解"。除了最后一回用古风一篇结尾外，回回如此。嘉靖本的《三国演义》原来并不是这种形式，而是单回目。随着对联的逐渐繁荣，《三国演义》的版本也不断更新，它的回目也逐渐向对联化发展，直到清朝毛纶、毛宗岗父子的评本出现，才确定了今天这种工整的对联形式。由于《三国演义》是我国人民最为喜闻乐见的长篇小说，无数人对其津津乐道，它的回联及结尾联对人们潜移默化的作用显然不可低估。其后的章回小说也拿《三国演义》做蓝本仿而效之。因此，章回小说对对联的影响，还得从《三国演义》谈起。

（3）三国对联的影响

第一是政治影响。在《三国志》中，曹魏集团处于正统地位。以后，随着政治形势的变化，曹魏和刘蜀谁居正统也时有变更。宋元以后，刘蜀集团再次走上正统地位。在俗文学中，曹魏人物更是多遭贬斥。《三国演义》中尊刘抑曹倾向十分明显，而且已被人们普遍接受，但《三国演义》也有大笔书写曹操雄才大略的地方。在罗贯中笔下，曹操亦奸亦雄，豪爽机智，不无可爱。可是在三国对联中，对蜀汉君臣竭尽歌颂、美化之能事，绝大部分对联都是描写歌颂蜀汉的仁君贤相、文臣武将的，描写、歌颂东吴人物的对联不多，偶尔涉及曹魏人物的都是贬斥。这种倾向受当时文学的影响，反过来又对俗文学的尊刘贬曹倾向起到了推波助澜的作用。

关羽"对国以忠、对人以义、处世以仁、作战以勇",是统治阶级和人民群众都乐于接受的人物。关羽死后,他的地位不断上升,如下面一副关帝庙对联所撰:

儒称圣,释称佛,道称天尊,三教尽皈依,式詹庙貌长新,无人不肃然起敬;

汉封侯,宋封王,明封大帝,历朝加尊号,是剜神功卓著,真所谓荡乎难名。

三教九流,历代朝野,争相对关羽顶礼膜拜,以至于关帝庙遍及全国,关庙对联也数量众多,这些对联不仅使智勇之将关羽的形象更加高大,有些对联还竭尽美化之能事,为他的过失开脱。如许昌关帝庙一副对联这样写道:

识者观时,当西蜀未收,昭烈尚无寸土,操虽汉贼,犹是朝臣,至一十八骑走华容,势方突促,而慨释非徒报德,只缘急大计而缓奸雄,千古有谁共白?

君子喻义,恨东吴割据,刘氏已失偏隅,权即人豪,讵应抗主?以八十一州称敌国,罪实难逃,而拒婚岂曰骄矜,明示绝强援以尊王室,寸心只在自知。

对联的内容,虽经不起分析,但人们乐于接受一个十全十美的英雄形象。因此,此类对联仍有很大的影响力。

第二是艺术影响。三国对联由于作者众多,"内容丰富,风格多样。"有的长于叙事,有的长于说理,有的写景状物,有的寄慨抒情;有的典雅庄重,有的诙谐幽默;有唐诗之情,有宋词之理,可谓嬉笑怒骂,皆成对联,且不仅有长联、有短联,还有对联故事,有谜联,有哑联。可谓不拘一格,形态完备。

请看下面一副对联：

> 拜斯人，便思学斯人，莫混账磕了头去；
>
> 入此山，须要出此山，当仔细扪着心来。

这是清周亮工题仙霞岭关帝庙联，时人传之，不胫而走，宁夏固原县、浙江江山、台湾台南均有此联，可见影响之大。从佛教学者的眼光看，所有磕头礼拜的人都糊里糊涂的，而能入能出的委实太少。这样的对联针砭时弊，有感而发，语言活泼，形式自由，内容深刻，用平常的字眼创造了深刻的思想境界。促使人们从呆板的对联框架和刻意追求语言技巧的迷途解放出来，颇有杂文风味，至今仍不失现实意义。请再看下面一副对联：

> 取二川，排八阵，六出七擒，五丈原明灯四十九盏一心只为酬三顾；
>
> 平西蜀，定南蛮，东和北拒，中军帐变卦土木金爻水面偏能用火攻。

这副南阳武侯祠的对联，在语言技巧上十分出色，上联用了数目中的一、二、三、四、五、六、七、八、九、十这十个数词，而且不重不漏，又将诸葛亮一生的主要事迹都概括进去了，对之极难。下联用五方五行纳入联中，巧妙而妥帖地对上了上联，又纵情歌颂了诸葛亮的功绩、志向、政策、特长，形式和内容都十分成功。这样的对联雅俗共赏，更令"语不惊人死不休"的文人雅士刻意揣摩、仿效，它的范文作用是不容置疑的。下面两副成都武侯祠联与此联颇为相似，亦可印证这副对联的影响：

> 心悬八阵图，初对策，再出师，共仰神明传将略；
>
> 目击三分鼎，东联吴，北拒魏，常怀谨慎励臣躬。

> 一生惟谨慎，七擒南渡，六出北征，何期五丈崩摧，九伐志能遵教受；

十倍荷褒荣，八阵名成，两川福被，所合四方精锐，三分功定属元勋。

第三是旅游影响。三国对联大量分布在三国名胜古迹中。许多三国名胜有梁就有匾，有楹皆有联，它们以文学艺术美和书法艺术美完美地结合在一起，装点江山，展现在游人面前。由于三国故事深入人心，因此三国对联往往言简意深，给人们无限的遐想。没有三国对联作点缀，三国名胜的旅游价值将大为减弱。三国对联给游人的影响是高尚的、健康的、积极的、使我国旅游事业独具特色。

（4）三国对联的发展趋势

尽管社会生活越来越现代化，三国对联却不会因为历史的逐渐远去慢慢消失，总的看来，它还会有一定的发展。究其原因一共有三个。

第一是因为旅游业的发展，三国名胜古迹的维修、重建、扩大的可能性也随之增大。人造景点的出现，如建三国城等，都使三国对联有更多的表现和发展的机会。

第二是因为三国热的持久兴盛和深入，比如电视连续剧的开播，关于三国文章的大量发表等，都使三国文化更加深入人心，基础更加扎实。随着对三国研究的不断深入和突破，人们的思想也不断解放，如对魏延的平反、对尊刘抑曹传统的客观认识等，都为人们提供了更广阔的题材。有些三国名胜的文化单位还开展征联活动，使三国对联锦上添花，方兴未艾。

第三是因为我国人民文化素质的提高，文化事业的发展，商业的繁荣，也为三国对联提供了发展的可能。有的把三国征联作为一种文化娱乐，如《齐鲁晚报》曾有一期征联如下：

笼中鸟，望孔明，想张飞，无奈关羽；

我们从异彩纷呈的对句中，可以感受到三国对联强大的生命力。除了娱乐

以外，我们在报刊上也时而见到为了商业竞争而开展的三国征联活动，如深圳火王公司为其火王牌燃器具开展了征联活动，设孔明奖一万元，同时还设有其他奖项，影响较大。征联是：深圳火王个个孔明诸格亮。应征难度很大，在此之前，澳门一家公司也举办了类似征联活动。这些活动都使人们看到，随着社会的发展，三国对联也会有所发展。

最后，不能不提到的是，三国对联中有不少还歌颂了名医华佗、孙夫人、小乔等，并对他们寄托了同情。这从侧面反映了在封建社会劳动人民缺医少药的痛苦，同时也表现了进步的妇女观。这也将《三国演义》积极的一面发扬光大了。

可以肯定地说，独具特色的三国对联在联苑史上有重要的地位，也是三国文化的一个组成部分，全面系统地收集整理、研究三国对联，对于三国文化研究和楹联学的研究发展都有一定意义。

10.《三国演义》与逻辑思维规律

本文试图从逻辑思维规律的角度，即同一律、矛盾律、排中律、充足理由律的角度，对《三国演义》的一些故事进行逻辑分析。我在传统的基础上有所推衍和延伸，把行动当作一种无声的语言。传统上只用逻辑分析人们的言论，本文却用逻辑来分析人们的言行。有些学者和读者未必接受和习惯我所作的突破。但是，现有的逻辑思维规律，本来也是人类在长期的实践经验基础上总结出来的，它还需要探讨、完善和不断总结。我希望本文不仅可以从逻辑思维的角度对《三国演义》有所分析，而且可以使逻辑思维规律的适用范围更宽泛些。

（1）偷换概念

在第四十五回，周瑜借口要诸葛亮去聚铁山断曹操粮道，实则欲借曹操之

手除掉诸葛亮。诸葛亮明知就里，却假装不知，"准备"率兵去聚铁山。鲁肃于心不忍说："'先生此去可成功否？'孔明笑曰：'吾水战、步战、马战、车战，各尽其妙，何愁功绩不成，非比江东公与周郎辈止一能也。'肃曰：'吾与公瑾何谓一能？'孔明曰：'吾闻江南小儿谣言云："伏路把关饶子敬，临江水战有周郎。"公等于陆地但能伏路把关，周公瑾但堪水战，不能陆战耳。'"鲁肃回去将此言告诉周瑜，周瑜大怒说："何欺我不能陆战耶！不用他去！我自引一万军马，往聚铁山断操粮道。"诸葛亮于是安然避开一场祸。

诸葛亮能避开此次祸难，在于巧妙地偷换了童谣的逻辑概念。在这个童谣中本来是歌颂鲁肃长于陆战，又以周瑜善于水战而自豪，一陆一水，在修辞上形成了对称美。童谣中本来并没说鲁肃不能水战、周瑜不能陆战的意思，即便由此推论，也只能说周瑜可能善于陆战，也可能不善于陆战。事实上周瑜不仅善于水战，也是善于陆战的，诸葛亮利用周瑜争强好胜的特点，把本来是赞颂周瑜善于水战的童谣，曲解成周瑜不能陆战、车战、马战的意思，这就是偷换了概念，故意违背了逻辑思维的最基本规律——同一律。

同一律是指，在同一思维或表述过程中，反映同一对象的思想自身具有一致性，即它是什么就是什么。它要求在同一个思维或表述过程的前后，所使用的反映同一对象的概念，或断定同一事物情况的判断，必须始终保持同一，不能任意变换。如果任意变换一个概念的含义或把不同的概念混为一谈，那就会犯偷换概念或混淆概念的错误。如果任意变换一个判断的内容或把不同的判断混为一谈，那就会犯偷换论题或转移论题的错误。同一律的公式是：A 是 A。

在童谣中，"临江水战有周郎"其概念就是说周瑜善于水战，谁如果在水路上和东吴交锋，难免败于周瑜手下。引用这首童谣就要遵守这个概念，如果据理驳斥这首童谣也是允许的，而诸葛亮偏偏偷换概念，任意变换概念，周瑜一怒之下不加以细察，接受了诸葛亮偷换过来的概念，放了诸葛亮一马。

　　类似这种情况的还有著名的煮酒论英雄的故事。曹操要刘备谈一谈谁是天下英雄，刘备一口气讲了七八个人可为天下英雄，曹操大笑逐一反驳，最后说天下英雄只有两个人，一个是你刘备，一个是我曹操。刘备闻言大吃一惊，以为与董承、马腾等人结盟一事被曹操识破，手中的匙箸不觉掉于地下，此时恰好天上雷声大作。刘备于是从容拾起匙箸，借口说："震之威，乃至于此。"将闻言失箸缘故，轻轻掩饰过去了。

　　这里特别需要说明的是，前文说过同一律的内容是指，在同一思维或表述过程中，反映同一对象的思想自身具有一致性。这个一致性，除了思维，即是表述。而表述一般又是指语言叙述，但我认为，表述不仅指语言叙述，还包括通过行动表现出来的概念。如刘备闻言落箸就表现出了这样一种概念：刘备一听曹操认他为天下英雄就大吃一惊，以致匙箸都掉到地下了。从中可以识破刘备内心的秘密。刘备为了掩盖秘密，只有偷换概念。恰好天公作美，雷声大作，刘备于是借口说被雷声震落了匙箸，巧妙地偷换了概念，避开了祸难。

　　在生活中这种偷换概念的现象并不是很少见，但是不为逻辑学家所注意。其实这样的偷换概念往往不留痕迹，更容易蒙混人。它的第一个概念不是通过具体语言表述出来的，而是通过行动体现出来的，而行动又容易作多种解释，确定性不强，因而更容易偷换成功。

　　偷换逻辑概念不仅可以起到一种自我保护作用，而且还可以支配他人情绪，使之为我所用。如第四十四回，孔明用智激周瑜一章里，就搞过这种把戏。开始周瑜为了让孔明求他破曹，假意说曹操势大，不可抵挡，决计投降曹操，诸葛亮却不加以点破，反而顺着他说投降甚为合理，曹操的确是抵挡不了的。接着又说曹操下江东只不过是为了大乔、小乔两个美女，只要周瑜献上这两个美女，曹操必然班师，东吴可保平安等。周瑜问他的话有何根据，诸葛亮说有赋为证，曹操幼子曹植受曹操之命曾作《铜雀台赋》，此赋的意思单道他家合

为天子，誓取二乔，并煞有介事地背诵了《铜雀台赋》。其赋中有"揽二乔于东南兮，乐朝夕与之共"的句子，孔明将此解释为曹操誓取二乔的证据，激得周瑜勃然大怒，大骂曹操，发誓与曹操誓不两立！反而求诸葛亮助他一臂之力，同破曹操。原来诸葛亮明知大乔是孙策之妻，小乔是周瑜之妻，却假装不知，进一步挑拨周瑜和曹操的关系，激怒周瑜抵抗曹操，使周瑜反而求刘备和诸葛亮自己，抬高本集团的地位。而曹操下江南本来也并不是为了二乔，而是为了扫平诸侯。《铜雀台赋》本来也没有誓取二乔的意思。第三十四回计议建铜雀台时，曹植就说："若建层台，必立三座，中间高者，名为铜雀；左边一座，名为玉龙，右边一座，名为金凤。更作两条飞桥，横空而上，乃为壮观。"曹操听后说："吾儿所言甚善。他日台成，足可娱吾老矣。"《铜雀台赋》中的二乔原来是指两座桥，"桥"与"乔"是通假字，从赋中的语言环境看，也应该是指两座飞桥，这一点为许多专家所认同，而诸葛亮故意偷换逻辑概念，将曹操为扫平诸侯下江南而说成是为了美女下江南，又引经据典，说得有鼻子有眼。并将赋中的两座飞桥的概念，偷换成大小乔的概念，结果获得了成功。

以上三例都是在对方不知不觉的情况下成功偷换逻辑概念的。还有一种情况是公开偷换逻辑概念，有人称之为巧换答案。这种偷换概念因为换得有理，往往使对方恼羞成怒而又无可奈何，这种偷换主要是表现在论辩当中。如曹操为了羞辱祢衡，贬祢衡为鼓吏。大宴宾客，令鼓吏挝鼓，按惯例挝鼓必换新衣，而祢衡却穿旧衣而入，他击鼓后，曹操左右喝道："何不更衣！"祢衡乃当大家的面脱下旧破衣服，"裸体而立，浑身尽露。坐客皆掩面。衡乃徐徐著裤，颜色不变。操叱曰：'庙堂之上，何太无礼？'衡曰：'欺君罔上乃谓无礼。吾露父母之形，以显清白之体耳！'"

在这里，祢衡就公开偷换了曹操的概念，违背了同一律。曹操说他"庙堂之上，何太无礼"，是说在商讨国家大事的地方，在大庭广众之下，你为什么

一丝不挂，太没有礼貌？根据同一律的公式：a=a，就是说，所运用的 a 概念必须保持 a 意义。如果祢衡要遵守同一律回答曹操的问题，则相当被动；争强好胜的祢衡却跳出这个圈子，另设一个无礼的标准回答了曹操。其实，欺君罔上固然是无礼，而祢衡的行为毕竟也是无礼，至于这种无礼行为是否事出有因，那是另外一回事。祢衡不去解释自己是否无礼、为何无礼，而另用一个礼仪标准来回答曹操，这就是偷换了概念，他在偷换概念的同时又用了两个隐含判断，即曹操欺君罔上才是真正无礼，曹操本身污浊不清白。话中有话，既防守又进攻，确实厉害。

在应用习惯上，人们要求在思维与表述过程中，要遵守同一律的要求，这无疑是有充分理由的，但是，通过上面分析可以看出，在现实生活中，人们可以有意识地违背同一律要求进行交际，不能简单地把一切有意违背同一律要求的现象都视作狡辩或非正义的。

（2）违背矛盾律

矛盾律的内容是指，在同一思维或表述过程中，两个相互排斥的思想不能同时为真，至少有一个为假，如果同时肯定了两个相互排斥的思想，那么思维或表述就会犯自相矛盾的错误，矛盾律的公式是：A 不是非 A。

关羽在屯土山被曹操重兵包围，在张辽的劝说下，打算投降，但提出了三个条件，第一个条件是："吾与皇叔设誓，共扶汉室，吾今只降汉帝，不降曹操。"大家都知道，刘、关、张一向高举匡扶汉室的旗帜，以汉朝忠臣自居，既然如此，就不可能存在降汉不降汉的问题。如果降汉的说法可以成立，则说明刘、关、张原来不是汉朝的臣民，倒应该是汉朝的叛臣贼子。这两者是相互排斥的，是自相矛盾的。矛盾律要求人们思维或表述具有首尾一贯性，不能出尔反尔，前言不搭后语，因而，关羽的提法不能自圆其说，是违反矛盾律的。这种提法，倒从潜意识上反映了关羽等人原本并不屑于做汉朝

的臣民，而是想取而代之。曹操也深知就里，一听到这个条件时，满口答应。

张松千里迢迢本欲投靠曹操，却受到曹操慢待和责备，憋了一肚子的火气。当曹操点起五万雄兵向张松示威，并向张松警告说："吾视天下鼠辈犹草芥耳。大军到处，战无不胜，攻无不取，顺吾者生，逆吾者死。汝知之乎？"张松回答他说："丞相驱兵到处，战必胜，攻必取，松亦素知。昔日濮阳攻吕布之时，宛城战张绣之日；赤壁遇周郎，华容逢关羽；割须弃袍于潼关，夺船避箭于渭水：此皆无敌于天下也！"这番讽刺使得曹操怒气冲天。

曹操的本意是指自己破黄巾，灭吕布，诛二袁，深入塞北，直抵辽东，纵横天下，平灭众多诸侯。这本来也确实武功卓著，但曹操把帽子戴得太大了，用了"战无不胜，攻无不取"等字眼。而在事实上，曹操虽然善于用兵，但也吃过许多大败仗。胜和败是一对矛盾体。矛盾律认为：如果同时肯定了两个相互排斥的思想，那么思维或表述就会犯自相矛盾的错误。曹操既然不能否认自己的惨败历史，也就等于同时肯定了自己两种相互排斥的历史，他的思维或表述也是犯了自相矛盾的错误，张松抓住与其表述相矛盾的历史，冷嘲热讽、反唇相讥，使得曹操理屈词穷、恼羞成怒。

（3）排中律

排中律的内容是：在同一思维或表述过程中，两个互相否定的思想不能同时是假的，必有一个是真的，排中律的公式是：A 或者非 A。

排中律要求在同一个思维或表述过程中，对两个相互矛盾的思想，一旦要表态，就必须肯定其中的一个，而不能都不肯定。违反排中律的这一要求，就会犯模棱两不可的错误。

在第四十三回舌战群儒一章里，诸葛亮对孙权说："愿将军量力而处之，若能以吴越之众，与中国抗衡，不如早与之绝；若其不能，何不从众谋士之论，按兵束甲，北面而事之？"孙权尚未答话。孔明又说："将军外托服从之名，

而内怀疑贰之见，事急而不断，祸至无日矣！"

诸葛亮前面一段话，是一个不相容的推理，已经表现了排中律思想。后面一段话，更加明确、严厉地表现了这种思想，令人无可回避必须作出选择。孙权听了这段话后，也只好说："诚如君言，刘豫州何不降曹？"

也许有人说：孙权并未对孔明讲过违背排中律的话，的确如此，但孙权的具体行为已违背了排中律。诸葛亮说他"内怀疑贰之见"就是投降不行，抵抗也不行。孙权也老实地承认了自己的想法。作为孙权这样的特殊人物在这样特殊的形势下，一言一行都为人们所注目，许多人都在揣测他的想法。现实不允许他模棱两不可，然而他却一再表现出了模棱两不可，他甚至对鲁肃说："诸人议论，大失孤望。子敬开说大计，正与吾见相同，此天以子敬赐我也！但操新得袁绍之众，近又得荆州之兵，恐势大难以抵敌。"这段话前面是说张昭等人的投降主张不行，而形势恐怕又不容抵抗，和其他违背排中律者不同的是，孙权也知道不作抉择是不行的，他只是迟迟不能作出抉择。在孔明运用排中律的作用下，才较快地作出了抉择。

（4）充足理由律

充足理由律基本内容是：在思维或表述过程中，一个判断被确定为真，总是有其充足理由的。充足理由律可用公式表述为：A 真，因为 B 真并且 B 能推出 A。

充足理由律要求人们在思维或表述过程中，特别是在论证过程中，必须为自己的论证提供充足理由。具体来说，充足理由律的要求可以归结为两条：一是理由必须真实；二是理由与推断之间要有逻辑联系，从理由要能够推出所要被确定为真的判断。

违反以上第一条，就会犯"理由虚假"的逻辑错误；违反第二条，就会犯"推不出"的逻辑错误。

张昭为了阻止诸葛亮劝说孙权抗曹，竭力贬低诸葛亮，对刘备说"未得先生之时，尚且纵横寰宇，割据城池"，而诸葛亮辅佐刘备后，则"曹兵一出，弃甲抛戈，望风而窜；上不能报刘表以安庶民，下不能辅孤子而据疆土；乃弃新野、走樊城，败当阳，奔夏口，无容身之地：是豫州既得先生之后，反不如其初也"，等等。张昭这一大堆似是而非的话，似乎有根有据，其实是混淆视听，虚假得很。他将彼时之真，当作此时之真；将表象之真，当作本质之真，经不起分析推敲。刘备在未得到诸葛亮以前，依靠关、张、子龙之勇等有利因素，确实也闯荡天下，割据过徐州等城，有一定的威名，但那时大小诸侯甚多，空隙较多，相对来说比较容易闯荡，然而刘备由于缺少智谋之士辅佐，仍然经常碰得头破血流，多次死里逃生，长期寄人篱下，日子很不好过。直到徐庶推荐诸葛亮来后才出现转机。特别是诸葛亮的两番大火兼白河用水，更是杀得曹军心惊胆寒。后来占据荆州的刘琮突然投降曹操，使得曹、刘力量对比悬殊甚大，刘备自然被曹操追击得站不住脚。张昭故意不讲刘备在未得到诸葛亮前的狼狈经历，也不讲诸葛亮辅佐刘备以后的成功，而夸大刘备未得诸葛亮前的辉煌，和曹操得荆州后刘备的狼狈处境，把刘备的困境归结于诸葛亮，强加和颠倒一些因果关系，这都是违背了充分理由律的。主要是违背了理由必须真实这一条。所以诸葛亮据理驳斥他说："……吾主刘豫州，向日军败于汝南，寄迹刘表，兵不满千，将止关、张、赵云而已，此正如病势尪羸已极之时也，新野山僻小县，人民稀少，粮食鲜薄，豫州不过暂借以容身，岂真将坐守于此耶？夫以甲兵不完，城郭不固，军不经练，粮不继日，然而博望烧屯，白河用水，使夏侯惇、曹仁辈心惊胆战——窃谓管仲、乐毅之用兵，未必过此"，等等。说得张昭并无一言回答。

吕布在下邳城中，被曹操包围，乃日与妻妾痛饮美酒。因酒色过伤，形容销减。一日取镜自照，惊曰："吾被酒色伤矣！自今日始，当戒之。"遂下令城

中，但有饮酒者皆斩。

吕布下的命令是十分荒谬，犯了"推不出"的逻辑错误，违背了充分理由律。你自己酒色过度，如何严禁人家饮酒？人家适可而止喝些酒有什么不行？何况将士劳累，心情苦闷，谁都想喝点解解乏，消消愁。如果你禁止人家过度饮酒还有些道理，人家又不可能拥妻抱妾，花天酒地。你怎么能严禁人家正常喝些酒。吕布不仅这样说了，还真的这样做。最后逼得侯成、宋宪、魏续投靠曹操，吕布终于束手就擒。

吕布的悲剧告诉我们，光有一个真实可靠的结论是不够的，是不能由此乱下结论的。前提和结论不仅要有联系，而且要是从前提中足以推出的结论才是可靠的结论。

在《三国演义》中，违背充足理由律的例子远不止于此。如舌战群儒时，薛综说："曹公已有天下三分之二，人皆归心，刘豫州不识天时，强欲与争，安得不败乎？"这里的"人皆归心"就犯了理由虚假的错误，所以他得出刘备必败的结论是错误的。而陆绩则说："曹操虽挟天子以令诸侯，犹是相国曹参之后，刘豫州虽云中山靖王苗裔，却无可稽考，眼见只是织席贩屦之夫耳，何足与曹操抗衡哉！"这又是犯了"推不出"的错误，曹操纵然是相国曹参之后，也没有资格挟天子以令诸侯，由此更未必见得刘备就不足以与之抗衡，所以当孔明笑答他说："曹操既为曹相国之后，则世为汉臣矣。公乃专权肆横，欺凌君父，是不惟无君，亦且灭祖，不惟汉室之乱臣，亦曹氏之贼子也……且高祖起身亭长，而终有天下，织席贩屦，又何足为辱乎？公小儿之见，不足与高士共语！"陆绩无话可答，只好做"小儿"了，而诸葛亮的话不仅有根有据，而且从前提足以推出结论，具有无可辩驳的逻辑力量。

从逻辑思维规律的角度对《三国演义》进行若干分析，可以使我们更准确地理解和把握《三国演义》的精神，使我们更敏锐地察觉、理解日常生活中违

背逻辑思维规律的言行，启发我们的新思路。

11. 精彩的舌战，雄辩的逻辑——试析舌战群儒故事中的诡辩、论证与反驳

不朽的文学巨著《三国演义》不仅是战争的奇观，而且是舌战的绝唱。它不仅生动地描写了几百场形形色色、大大小小的战役、战斗盛况，而且还精彩绝伦叙述了种种舌战场面，令读者拍案叫绝。这些舌战有诡辩、有反驳、有论证，包含着丰富的逻辑学问。其中尤以舌战群儒的故事内容丰富、异彩纷呈、脍炙人口。本文仅对舌战群儒故事中的诡辩、论证与反驳进行逻辑分析，以便人们更好地欣赏《三国演义》，领略其中不可战胜的逻辑力量，提高人们的叙述、应答、辩驳的能力。

说舌战群儒的故事是舌战的绝唱，恐怕一些读者还不能理解和接受。因为我国古代精彩的舌战故事太多了。战国时期的苏秦、张仪一向被人们视为口似悬河、舌如利刃。就是在《三国演义》中，祢衡击鼓骂曹操，张松反语讥讽曹操、秦宓天辩等都是相当精彩的舌战故事，即使诸葛亮本人，除了舌战群儒以外，还有智激周瑜、智激孙权、骂死王朗的杰作。为什么我独称舌战群儒是舌战的绝唱呢？这是因为诸葛亮所面临的环境背景复杂而险恶。他此次的舌战对象均非等闲之辈，且又处在有利位置、有备而战。诸葛亮稍有差错，即可能被群起而攻之，后果不堪设想。他不能像苏秦、张仪那样去说服拉拢这班儒生，又不能像祢衡、张松那样破罐子破摔，图个一时痛快。他肩负着神圣的使命，又一定要有礼有节，不仅是不辱使命，而且务必要合作成功。

张昭和孔明的舌战，有两个回合。第一个回合，从开始至"非等闲可知也"。张昭话中有话，明似发问，实则讥讽，暗示孔明徒有虚名、不堪一击，置孔明

于难堪。孔明则沉着应战，针锋相对，既不扩大矛盾，又驳回了张昭的论点。从道义上解释未能"席卷荆襄"的原因，反而抬高了刘备的形象，"非等闲可知也"，轻轻一语，将小看人的张昭置于可笑可怜的位置。

第二个回合，张昭狗急跳墙，全面向孔明发难，其言语有三层意思：第一层说孔明狂妄自大，自比管乐，而名不副实。第二层说刘备未得孔明时，亦纵横天下，不失为英雄；得到孔明后，人人以为刘备将复兴汉室，剿灭曹操。第三层说刘备得孔明后即一败涂地，不如当初。第一层是论点，第二、三层既是分论点，又是第一层的论据。

张昭的说法从表面上看似乎有根有据，头头是道，确实能蒙骗一些不明真相的人。在群儒的投降言论中最具有欺骗性，颇能迷惑人心。由此观之，张昭倒不愧为群儒之首。张昭的言论其实是一种诡辩，诡辩就是用虚假的论据或错误的论证方式为错误的论题作辩护。张昭的言论凭着虚假的论据，将一个虚假的道理讲得非常动听。他的具体方法是移花接木、歪曲篡改。置刘备屡次惨败，东奔西逃于不顾；置刘备得孔明后，以弱胜强，两番大败曹兵于不顾，将刘备偶尔的称雄，同孔明归刘备后最困难的处境作对比，将刘备由于刘琮投降等失势的原因强加在孔明身上。

孔明对张昭的诡辩采取了以真驳假的反诡辩之道。这种方法是以真实的事实从正面驳斥、揭露诡辩，可以用来驳斥、揭露诡辩者论题的虚假，还可以用来驳斥、揭露诡辩者的论据、论证方式的虚假。孔明主要是通过虚假兼用反证法揭露张昭的论据使人们看出其论题（刘备"反不如当初"，孔明没有管仲、乐毅之才）的虚假。他先用人大病作类比论证，说明刘备集团的复兴是要有一个过程的，接着指出在孔明归顺刘备前夕，刘备已兵不满千，将只有关、张、赵云而已，病势极重，而孔明归刘备后，即用极弱小的力量，两番杀得曹军大败。这是一个归纳论证，由于孔明所举的例子十分典型，有力地驳斥了张昭强

行拼凑在一起的"事实"，使人们看出张昭的话的第二层意思和第三层意思都是站不住脚的，即论据是虚假的，使张昭的论点失去了立足之地。在这种充分摆事实、讲道理的基础上，令人信服地指出"管乐用兵，未必过此"的论点，使不完全归纳论证得以成立，驳回了张昭的第一层意思，使张昭的错误论点暴露无遗。继而更进一层地指出荆州为曹操所夺和刘备有当阳之败皆因刘备大仁大义所至，使人觉得刘备虽败犹荣。在逻辑上层层递进，然后又用刘项之争作类比论证，说明了胜负乃兵家常事，刘备未必不能打败曹操的道理。最后以其人之道还治其人之身，用隐含判断暗指张昭等人为"夸辩之徒，虚誉欺人"，使得张昭无一言回答。诸葛亮的话共有六层意思，用了两个类比论证，一个归纳论证，既反驳了论据，又反驳了论点。在反驳之外又提出了自己的论点："管乐用兵，未必过此"。这是一个和张昭论点相反的论点，由于这个论点已包含着论据，因此它又构成了一个间接反驳法，即独立证明法，是反证法的主要方法之一。诸葛亮的这个反驳既有直接反驳，又有间接反驳。

投降派的气焰正盛，并不能因此而折服，所以，先有虞翻高声质问孔明，后又说诸葛亮"大言欺人"。虞翻除了把曹操尊称为"曹公"有失道义之外，他还采取了以偏概全的诡辩方式。他指责孔明不惧曹操是"大言欺人"，犯了"推不出"的逻辑错误，违背了"从论据必须足以推出论题"的论证规则。比起张昭来，虞翻的论点同样具有相当大的欺骗性，攻势更加凶猛。由于其论据有一定真实性，反驳自然更不容易。其实刘备"军败于当阳"不假，而不惧曹操也不假。甚至张飞一声怒吼，反而吓退曹操百万大兵。虞翻不问刘备军败的具体原因，不顾刘备不惧曹操亦屡败曹操的事实，以一时的力量对比之悬殊而欲强加证明孔明、刘备惧怕曹操。这里包含着"轻率概括"的逻辑错误，论据不足。这可以难得倒别人，却难不倒诸葛亮。他先从大家都能接受的常理上说明刘备退守夏口是等待时机，先赢得中间人士的认同。接着又用东吴的有利条件和投

降态度作了一个得当的对比，给了投降派一记响亮的耳光，由此可见，对比论证是反诡辩的一个有效方法，如果不用对比很难得到这种效果，诸葛亮反驳的是论题，是用事实直接进行反驳。

或许是孔明的驳斥太尖锐有力了，不仅使得"虞翻不能对"，及至步骘向孔明发难时也只好含蓄得多了，只是引而不发地问孔明是个是要学苏秦、张仪。然而孔明并不因此收敛锋芒，却借机又将苏秦、张仪的胆识和东吴群儒懦弱胆怯作了一个尖锐对比，使人们真切地感到小看苏秦、张仪的群儒才是真正可笑的。

步骘的言论隐含着以人为据的诡辩，似乎张仪、苏秦都是不值一提的政坛小丑，孔明学张仪、苏秦，所以也不光彩。他不去论证孔明的言行有什么不对，只是抓住孔明某些和张仪、苏秦相似的地方，想通过否定张仪、苏秦而否定孔明，这也是一种人身攻击。但是他举的例子很不好。诸葛亮即使效法苏秦、张仪也无损自身形象，倒是这班儒生太没有形象了。诸葛亮的反驳，又一次使我们领悟了对比是反诡辩的有效方法。

张昭、虞翻、步骘皆小看刘备集团，着手对孔明发难，连连失利。东吴这班儒生知道从这里占不了便宜，转而又从曹操强大的实力出发，继续向孔明发难。薛综就以"汉室将终，曹操天下三分有二"等，断言刘备不识天时，必败无疑，给自己的投降理论寻找依据。

诸葛亮驳斥张昭等人的谬论时，已经透彻说明了胜负乃兵家常事，一时的强弱未必可以定天下的道理。如果再从这方面反驳亦无不可，但非上策。诸葛亮此番却不再论胜败强弱，而从封建伦理道德入手，直接反驳论点，言语尖刻，声色俱厉。如果说前面驳斥张昭、虞翻、步骘还有商量的余地的话，这一回驳薛综，则把薛综的人格都看得一钱不值了，所以当孔明叫他"请勿复言"时，薛综不仅是无言可对，而且是"满面羞惭"了。

237

薛综的错误在于，把"我"心当作天下人之心，以"想当然为据"，视许多人还未能接受曹操的事实，硬要说曹操"人皆归心"，而曹操本人认识倒是清醒的，他说："若天命在吾，吾为周文王乎"。然而，东吴的这班儒生都和薛综那样"以想当然为据"，犯了"预期理由"的逻辑错误。所以，当诸葛亮怒斥薛综后，这班儒生并不因此甘认失败。陆绩又用退一步、进两步的方法来证明倾向曹操比倾向刘备好，实质上还是要坚持薛综的"人皆归心"的谬论。

陆绩的言语不长，却犯了三个逻辑错误。一是云曹操名相之后，似乎就可以挟天子以令诸侯。这是犯了"推不出"的逻辑错误，违背了从论据必须足以推出论题的论证规则。二是云刘备身世无可稽考，只是"织席贩屦之夫"。这里且不说陆绩论据虚假，犯了"以想当然为据"的错误，还犯了蛊惑情感、人身攻击的诡辩错误，用等级观念诉诸感情，希望可以达到否定刘备的目的。在这个错误的基础上，得出了刘备不足与曹操抗衡的结论，这又犯了"不相干论证"的逻辑错误，即论据与论题不相干的逻辑错误。再一次违背了"从论据应当推出论题"的论证规则。可以说是一错再错，错上加错。

文似看山喜不平，反驳亦同此理，诸葛亮对陆绩来了个"礼尚往来"，含笑而答。首先将"据"就"据"，假定了曹操确为汉名相曹参之后，则即是乱臣贼子，顺理成章，痛快淋漓地反驳了陆绩的谬论。又用当今皇帝"按谱赐爵"的事实驳斥了陆绩云刘备身世"无可稽考"的论点，至此本来可以收尾，然而诸葛亮百尺竿头、更进一层，以汉高祖再比刘备，将陆绩的浅薄置于可笑之地。

诸葛亮认定曹操是乱臣贼子是一个三段论推理，他是这样推论的：汉名相之后应当忠于汉室。否则，既无君，亦蔑祖。曹操专权肆横，欺凌君父，不忠于汉室。因此，曹操既无君，亦蔑祖。

诸葛亮的话虽不长，论证方式却比较复杂。有演绎论证、类比论证，也是

用事实直接反驳。

眼见贬刘备、树曹操这两个基本方法都行不通，这班儒生真是着急了，赶紧转移论题，由严畯出来问孔明"治何经典"，试图由此来证明孔明"皆强词夺理，均非正论"。

严畯的言论，前面强词夺理，最后一句问话是个复杂问语。包含着隐含判断，它有两个逻辑问题，一是诉诸权威，以人为据。这也属于"推不出"的逻辑错误，如果孔明真的回答他治某某经典，严畯就会说这种经典不合理，应该以某某经典为据等。第二个逻辑问题是诱入圈套、狡诈诘问。因为任何经典都不是完美的，都有它的局限、所以，只要孔明一回答他治任何经典，都会遭到严畯等人的攻击。由于严畯没有论据、论证，只有一个隐含的论题：你应该治某家经典，他又故意不明指哪家经典又违背了"论题要明确"的逻辑要求，所以孔明用间接反驳的方式对严畯的论题进行了反驳。他列举了历朝有匡扶宇宙之才的俊杰都无人审其治何经典，反证了这班迂腐的儒生只知道寻章摘句、舞文弄墨，不能解决实际问题。诸葛亮的间接反驳，又是一个独立证明法，它是通过证明一个与对方论题相矛盾的论题，来反证对方论题的错误。

大约是"英雄所见略同"，贬刘备的有三个人，树曹操的有两个人，诉诸权威的有两个人，虽然质问孔明"治何经典"的严畯失败了，但程德枢跳出来说孔明"恐适为儒者所笑"，又企图用具有权威位置而笼统含混的儒者来压倒孔明。

对于程德枢所说的儒者，孔明作了两种相反的划分，一种是"忠君爱国、守正恶邪，务使泽及当时，名留后世"的"君子之儒"；另一种是类似"屈身事莽"的扬雄之类的小人之儒，他们下笔千言、胸无一策。程德枢的话不仅有诉诸权威的逻辑错误，而且违反了论题应当清楚确切，不应含糊其辞，不应有歧义的逻辑要求。孔明的划分，使程德枢论题不清、论旨不明的逻辑问题充分暴露。

　　这班儒生的问难，不仅都有自己独特的逻辑问题，如果把他们的问题连在一起，又有转移论题的逻辑错误，违背了论题要统一的论证规则。每当一个儒生的论题被孔明驳得站不住脚的时候，其他儒生不是力挽狂澜，据理力争，而是转移到一个新的论题向孔明继续发难。虽然都是要做投降有理的文章。但小题目却个个不一样，可惜均未难倒孔明，倒是羞煞了自己。在对待曹操的称呼态度方面，张昭还比较克制，称之为"曹室""曹兵"。还称"将见汉室复兴"等。而虞翻则称曹操为"曹公"。薛综则干脆称曹公"人皆归心"。陆绩见薛综被孔明驳得"满面羞惭"称曹操为"相国曹参"。虽然他们的目的是一致的，但表现出来的态度、称呼、语义却不尽一致，亦不符合严格的逻辑要求。

　　我们从上面的分析已经可以看出：舌战群儒的故事包含着十分丰富的逻辑学问。我们还可以对其进行论点、论据、论证方式、反驳论点、反驳论据等多方面的逻辑分析。小说中，在一则舌战故事中包含着如此丰富的逻辑学问的现象是罕见的。可以说，《三国演义》是一本逻辑学应用的宝书。舌战群儒的故事不仅使我们看得痛快淋漓，更使我们明智明理，使我们领悟到逻辑力量的不可战胜。

后　记

2001 年，我在陕西人民出版社出版了《"三国"百科谈》，当年第二次印刷，此后继续探讨，陆续有些小收获。遂于 2008 年又在陕西人民出版社出版《"三国"百科谈》增订本，丰富了该书的内容。再版后依然继续探讨《三国演义》，但此后写的几乎都是比较短小的应用性文章。纯学术性的理论性文章仅补充了两篇。十年过去了，现在呈现在读者面前的这本《古为今用论三国》其实又是《"三国"百科谈》的增订本而已。我天性愚笨，虽然努力，亦无法写出更多更好的作品展示世人，不得不说惭愧。

如果说《"三国"百科谈》的书名有"大帽子、小脑袋"名不副实的话，这本《古为今用论三国》的书名则可能有迎合世俗、哗众取宠之嫌了。我一向不喜欢用标题来"抢眼球"，至少不会以题害义。这回却向"标题党"靠拢了，也是无奈和不平！

《"三国"百科谈》即将付梓的时候，诚惶诚恐，不知道读者感觉如何！及至出版后，广大读者的热情和真诚给了我巨大的鼓舞和力量。十几年来，攻击和贬低我的人一直都有，但几乎没有读者不认可《"三国"百科谈》，特别是欣赏《"三国"百科谈》中的"应用篇"！这也就成了我持续将《三国演义》应用到实际工作中的动力。

我在得意的同时又伴随着不满。因为《"三国"百科谈》三次印刷都是我

个人"自办发行"的，没有得到出版界和书店的支持配合。虽然印刷数量并不算少，先后三次共计16000册，但主要是由我在个人圈子里去发行，主要是依靠陶瓷企业、卫浴企业的欢迎支持而实现发行，未能走向广阔的市场！虽然我几番努力，依然得不到出版界的支持。有时我就愤愤不平地想：我的书应该打得更响，广大社会人士有可能像陶瓷行业、卫浴行业一样爱戴和追捧这本书！

当然，可能而已，不一定实现。我本身也会有问题。比如几位出版社编辑都说《"三国"百科谈》书名不够吸引人。于是，千方百计改书名，改成《古为今用论三国》，感觉比过去"抢眼球"了，但觉得有违本性，迎合世俗。

我研究《三国演义》足足30年了。成果仅止于此，懒惰和愚笨可想而知。但我实在只有这些能力而已，尚未有过多的自责，甚至自作多情，自己把自己感动得一塌糊涂。

本书大部分文章皆有感而发，不是为了出书或评比之类才写作的，因而自信有生命力。2008年以后的文章，视角有了对换式的转移，这是随着我有了一个小企业后产生的新视角。此前是从下往上看，发现了领导的不足和毛病；此后是从上往下看，发现了下属容易产生的问题。因而有了对关羽"求职跳槽"的赞许和对隆中对的挑剔等诸多新论，特意提出来，供细心读者体会。

1999年我在《三国演义》作者罗贯中家乡山西清徐县出席第十三届中国《三国演义》国际学术研讨会后，与部分学者、专家乘列车返回南方。学术泰斗、江苏社科院研究员陈辽老师和我同在一辆列车上。我在硬卧，陈老师在软卧，中间隔着四五个车厢，我去看陈老师并畅谈甚久，傍晚不敢多打扰陈老师，陈老师寄语殷切、勉励有加，拉着我的手一定要送我回车厢。回到车厢后，坚决不准我送他回去，再三道别，此情此景，永生难忘！2002年，清徐县人民政府小范围的组织了二十多个专家、学者去清徐讨论《三国演义》与罗贯中。这是非常有限的名额，全部费用由清徐县政府承担。我也出席了这次会议。陈老

师特别高兴，拉着我的手说："小喻呀，你能出席此次会议说明清徐县特别认可你呀，我真的很高兴！"他听说我在经营陶瓷礼品后又说："你也是企业家呀，小企业会慢慢做大的，你能业余坚持做学问，真的不容易，我希望你坚持下去。"此后就再没见过陈老师，也没与他联系。虽然几次想与他打电话，却终究没有打，前两年听说陈老师已去世了，心里很难过，默然无语良久。后来赶快做自己该做的事，也赶快拜访自己想拜访又怕打扰的人。在 2002 年清徐会议期间，我听说陈老师出版过《〈三国演义〉与〈孙子兵法〉》一书。而我又买过一本同名的书，作者是另外一个人，不记得叫什么名字，就把我这本《〈三国演义〉与〈孙子兵法〉》寄给陈老师了。此事给了我些许安慰。借本书出版之际，表示对陈辽老师的深切怀念，也对鼓励支持过我的专家、学者、读者表示真挚的感谢。

年过花甲，行将暮年。一个后记就拉扯得如此之多，真是人老话多，也是我的一生与这本不成体系的书情结太深的缘故。所以还想继续啰唆几句：人才学创始人雷祯孝先生对我的学识和思想影响甚大，这本书也是在他的思想指导下的作品。他的"滴水穿石，并非一日之功""目标始终如一，长期坚持不懈"的理论促使我一生研究好一本书，29 年去摆弄一篇文章。每当我有成就和荣誉的时候，我都会想起雷祯孝老师，虽然我还是 2016 年年底才见过他一面而已。因为这种经历和感情，所以我求他为本书写序言。幸得应允，深感荣幸。20世纪 80 年代初期，雷祯孝的文章为几千万青壮年指引了方向。时至今日，仍有数以万计的精英得益于他的辅导。借此机会，谨向雷祯孝老师表示真挚的感谢！

喻镇荣

2017 年 7 月 5 日